"十四五"职业教育国家规划教材

"十三五"职业教育国家规划教材（修订版）

# 移动电子商务

### 第 3 版

主　编　王红蕾　安　刚

副主编　赵　杨　刘冬美

参　编　谷　鹏　张叔阳　胡　渤

　　　　陈美荣　王君赫

机　械　工　业　出　版　社

本书采用项目式编写方式，共 6 个项目，分别为导学、移动电子商务营销、微博营销、微信营销、无线淘宝营销和直播营销。

本次修订在保持上一版教材的体例、风格及相关核心知识点、技能点的基础上，更新了部分案例及数据，完善并深化了内容讲解，新增加了直播营销的内容，同时添加了思政小课堂栏目，并对每个项目后的随堂练习进行了调整和修改。

本书结合职业院校学生的特点，注重从实际应用出发，以"情境导入→技能学习→巩固学习"为内容框架，由浅入深地讲解移动电子商务不同营销方式的核心技能点。

本书可作为各类职业院校电子商务及相关专业的教材，也可作为从事移动电子商务相关工作的人员及爱好者的参考用书。

本书配有微课视频，还配有电子课件、课后习题等课程资源，选用本书作为授课教材的教师可登录机械工业出版社教育服务网（www.cmpedu.com）注册后免费下载，或联系编辑（010-88379807）咨询。

## 图书在版编目（CIP）数据

移动电子商务 / 王红蕾，安刚主编．—3 版．—北京：机械工业出版社，2022.7（2025.3 重印）

"十三五"职业教育国家规划教材：修订版

ISBN 978-7-111-71199-5

Ⅰ．①移… Ⅱ．①王… ②安… Ⅲ．①移动电子商务—高等职业教育—教材 Ⅳ．① F713.36

中国版本图书馆 CIP 数据核字（2022）第 120728 号

机械工业出版社（北京市百万庄大街 22 号　邮政编码 100037）

策划编辑：李绍坤　　　　　责任编辑：李绍坤　张星瑶
责任校对：史静怡　王　延　　封面设计：鞠　杨
责任印制：单爱军

北京瑞禾彩色印刷有限公司印刷

2025 年 3 月第 3 版第 6 次印刷
184mm×260mm・18.75 印张・437 千字
标准书号：ISBN 978-7-111-71199-5
定价：59.00 元

电话服务　　　　　　　　　网络服务
客服电话：010-88361066　　机　工　官　网：www.cmpbook.com
　　　　　010-88379833　　机　工　官　博：weibo.com/cmp1952
　　　　　010-68326294　　金　书　网：www.golden-book.com
封底无防伪标均为盗版　　　机工教育服务网：www.cmpedu.com

# 关于"十四五"职业教育国家规划教材的出版说明

为贯彻落实《中共中央关于认真学习宣传贯彻党的二十大精神的决定》《习近平新时代中国特色社会主义思想进课程教材指南》《职业院校教材管理办法》等文件精神，机械工业出版社与教材编写团队一道，认真执行思政内容进教材、进课堂、进头脑要求，尊重教育规律，遵循学科特点，对教材内容进行了更新，着力落实以下要求：

1. 提升教材铸魂育人功能，培育、践行社会主义核心价值观，教育引导学生树立共产主义远大理想和中国特色社会主义共同理想，坚定"四个自信"，厚植爱国主义情怀，把爱国情、强国志、报国行自觉融入建设社会主义现代化强国、实现中华民族伟大复兴的奋斗之中。同时，弘扬中华优秀传统文化，深入开展宪法法治教育。

2. 注重科学思维方法训练和科学伦理教育，培养学生探索未知、追求真理、勇攀科学高峰的责任感和使命感；强化学生工程伦理教育，培养学生精益求精的大国工匠精神，激发学生科技报国的家国情怀和使命担当。加快构建中国特色哲学社会科学学科体系、学术体系、话语体系。帮助学生了解相关专业和行业领域的国家战略、法律法规和相关政策，引导学生深入社会实践、关注现实问题，培育学生经世济民、诚信服务、德法兼修的职业素养。

3. 教育引导学生深刻理解并自觉实践各行业的职业精神、职业规范，增强职业责任感，培养遵纪守法、爱岗敬业、无私奉献、诚实守信、公道办事、开拓创新的职业品格和行为习惯。

在此基础上，及时更新教材知识内容，体现产业发展的新技术、新工艺、新规范、新标准。加强教材数字化建设，丰富配套资源，形成可听、可视、可练、可互动的融媒体教材。

教材建设需要各方的共同努力，也欢迎相关教材使用院校的师生及时反馈意见和建议，我们将认真组织力量进行研究，在后续重印及再版时吸纳改进，不断推动高质量教材出版。

机械工业出版社

# 前　言

随着移动智能终端的普及，传统电商巨头纷纷布局移动电商，众多新型移动电商购物平台不断涌现。根据《中国互联网发展报告（2021）》，截至2020年底，我国移动互联网用户总数超过16亿，发展势头迅猛。近年来，随着直播电商市场爆发，移动电子商务的交易规模继续升级，这不仅改变了我们的生活习惯，也改变了电子商务的营销方式、方法和发展方向。

移动电子商务是电子商务现代化建设的核心问题和关键环节，拥有广泛的用户基础和广阔的市场前景，但是由于我国移动电子商务起步较晚，这方面的人才非常匮乏，这也直接影响了我国移动电子商务行业的发展。

为贯彻党的二十大报告提出的"实施科教兴国战略，强化现代化建设人才支撑"，本次修订积极落实产教融合，校企"双元"合作共同研究人才培养方案，力求深入浅出、分析透彻，以较强的实操性内容，使学生全面、科学、系统地掌握移动电子商务实践和营销中所需要的知识和技能。

编者于2015年7月与北京博导前程信息技术股份有限公司合作开发了《移动电子商务》教材，并于2016年3月出版发行。本书第1版自出版以来，得到了广大电子商务课程教学一线教师、学生和其他读者的一致好评，编写组深感欣慰。随后，移动电子商务不断变革与更新，这一学科的理论与实践又有了突飞猛进的发展。为了适应社会、经济、科技发展与教学的需求，我们先后两次对本书的内容进行了全面、细致的修订。本版为本书第3版，基本保留了原有的知识体系，在保持前两版优势和特色的基础上，微调了部分内容，本次修订主要分为以下几个方面：

1）对部分案例进行了更新。

2）采用了最新的报告数据。

3）增加了项目6直播营销的内容。

4）新添加了拓展阅读栏目。

5）对各项目的内容进行了修正与延伸，并对随堂练习进行了调整。

全书以工作任务详细叙述，以情景任务为引导，以最新的营销案例为切入点，递进式引导学生学习移动电子商务基本知识、掌握基础技能和营销技能。

本书由王红蕾、安刚任主编，赵杨、刘冬美任副主编，参与编写的还有谷鹏、张叔阳、胡渤、陈美荣、王君赫。

由于作者水平有限，书中难免存在不足之处，欢迎读者批评指出。

编　者

# 二维码索引

| 序号 | 视频名称 | 二维码 | 页码 | 序号 | 视频名称 | 二维码 | 页码 |
|---|---|---|---|---|---|---|---|
| 1 | 百家号营销 | | 12 | 7 | 微信公众号营销 | | 102 |
| 2 | 今日头条 | | 14 | 8 | 微信软文,"图"你好看 | | 113 |
| 3 | 二维码营销 | | 43 | 9 | 网店装修 | | 212 |
| 4 | 新媒体营销 | | 50 | 10 | 移动端店铺风格的形成要素 | | 218 |
| 5 | 传统媒体与新媒体的对比 | | 50 | 11 | 淘宝卖家如何玩转微信营销 | | 247 |
| 6 | 微博营销 | | 52 | 12 | 直播营销 | | 258 |

# 目　录

前言

二维码索引

## 项目 1　导学 ..................................................................................................................... 1
　　任务 1　了解移动电子商务带来的变革 ........................................................................ 1
　　任务 2　认识移动电子商务 ............................................................................................ 6

## 项目 2　移动电子商务营销 ............................................................................................. 11
　　任务 1　认识移动电子商务营销 .................................................................................. 12
　　任务 2　认识强关系营销 .............................................................................................. 17
　　任务 3　认识粉丝经济 .................................................................................................. 23
　　任务 4　认识直播经济 .................................................................................................. 29
　　任务 5　认识 H5 场景化营销 ...................................................................................... 36
　　任务 6　认识二维码营销 .............................................................................................. 43

## 项目 3　微博营销 ............................................................................................................. 51
　　任务 1　建立营销型微博 .............................................................................................. 52
　　任务 2　微博活动策划 .................................................................................................. 60
　　任务 3　微博数据分析 .................................................................................................. 67
　　任务 4　掌握微博营销技能 .......................................................................................... 72
　　任务 5　掌握微博营销技巧 .......................................................................................... 79
　　任务 6　用户关系管理 .................................................................................................. 85
　　任务 7　客户服务 .......................................................................................................... 89
　　任务 8　使用微博墙 ...................................................................................................... 94

## 项目 4　微信营销 ............................................................................................................. 98
　　任务 1　认知微信营销方法 .......................................................................................... 99
　　任务 2　订阅号注册与营销 ........................................................................................ 102
　　任务 3　服务号注册与营销 ........................................................................................ 115
　　任务 4　企业号注册与营销 ........................................................................................ 125
　　任务 5　小程序运营 .................................................................................................... 144
　　任务 6　开通微信支付 ................................................................................................ 157
　　任务 7　微信红包营销 ................................................................................................ 167

任务 8　开通与管理微信卡券 ................................................ 176
任务 9　开设微信小店 ............................................................ 187
任务 10　推广微信公众平台 ................................................... 196

## 项目 5　无线淘宝营销 .......................................................... 211
任务 1　无线店铺装修和微淘 ................................................. 212
任务 2　无线淘宝推广及营销 ................................................. 232
任务 3　无线淘宝的移动社交平台营销 .................................. 247

## 项目 6　直播营销 .................................................................. 257
任务 1　直播前期准备 ............................................................ 258
任务 2　直播过程执行与监控 ................................................. 271
任务 3　直播复盘与粉丝维护 ................................................. 282

## 参考文献 ............................................................................... 291

# 项目 1

## 导学

### 项目概述

本项目内容将从移动电子商务在人们日常生活中的应用入手,以移动电子商务的变革、移动电子商务的概述作为主要内容展开讲解,每项工作任务会以"情境导入-技能学习-巩固练习"的形式展开学习,包括基本理论知识学习、实际应用、应用技巧等,并对移动电子商务的特点、优势及与传统电子商务的区别做了详细说明,目的是让学生能从根本上认识移动电子商务,为以后的学习打下坚实的基础。

### 学习目标

#### 知识目标

- 了解移动购物与传统购物的区别;
- 掌握移动智能终端及微电商的概念;
- 了解"双十一"的由来及移动购物在"双十一"中扮演的角色;
- 掌握移动电子商务的概念及特点;
- 掌握移动电子商务的优势及分类;
- 了解移动电子商务的发展现状及未来前景。

#### 技能目标

- 掌握移动智能终端是如何影响消费者的购买决策的;
- 掌握移动电子商务对人们日常生活的影响。

## 任务 1 了解移动电子商务带来的变革

走进咖啡店、餐厅、酒店或者漫步在城市的大街小巷,就会发现有很多人拿着手机、iPad,人们通过这些移动设备查看最新的天气、新闻、娱乐等资讯,或是聊微信、浏览微博、收发电子邮件、进行网上购物。由此可见,移动通信和互联网相结合的应用,正在迅速改变着人们的日常生活。现在的消费者越来越多地依赖移动互联网,不知不觉进入了移动互联网时代。在短短几年时间里,移动互联网成为人们生活中必不可少的部分。

根据《中国互联网发展状况统计报告（2022）》发布，截至2021年底，中国网民规模为10.32亿人，互联网普及率达到73.0%，网民使用手机上网的比例达99.7%。

移动电子商务将给社会以及人们的生活带来巨大变革，同时也带来了产业变革。由于移动设备的小巧与其具有的便携性，移动电子商务开创了商务新模式，而且将会改变越来越多的商业领域，移动电子商务平台将会成为全球经济新的增长点。

 情境导入

### 情境概述

周晓平时会利用碎片时间在网上购买自己需要的产品，大到家用电器、小到U盘、螺钉，几乎都在网上完成购物，是一个不折不扣的资深网购达人。"双十一"到来之前，周晓使用手机浏览网上店铺，查看店铺优惠力度，领取各种优惠券，了解淘宝、京东这些大平台的优惠方式，货比三家后将心仪的物品放入购物车，"双十一"当晚，满载而归。

### 情境分析

在正式学习移动电子商务前，请先跟着专家思考几个基本问题，通过这几个问题来进一步了解移动电子商务带来的变革。

1. 网络购物有哪些特点？移动购物与传统购物有什么不同？
2. 什么是移动智能终端？移动智能终端怎样影响消费者的购买决策？对人们的生活有什么影响？
3. 什么是微电商？
4. "双十一"是怎么产生的？移动购物的影响有哪些？

 技能学习

### 技能支撑

> **周晓问**：移动购物与传统购物有什么不同？
> **专家答**：移动互联网是移动通信和互联网二者的结合。移动互联网是一种通过智能移动终端，采用移动无线通信方式获取业务和服务的新兴业务，包含终端、软件和应用三个层面。网络购物有四个特点：模式新鲜、选择丰富、价格便宜、购买方便。

移动购物是新的趋势，移动购物与传统购物相比有以下几个不同之处：第一，移动购物可随时随地进行。消费者可以在乘坐地铁、公共汽车时做出购物决策，不再需要去实体店或在计算机前专门购物。第二，消费者通过手机就可看到离自己最近的卖家，可以更加方便地找到需要的商品。第三，移动购物发展空间大，手机购物正在快速发展。

> **周晓问**：移动智能终端怎样影响消费者的购买决策？对人们的生活有什么影响？
> **专家答**：移动智能终端是指可以在移动中使用的计算机设备，广义地讲包括手机、笔记本计算机、平板计算机、POS机甚至包括车载计算机。但是一般情况下是指智能手机或是平板计算机。
> 　　移动互联网的发展使移动电子商务活动可以随时随地进行。移动电子商务给用户带来及时、方便的消费服务，形成新时代下的消费趋势。

项目 1　导学

> 周晓问：什么是微电商呢？
> 专家答：微电商是基于微信平台，利用微信作为商品的销售平台，利用微信支付解决支付问题，将朋友圈用户视为潜在客户进行商品营销的微商户。

> 周晓问："双十一"是怎么产生的？移动购物在"双十一"购物狂欢节中有哪些影响？
> 专家答：从 2009 年开始，每年的 11 月 11 日，以天猫、淘宝为代表的大型电子商务网站会利用这一天来进行一些大规模的打折促销活动，以提高销售额度。由于用户的参与度极高，该节已成为我国互联网最大规模的活动。

2019 年 11 月 11 日凌晨，根据阿里数据中心显示，开场 14s 天猫全球交易额破 10 亿元，96s 破 100 亿元，24 时最终交易额定格在 2684 亿元。2020 年，天猫一改往日只计算 11 日当天成交额的方式，开始公布从 11 月 1 日到 11 月 11 日的累计成交额，2020 年 11 月 1 日 0 时到 11 月 11 日 00:30，天猫"双十一"成交额达到 3723 亿元。

根据已公布的数据显示，移动端交易额占比逐年攀升，在 2017 年达到了 90%。这无疑表明，用户的购买行为已经从 PC 端向移动端转化。移动端购物对 PC 端购物乃至传统的购物行为都会造成巨大的影响，这种影响不仅表现在对 PC 端、传统购物市场的抢夺，还将带来全新的市场空间。天猫"双十一"移动端交易额占比如图 1-1 所示。

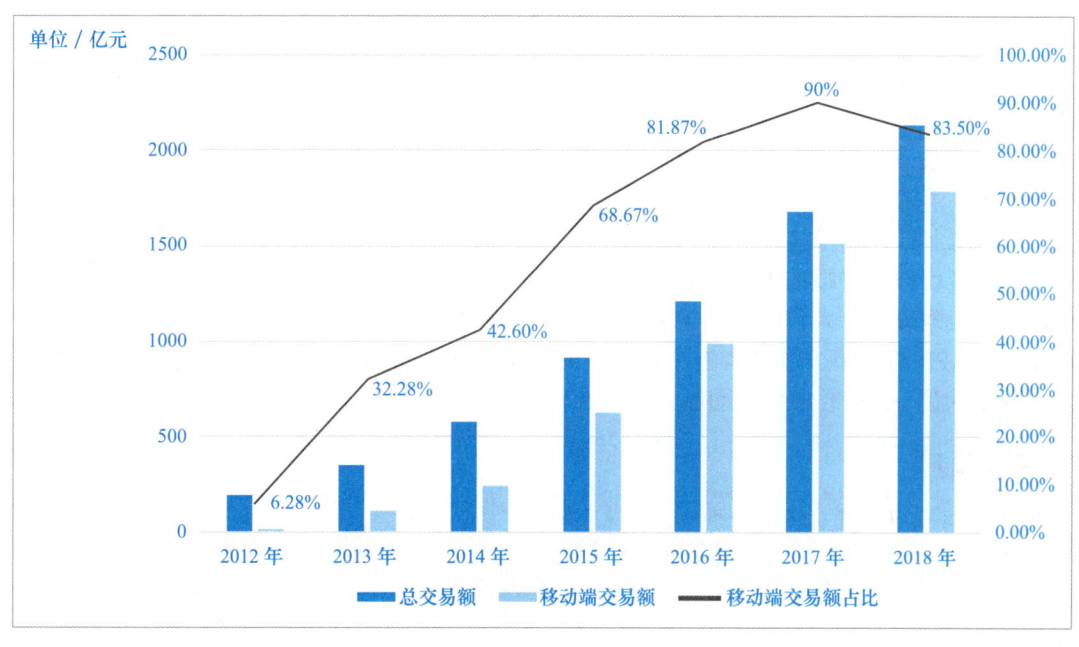

图 1-1　天猫"双十一"移动端交易额占比曲线图

移动互联网时代之所以可以被称为一个新时代，并不是因为它创造了更多的信息，而是因为它改变了信息和人之间的关系，让人成为信息的一部分，由此影响了社会的商业模式。

**案例学习**

某鲜花品牌创办于 2015 年，是一家以包月鲜花著称的鲜花订阅电商品牌。该品牌开创了"线上订阅＋产地直送＋增值服务"的日常鲜花订阅模式，通过包月、包季等订阅式鲜花服务，让鲜花走进了更多人的日常生活，如图 1-2 所示。

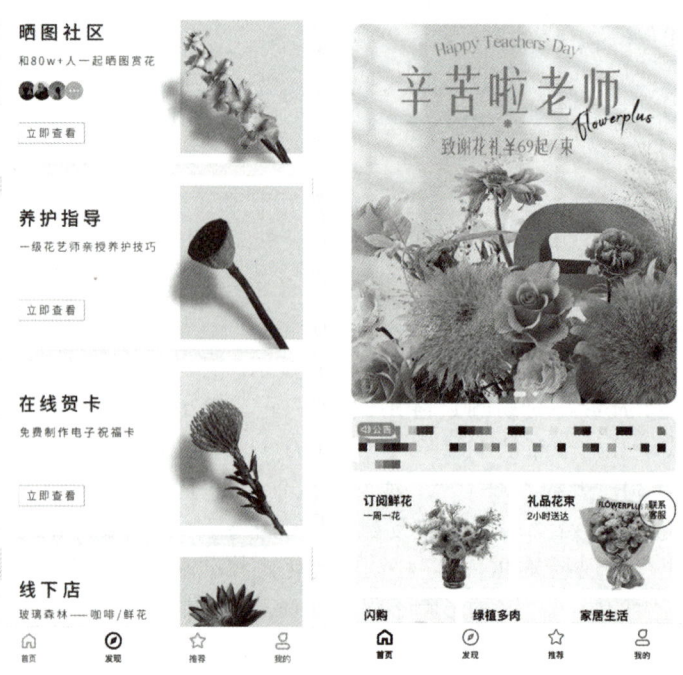

图 1-2　某鲜花品牌移动端截图

该品牌颠覆了传统鲜花消费多在节庆、纪念日等作为礼品花的销售模式，捕捉到了人们日常生活中鲜花消费的市场空白。消费者通过手机端下单、包月制配送，满足了随时随地用花的需求。该品牌采用 C2F 模式，通过小程序、公众号及 APP 提供多种订花路径，不仅改变了消费者的生活方式，还以"花"为媒，让花卉成为七彩云南的重要产业，实现了农产品的上行，助推当地经济快速发展。

随着移动智能终端的普及，移动互联网已经融入人们生活的方方面面，而品类繁多的 APP 正悄悄地改变着人们的生活方式。虽然大多数 APP 只是给人们带来便捷的服务支持，但有一些 APP 却在某一领域产生了颠覆性的变革。例如微信，微信在联系方式上的颠覆性作用不容小觑，它已经成为移动端主流的社交类应用。

### 技能提升

**周晓问：** 移动 APP 到底从哪些方面给我们带来了改变？

**专家答：** 首先，在工作方面。有人曾经在豆瓣日记本上写道："在办公室，手机就放在计算机旁边，微信一直开着，因为我不知道合作伙伴会在什么时候给我发信息。"这充分说明微信不仅融入了人们的生活，而且还被带入工作中。根据中国青年报社会调查中心对微信进行的调查显示，53.3% 的受访者认为微信提高了工作效率，32% 的人觉得因为微信失去了部分个人空间，23.8% 的人认为微信变相增加了工作时长。

其次，在社交方面。随着微信、易信、来往等移动社交 APP 的兴起，新的社交习惯被推向高潮——从熟人社交转向陌生人社交。

再次，在消费方面。根据 CNNIC 数据统计，截至 2021 年底，我国手机网络购物用户规模达 8.42 亿人，较 2020 年 12 月增长 5968 万人，占手机网民规模的 81.6%，手机购物已经成为人们首选的购物方式。

最后，在娱乐方面。有统计表明，每个手机里平均安装的 APP 是 36 个，其中游戏占了 41%，属于最多的类型。由此可见，移动端触摸操控改变了人们的娱乐方式。

> 周晓问：移动端 APP 的未来发展有哪些新机遇？
> 专家答：无线网络的普及和移动终端的智能化给移动端带来了新机遇，这些新机遇主要体现在以下两个方面：

（1）移动智能终端可以提供更好的服务

目前手机已经变成人们随时携带的物品，这让应用的使用频率提高，从而获得更多服务，而这样的服务内容无论从覆盖的广度还是深度都比以前的 PC 端服务更出色。

（2）基于位置的服务

移动智能终端具有 GPS 定位功能，可随时查找到用户的具体位置，让用户根据所需进行个性化选择，大大提高了用户体验。

## 巩固练习

### 知识梳理

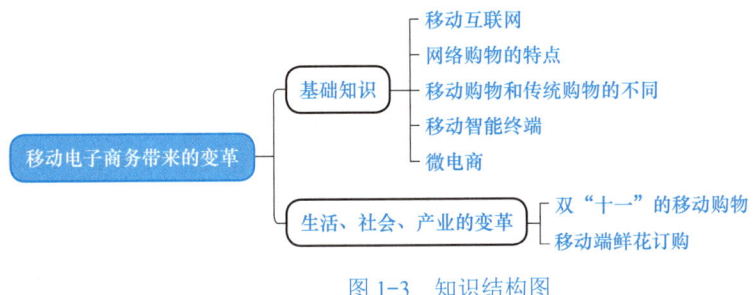

图 1-3　知识结构图

## 随堂练习

### 一、填空题

1. 移动电子商务在人类历史上第一次使_____和_____走出高深、为大众所掌握。
2. 移动商务一般特征的是_____、连通性、便携性。
3. 移动商务支持服务是_____的一项重要内容，是直接围绕商务活动的促成提供各种便捷的、及时的、多维的支持服务的一个过程。
4. 移动互联网包含_____、_____和_____三个层面。

### 二、多项选择题（每题的备选答案中，有两个或两个以上符合题意的答案）

1. 与基于有线网络的电子商务相比，属于移动商务的特点是（　　）。
   A．用户数众多，占绝对优势　　B．更加个性化的服务
   C．更好的定位服务　　　　　　D．更严密的安全性
2. 下列哪种行为不属于移动应用？（　　）
   A．使用蓝牙耳机拨打手机　　　B．用计算机在家上网下载程序
   C．用手机看电子小说　　　　　D．用手机发邮件
3. 移动商务从本质上归属于（　　）的类别。
   A．通信技术　　B．网络技术　　C．电子商务　　D．无线通信

4. 移动图书馆提供信息服务有？（　　　）
   A．移动通知　　　B．移动阅读　　　C．移动查询　　　D．移动接收
5. 移动商务在发展中和电子商务发展中的一个重要不同点是？（　　　）
   A．发展快
   B．规模大
   C．商务模式多样化
   D．起步阶段就拥有一批具有自主知识产权的专利技术和专利产品

# 任务2　认识移动电子商务

 情境导入

**情境概述**

周磊是 i 博导网站的策划人员，他发现，如今有越来越多的人使用手机上网，人们只要轻触手机屏幕就能了解到自己关心的信息。看到移动电子商务的前景，周磊决心将 i 博导网站与移动电子商务结合。可是周磊并不了解移动电子商务，因此他决定先从移动电子商务基础知识开始学习。

**情境分析**

在学习移动电子商务前，了解移动电子商务的基本知识是非常重要的，周磊要想将移动电子商务与 i 博导网站相结合，必须了解清楚下面几个问题：
1. 移动电子商务的出现主要表现在哪些方面？
2. 移动电子商务的特点是什么？与传统电子商务相比有什么优势？
3. 移动电子商务都有哪些具体的分类？
4. 目前移动电子商务的发展现状是什么？未来又会怎么样？

 技能学习

**技能支撑**

移动电子商务正在迅速崛起，处在电子商务迅速发展时代下的年轻人，应该紧跟时代的步伐，积极了解和学习全新的电子商务。

**周磊问**：移动电子商务的出现主要表现在哪些方面？
**专家答**：在电子商务环境下，人们可以利用移动智能设备完成移动在线交易，支付方式多样化，物流信息跟踪更加方便快捷，同时，移动电子商务需求的多样性与分散性，为现代电子商务行业拓展了广阔的业务范围。

移动电子商务可实现多种灵活的销售方式，并且可以根据顾客的需要和偏好提供个性化服务，让服务行业随时随地为客户提供高效的服务。

> 周磊问：移动电子商务都有哪些具体分类，它们都是如何划分的？
> 专家答：移动电子商务可以按以下几种方式分类。

（1）按服务类型分类

1）推式服务。移动电子商务的推式服务，就是根据用户的消费习惯、爱好，推送用户所需要的各种服务。

2）拉式服务。这是一种被动的服务方式，用户自主地进行信息查询和服务选择。

3）交互式服务。交互式服务是移动电子商务中最常用的服务方式，这里可以简单理解为介于推式服务与拉式服务之间的一种服务，例如阿里推出的支付宝就属于交互式服务的 APP。

（2）按商务形式分类

按商务形式划分，移动电子商务可分为：B2C、C2C、B2B、O2O、G2C 等多种形式。

1）B2C（Business to Customer）业务是企业对消费者的业务，也就是通常说的商业零售，直接面向消费者销售产品和服务。

2）C2C（Consumer to Consumer）的移动电子商务是个人对个人的商务形式。C2C 模式的特点是消费者与消费者之间的交易。

3）B2B（Business to Business）业务是企业与企业之间通过移动互联网进行数据交换、传递，开展丰富的商业贸易活动。

4）O2O（Online to Offline）是指将线下的商务机会与互联网结合，让互联网成为线下交易的平台。

5）G2C（Government to Citizen）是指政府与公众之间的电子政务。

> 周磊问：目前移动电子商务的发展现状是什么？它未来会发展成什么样子？
> 专家答：我国移动电子商务目前处于快速发展阶段，其发展特点可以总结为以下 3 点。

1）工业互联网等应用步入快车道。

"5G+工业互联网"呈蓬勃发展态势，人工智能技术应用不断加快。人工智能与移动互联网相结合的应用开始广泛覆盖智慧城市、智慧交通等日常生活。区块链应用进一步拓展。

2）网络零售打造消费新格局。社交电商、直播电商等新业态、新模式持续发展，成为驱动经济增长的新引擎。

3）移动互联网红利进一步全民普及。随着产业互联网快速推进，移动互联网进一步赋能千行百业，克服"鲍莫尔病"，推动数字技术与实体经济深度融合发展。

移动电子商务的发展前景广阔，随着电子商务产业链的多元化发展，更多消费者对移动电子商务产生认同感，未来将实现全民移动电子商务化。

**案例学习**

为了紧跟移动电子商务的发展，传统家装服务转战移动电子商务，例如某装修 APP 从 2012 年上线至今，凭借优质的一站式家装服务在众多家装 APP 中脱颖而出。该 APP 是面向用户的一站式家装服务平台，截至 2021 年 10 月拥有超过 11 万家装修公司、130 多万室内设计师，业务覆盖 300 多个城市，累计登记业主需求 4100 多万个。在该 APP 中，用户可获得免费验房、免费设计与报价、装修质检、家居电商、品质施工、远程监控工地等服务。换句话说,用户可以通过一部手机来定制家装风格,并且可以远程看到自己家装修的进度,解决大多数上班族的家装烦恼。APP 界面如图 1-4 所示。

图 1-4　APP 界面

通过本案例可以看到,传统行业积极加入移动电子商务的大军当中,推出手机端 APP,这充分说明了移动电子商务正在被传统企业所重视。

**技能提升**

传统家装如今也积极进军到移动电子商务领域,这其中的原因有很多,但其根本原因是移动电子商务有着传统商务所不具备的优势,那么这些优势到底有哪些?

> 周磊问:移动电子商务相比于传统电子商务具有哪些优势呢?
> 专家答:移动电子商务相比于传统商务,最大的优势可以概括为以下三点:

1)灵活。移动电子商务不同于传统商务,它可以完全根据消费者的个性化需求和喜好进行定制。

2)简单。用户只需要轻点手机就能轻松了解到家装的各种信息。对于用户而言,简单的操作让用户更加喜爱;对于商家而言,这种方式提升了营销效果,降低了成本,扩大了市场。

3)方便。移动电子商务的用户通过手机就可以随时随地获取所需的服务信息,不受时间和空间的限制,从而很大程度上方便了用户。

### 知识梳理

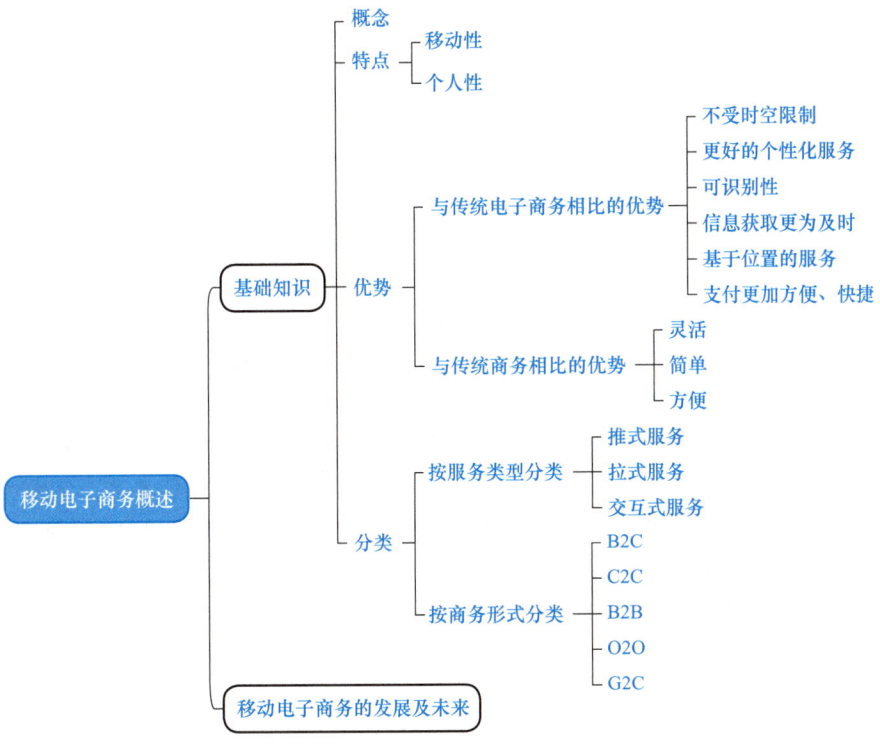

图 1-5　知识结构图

### 随堂练习

**一、填空题**

1. 电子商务就是基于_____产生的交易模式。
2. 移动电子商务是利用_____进行的电子商务。
3. 按服务类型分类,移动电子商务可分为_____、_____、_____。
4. 与传统电子商务相比移动电子商务的优势有_____、_____、_____、_____、_____、_____。

**二、多项选择题**（每题的备选答案中,有两个或两个以上符合题意的答案）

1. 移动电子商务的特点有(　　)。
   A．移动性　　　　B．个人性　　　　C．随身性　　　　D．商务性

2. 按服务类型分类移动电子商务可分为（　　　　）。

　　A．不受时空限制　　　B．推式服务　　　C．拉式服务　　　D．交互式服务

3. 下列关于移动电子商务与传统商务优势的是？（　　　　）

　　A．灵活　　　　　　　B．简单　　　　　C．方便　　　　　D．趣味性强

### 三、简答题

简述移动电子商务发展的现状及未来发展情况。

## 拓展阅读

移动互联网应用程序是指通过预装、下载等方式获取并运行在移动智能终端上向用户提供信息服务的应用软件。

根据国家互联网信息办公室《移动互联网应用程序信息服务管理规定》，通过移动互联网应用程序提供信息服务，应当依法取得法律法规规定的相关资质。移动互联网应用程序提供者和互联网应用商店服务提供者不得利用移动互联网应用程序从事危害国家安全、扰乱社会秩序、侵犯他人合法权益等法律法规禁止的活动，不得利用移动互联网应用程序制作、复制、发布、传播法律法规禁止的信息内容。

互联网应用商店服务提供者应当对应用程序提供者进行真实性、安全性、合法性等审核，建立信用管理制度，并向所在地省、自治区、直辖市互联网信息办公室分类备案；督促应用程序提供者保护用户信息，完整提供应用程序获取和使用用户信息的说明，并向用户呈现；督促应用程序提供者发布合法信息内容，建立健全安全审核机制，配备与服务规模相适应的专业人员；督促应用程序提供者发布合法应用程序，尊重和保护应用程序提供者的知识产权。

# 项目 2

## 移动电子商务营销

### 项目概述

本项目针对移动电子商务营销方面的基础知识进行阐述,从基本的移动电子商务常见方式、方法展开,并针对在移动电子商务营销中占据重要地位的强关系营销、粉丝经济、直播经济、H5场景化营销、二维码营销进行了详细说明与案例分析,对这些营销方式的基本概念、基本思想、优势、条件等进行解析,目的是为了让学生能够掌握这些移动电子商务营销方式与方法,帮助学生建立移动电子商务营销理念,为学生在后期学习具体的营销工具及方法奠定基础。

### 学习目标

#### 知识目标

- 掌握移动电子商务营销中常见的方法及注意事项;
- 掌握强关系营销相关的概念;
- 掌握移动电商下的粉丝经济基本方法与注意事项;
- 掌握移动电商下的网络直播平台及其发展趋势与盈利模式;
- 掌握移动电商下的H5优势与表现形式;
- 掌握移动二维码营销的基本思想。

#### 技能目标

- 具备进行基础移动电子商务营销的能力;
- 具备进行简单强关系营销的基本能力;
- 具备对粉丝经济进行策划与开展简单粉丝经济的能力;
- 具备开展简单直播经济的能力;
- 具备设计简单的H5的能力;
- 具备制作简单二维码的能力。

# 任务1　认识移动电子商务营销

### 情境概述

卢小龙是一家公司的营销策划，他们公司主要经营的是一本时尚杂志与一本娱乐杂志。近几年公司已经慢慢地开始向电子商务方向渗透，在这方面营销部做了很多策划，例如建设经营公司主页、开设订阅店铺、电子订阅等一系列措施，并且收到了不错的效果。移动电子商务越来越被重视，卢小龙感觉到公司想要继续发展就得顺应时代的变化，需要踏入移动电子商务行业。为了能够更好地融入移动电子商务行业，卢小龙需要为公司的产品制定一个行之有效的营销计划。

### 情境分析

卢小龙想要制定一个行之有效的移动电子商务营销策略，他就必须掌握：

1．移动电子商务的主要营销类型有哪些？
2．移动电子商务营销的传播方式是什么？
3．如何选择移动电子商务营销方法？
4．社交因素是否一定要导入移动电子商务营销中？

 技能学习

扫码看视频

### 技能支撑

对于商务活动而言，它离不开伴随着商务成长而采用的各种营销手段。移动电子商务因其脱胎于电子商务，有很多营销手段是同电子商务类似的。当然，作为一个新型商务类型，它也有着其他商务所没有的营销业务类型、传播方式、营销方法等。本任务主要是对移动电子商务营销进行概述并介绍移动电子商务营销的传播。

一个新型商业领域的开拓，最重要的是创造需求，而创造需求的关键是挖掘用户潜在需求。对于移动通信用户来说，即时信息是用户使用移动通信设备的主要目的，与此同时，还有许多亟待开发的潜在需求。在这样的背景下，移动电子商务应该注重哪些业务类型呢？移动电子商务营销的传播目的是什么？移动电子商务传播的方式有哪些呢？

**卢小龙问**：我对移动电子商务营销有了基本的认识，那么在移动电子商务营销过程中，它是如何进行传播的呢？

**专　家　答**：在移动电子商务营销的发展过程中，营销传播的主要途径也随着时间的变化而变化着，从最开始的短信、彩信广告，到后来的 WAP PUSH 广告，再到后来的 WAP 广告，一直到现在最流行的社交圈，移动电子商务营销的途径也在悄然发生着变化。

(1) 短信、彩信广告

从最开始的群发短信，到现在的定制化信息、折扣、调研等信息发送，短信、彩信广告这种移动电子商务营销的传播方式从新奇到厌恶再到习以为常，已渐渐地被很多移动用户所接受。现在的短信、彩信广告以发送电子定制信息、电子折扣、互动游戏或调研为主。因为其一对一、成本低、覆盖率高等特点，也被移动电商商家所喜欢。短信广告一般都是简明扼要的一句话，多以临时活动或者商品信息为主。

(2) WAP PUSH 广告

带有 WAP 网站链接的短消息广告，用醒目的概括内容以及一个链接，可以将更多的内容呈现在用户的面前。因为 3G 网络、4G 网络的介入，这种方式从原来的不可能到现在已经被广泛应用，可以让移动用户接收到更多信息。在 WAP PUSH 广告中单击相应的链接就会自动打开网页浏览器，进入相对应的网页供用户进行浏览。

(3) WAP 广告

4G 网络时代非常流行时尚的移动端广告，通过文字或者 Banner 广告的链接形式跳转到 WAP 网站上展示信息。通过文字或者图片吸引用户，从而推送商家的信息。

(4) 社交圈

伴随着微信、微博、手机 QQ 等社交 APP 的流行与应用功能越来越复杂多样，现在在移动电子商务营销中，社交圈的营销力也越来越被重视，而且因为社交型应用在移动端的大量普及，其营销的影响力比其他手段更加强劲。

> **案例学习**

2022 年 1 月 11 日，移动互联网大数据公司 QuestMobile 公布了《2021 年度中国移动互联网实力价值榜》，今日头条获评 TOP 商业价值媒体，并在"TOP50 赛道用户规模 NO.1 APP"中榜上有名，凭借超过 3.2 亿月活跃用户量在综合资讯赛道位列第一。

今日头条从出现到现在的发展，与它所做的营销是密不可分的。说到今日头条的营销，可以从以下 4 个方面进行总结：

### 1. 多平台登录机制

作为一个刊物类的 APP，应该以多渠道的宽松注册和用户体验为原则，它能够让更多人有意愿去注册账户并登录，APP 就能够获得更多用户信息。平台登录界面如图 2-1 所示。

### 2. 用户行为分析，精确新闻推荐

今日头条共有 8 种推荐方式：

1）基于文章主题相似性的推荐：通过获取与用户阅读过文章的相似文章来进行推荐。

2）基于相同城市的新闻：对于拥有相同地理信息的用户，会推荐与之相匹配的城市热门文章。

3）基于文章关键词的推荐：对于每篇文章，提取关键词，作为描述文章内容的一种特征，然后与用户动作历史的文章关键词进行匹配推荐。

4）基于站内热门文章的普适性推荐：根据站内用户阅读习惯，找出热门文章，对所有没有阅读过该文章的用户进行推荐。

5）基于社交好友关系的阅读习惯推荐：根据用户的站外好友，获取站外好友转发评论或发表过的文章进行推荐。

6）基于用户长期兴趣关键词的推荐：通过比较用户短期和长期的阅读兴趣主题和关键词进行推荐。

7）基于相似用户阅读习惯的列表推荐：计算一定时期内的用户动作相似性，进行阅读内容的交叉性推荐。

8）基于站点分布来源的内容推荐：通过用户阅读的文章来源分布为用户计算出 20 个用户喜欢的新闻来源进行推荐。

可以看出，今日头条采用多种用户行为及用户状态分析，对用户进行最合适的新闻推荐，能够让用户及时阅读到最新的、感兴趣的、对用户有用的新闻，从而增加客户对 APP 应用的粘性。

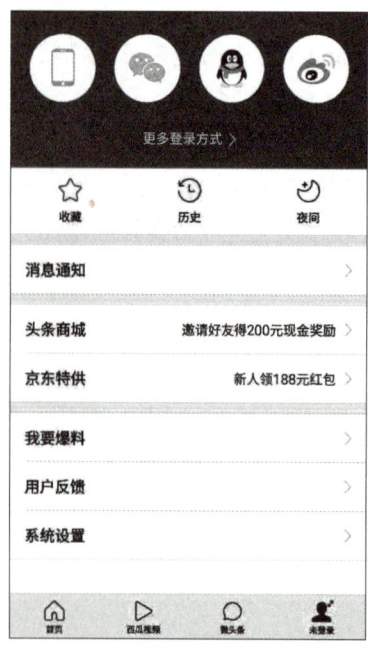
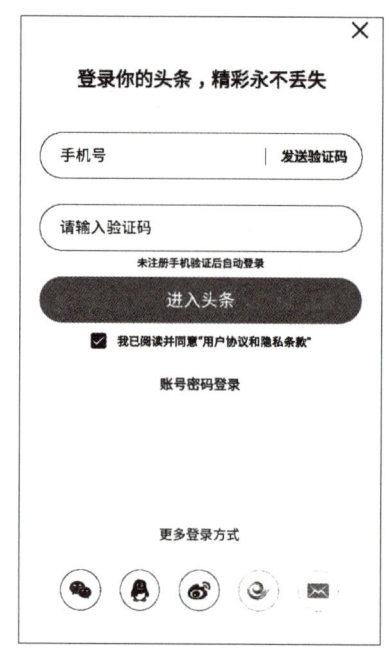

扫码看视频

图 2-1　平台登录界面

### 3．社交因素引入

作为新闻推送类型的 APP，今日头条也大胆引入了社交因素，让读者能够在阅读完新闻后对新闻本身或者阅读感受进行评论，新闻评论功能页面如图 2-2 所示。

### 4．合理的广告位设计

当然，在"推"类型的移动电子商务营销模式中，如何巧妙地推出自己要推出的东西，这里面有很多技巧。今日头条在每次打开的时候会有几秒钟的广告时间，如图 2-3 所示。这种广告比较简单，只有一个页面，而且几秒钟就会闪过，出现 2～3 次后就不再出现，完全不会影响用户的体验。而且在新闻条目之中也添加了广告位，这种设计会让用户不太讨厌，因为如此设置对用户阅读新闻不造成障碍，能够得到用户理解。

项目 2　移动电子商务营销

图 2-2　新闻评论功能页面

图 2-3　今日头条 APP 中的广告

### 技能提升

本任务主要介绍移动电子商务营销，包括特征、类型以及传播方式，并且就今日头条的案例进行了分析。那么在进行移动电子商务营销的时候，应该如何把握移动电子商务的脉搏呢？

卢小龙问：今日头条在营销过程中采用了很多营销方法，那么我在移动电子商务营销的过程中是采用一种方法好还是采用多种方法好呢？

专　家　答：在移动电子商务营销中是否要采用多种营销方法，回答是肯定的。因为现在的移动电子商务处于快速发展阶段，没有一个固定形式能够进行套用，因此在采用移动电子商务营销的方法上，就需要拓展思维不断尝试，采用更多、更有效的宣传方式与方法，这样才能引起广泛关注。如果只选择单一方法，那么参与用户将受到局限，无法吸引其他用户，就好像人与人之间的交往形成不同圈子，如果只采用单一方法，就只能进入一个单一圈子，而无法去适应其他圈子。

卢小龙问：现在，社交因素在移动端已然非常流行了，就像今日头条也加入了社交因素，我是不是一定要在移动电子商务营销中加入社交因素？

专　家　答：移动时代，社交因素固然非常重要，但是伴随而来的自然也会有风险。因为如果加入社交因素，就会出现各种各样的人，各种各样的言论。毕竟商家无法保证人们都是从他们想要的方向去评论的，往往会因为个人观点的不同而发布天差地别的评论，当这种评论造成不良影响的时候，就会发现当初还不如不加入社交因素。那么应该如何取舍呢？在加入社交因素之前，商家应该考虑好如何去管理这些社交因素，例如可以让大家发送自己的互动照片，让大家参与传递祝福的活动等比较容易管理的社交活动。当然这种不灵活的社交方式自然比不上自由评论交流等社交方式带来的效果。要想达到自由评论与交流，就需要安排专门的人对这些评论进行管理，并且需要累积一定量的忠实粉丝，这样才能够更好地控制社交因素，最终才能达到真正的营销目的。

巩固练习

知识梳理

图 2-4 知识结构图

随堂练习

一、填空题

1. 移动电子商务营销类型主要有_____、_____、_____三种方式。
2. 移动电子商务营销的传播方式有_____、_____、_____、_____四种方法。
3. 常见并流行的移动端社交圈有_____、_____、_____、_____等。
4. 移动电子商务营销中,在对加入完全的社交因素没有把握之前,可以采用_____、_____、_____等半封闭式的社交互动方式。

二、多项选择题(每题的备选答案中,有两个或两个以上符合题意的答案)

1. 移动电子商务营销的类型主要是( )。
   A. 推 　　　B. 拉 　　　C. 交互式 　　　D. 检索
2. 移动电子商务营销的传播方式有( )。
   A. 短信、彩信广告 　　　B. WAP 广告
   C. 社交圈 　　　D. WAP PUSH 广告
3. 今日头条的几大成功因素是( )。
   A. 多平台登录机制 　　　B. 用户行为分析,精确新闻推荐
   C. 社交因素引入 　　　D. 合理的广告位设计
4. 从下列句子中挑出说法正确的几项( )。
   A. 在移动电子商务营销中,要专注于一种营销模式,这样才能投入所有的精力去做好它。
   B. 在移动电子商务营销中,要采用多元化的营销方式,这样才能面对各种不同的移动用户。
   C. 社交因素在现代的移动电子商务营销中占据着举足轻重的位置。
   D. 在营销中,不能完全复制一个成功的营销案例,而是应该根据当下的情况,合理地应用。

项目 2　移动电子商务营销

## 任务 2　认识强关系营销

 情境导入

**情境概述**

朋友圈导购这种形式悄然兴起，利用朋友圈中的关系，也利用微信朋友圈都是熟人的特点，在微信朋友圈营销，会让微信客户比其他渠道的客户获得的信息和服务更多，让用户的黏性增大，使得商家营销取得更好的效果，这就是利用强关系进行营销的原因。李亮发现这种营销方式可以说是一种非常行之有效的推广方式，因此他打算利用朋友圈对自己店铺的精品货物进行推广。

**情境分析**

朋友圈营销属于一种典型的建立强关系与利用强关系进行营销的手段。如果李亮想要做好强关系营销，那么就必须解决下面几个问题：
1．什么是强关系营销？
2．如何进行强关系营销？
3．朋友圈营销有哪些特性？
4．进行强关系营销时应注意哪些事项？
5．除了建微信群、QQ 群外，还有哪些强关系营销方法？

 技能学习

**技能支撑**

强关系营销，因为其能够使用户免去在购买环节中的"考虑"与"比较"环节，而直接进入"体验"与"购买"环节，从而大大减少营销的传播时间，能够更好地达到营销目的。因此，强关系营销是现代移动电子商务营销策略中的重要组成。

> **李亮问**：什么是强关系营销？该如何进行强关系营销？
> **专家答**：强关系营销属于社会化营销的一种。强关系营销中的强关系是指个人的社会网络同质性较强（即交往的人群从事的工作，掌握的信息都是趋同的），人与人的关系紧密，有很强的情感因素维系着人际关系。强关系营销分两种，一种是建立强关系进行营销，一种是利用强关系进行营销。

知道了强关系营销的定义，那么在一般情况下，如何进行强关系营销呢？

1）集赞类型的强关系营销广告，一般发送的都是企业基本信息以及集满多少个赞就可以换取某件礼品或者享受某种优惠等。这种方法是利用一定的奖励让用户对企业进行宣传，利用朋友圈这个平台进行病毒式扩散，让企业知名度得以提升。

2）感受评价类型的强关系营销，是指使用者将使用产品的感受发送到朋友圈或者其他社交交流平台，这样的好评能够让更多的人关注，对产品质量信服。

3）朋友圈代购类型的营销，这是企业利用强关系进行营销的另外一种方式。通过朋友推送商品信息、跟踪商品动态、发送使用感受、进行用户交流、进行售后关怀等方式对产品进行营销并对用户进行管理。

4）活动发布，在好友动态中发送商家的活动，以吸引圈内人来参与活动。

当然，在强关系营销中，有一些是使用物质激励或者奖金激励的形式让用户在自己的社会关系中为产品、企业形象、活动等进行营销，还有一些是通过人文关怀、情感投入让用户去帮忙宣传。

> **李亮问**：利用微信及朋友圈进行信息传播能体现出哪些特性？
> **专家答**：微信能够为用户提供及时的消息提醒，一方面是一些微信公共账号为用户提供新闻资讯，另一方面是通过与其他社交应用绑定，在未登录其他应用的时候，离线接收社交信息。

（1）强关系链接增强了信息传播的私密性

微信是以手机通讯录和QQ好友为主的社交，进行点对点的精准互动，以现实人际关系为基础，主要使用于"自己人"圈子，正如有学者指出"微信侧重于人际传播式的社会交往，而非大众传播，微信的重点是通信功能，侧重人际传播"，具体来说有"好友之间的传播"和"朋友圈"传播两种模式。"好友之间的传播"类似于短信聊天或者是QQ聊天，"朋友圈传播"是指用户通过朋友圈接受圈内朋友的动态消息，朋友圈内的消息具有"点赞"和"评论"两种传播功能，仅对自己的朋友开放，这在一定程度上保证了通信的隐蔽性，也有利于保护用户的隐私。相比较来讲，微博的消息是开放性的，这对于保护用户隐私是极为不利的。微信这种以关系为核心的私密性空前加强的社交工具，也确保了用户之间对话的私密性。

微信消息的隐蔽性另一方面有利于用户信息的有效传播，比如一些真正满足用户需求的信息、个性化的内容和精准消息推送等，增强了信息的质量和传播效果。同时，这种私密性有效地避免了微博弱关系传播所带来的信息冗余，用户不会因为不方便登录而错过重要的信息，克服了信息传播过程中的"微博式"噪声，有利于提高信息传播的有效达到率和实时接收率。这种基于熟人模式的社交，基于朋友现实间所建立的信用，增强了信息的交互性和用户之间关系强度，实现了网络社交的强关系链接，增强了人际传播的人情味。

（2）传播内容的碎片化和大众传播的薄弱化

微信传播的内容具有碎片化倾向，主要是指事实信息的碎片化和意见信息的碎片化两个方面。就前者来说，微信信息具有多元化的信息来源、用户对事实分散化的观察视角以及事实信息本身的不完整性和模糊性等诸多因素，都决定了用户所传播的事实信息具有碎片化的特点；就后者来说，主要是指意见的分裂性、异质性和零散性，这与微信用户的碎片化思维是有密切关系的。鉴于微信的平民化特点，使用门槛较低，用户想到什么就写什么，一段文字、一句话、一个字、一个表情、一张图片、一段语音，都可以通过微信传播和分享。

微信的这种言语方式，更加适应现代人的生活节奏和浅阅读习惯，更能在网络平台上真实、直接和个性化地展现个人生活与思想空间，并最大限度地提高传播效率。微信主要是以聊天为主的社交工具，所以在信息的传播上存在诸多先天不足，比如信息的深度难以与微博比拟，信息挖掘的潜力匮乏，无法进行搜索和量化分析等，这就降低了信息的积累。因此，微信本身功能的限制和使用习惯的特点，决定了微信薄弱的大众传播能力。需要指出的是，一些公共账号发挥的大众传播能力主要取决于用户的订阅程度，这种个性化的设计在一定程度上也限制了微信大众传播的影响面。

> 李亮问：在朋友圈中进行强关系营销时，对于营销内容应该注意什么呢？
> 专家答：在朋友圈进行强关系营销的时候，对于营销内容及营销方法必须进行思考，如果不进行思考随意发送内容，只会引起朋友的反感而造成恶劣效果。

（1）信息内容文字不宜过多

在朋友圈中，发布的信息内容如果太长，朋友圈默认会将多的字自动收起，而且移动端用户在看朋友圈内容的时候，大都不愿意点开查看完整的内容。所以在发送内容的时候，就需要考虑好要发送内容的字数。

（2）以图文结合的形式进行内容表达

在朋友圈进行强关系营销的时候，发送的内容最好配合使用照片或者其他相关照片，这样可以增加信服感，并且好的图片也可以对营销内容进行更好的说明。

（3）信息发送不宜太过频繁

大家都使用朋友圈进行强关系营销，那么必然会为别人带来一些影响。如果发送消息的频率过高，往往会因为信息太过冗杂而被直接忽略掉，更有甚者，会选择屏蔽这些朋友圈信息或举报，这样就得不偿失了。那么信息的频繁程度应该怎么样才算合适呢？一般发送消息一天不要超过两次，再多就会给别人留下不好的印象。

（4）产品不宜过多，精品的几个就好，并且处于同一品类中

如果产品种类过多，就没办法给用户留下主体印象，很难产生记忆点。如果推荐的产品过多，就没有精力与客户进行交流。而强关系营销中，客户关系维护才是最重要的。

> 李亮问：与客户建立关系，除了建微信群、QQ 群外，还有哪些其他方法呢？
> 专家答：客户在店内消费，然后推荐顾客加入微信群或 QQ 群，方便交流与共享，除了这种方式以外，还有很多方式。这里主要介绍 3 种方式：

（1）通过社交媒体，互相添加好友

现在移动端的社交类软件依然很多，有大众的，也有专属于某个平台的。企业可以利用这些应用与顾客建立朋友关系，培养感情。

（2）建立话题用户群组，互相交流互动

除了 QQ 群以外，现在也有很多交流平台可以发起一个话题，让一些兴趣或爱好相同的人聚集在一起，例如旺信中的"购物圈"就是这样的。

通过对店铺在购物圈中的分享，可以让买家看到店铺的人气，方便吸引客户。这样的方式也是一种将弱关系变为强关系的方法，因为买家可以在页面上很直观地看到有多少个人买过，这种直观的数字能够给人带来信服感，从而进入店铺进行消费。当然，这种宣传不是免费的。

（3）建立微信公众号或服务号

现在微信月活动用户数量已超 11 亿，每天有 10.9 亿用户打开微信，有 7.8 亿用户进入朋友圈，有 3.6 亿用户阅读公众号文章，4 亿用户使用小程序。企业可以选择建立微信公众号或服务号，邀请客户加入。可以利用这些功能维护客户关系，进行商品信息推送。

消费者在店铺进行消费，然后商家推广微信公众号，客户进行扫码关注，可以将消费者聚集在一个订阅号或服务号中。这样，商家就可以利用公众号将商品信息、活动消息、宣传信息等发送给客户，吸引客户消费。

**案例学习**

周红是一位即将毕业的大学生，对于工作与学习她有着自己的想法。她想自己能够在还没毕业的这段时间积累一些经验，提升自己的能力，因此，她选择了时下比较流行的朋友圈化妆品营销作为自己的起步点。对于做这一行她也是在摸索中前进的，刚接触这种形式也是一次偶然的机会。她是某品牌化妆品的忠实用户，在使用后她发现产品真的很不错，而且网店的店主也正好希望能够有人帮助她进行朋友圈营销，看到周红是一个忠实用户，因此就邀请她帮忙进行朋友圈营销。在边学习边摸索的过程中，周红从以前狂刷朋友圈消息，到现在对这项工作做得游刃有余。现在她已经在朋友圈营销中获得了巨大的成功，每天咨询、代购络绎不绝。

朋友圈营销是一种基于微信生态体系、利用微信朋友圈进行的营销方式，这种营销是一种很典型的强关系营销。然而要如何才能做好朋友圈中的强关系营销呢？分析一下周红在朋友圈中营销的方法，能够清楚认识到朋友圈强关系营销中所需要注意的地方。

**1. 朋友圈营销，质量第一**

在朋友圈进行营销的商品质量一定要过关，因为在微信中累积到一定的人气是一项非常耗时的工作，如果产品质量不好，那么就会导致虽然添加了很多好友，可是大多数人都删除了或屏蔽了这些朋友圈的消息，这样花时间培养起来的强关系付之东流。所以，一般朋友圈营销的商品都是自己试用过或者完全信得过的商品。这样不但可以保证有一个良好的销量，也可以保证朋友圈的人对宣传者的信任与认可度。这样的认可度是非常有必要的，会直接影响别人是否购买宣传的商品或者同意他在朋友圈中进行宣传。

**2. 朋友圈营销要专注于一类商品**

专注于一类商品并不是限制自己的销路，而是会给人一种专业的感觉，这也是增加朋友圈认可度的一个必要条件。在朋友圈中，如果介绍的商品种类过多，那么就会给人一种群发广告的嫌疑，这种感觉会影响用户的信任度。专注于一类商品，则会避免这种情况，在介绍的时候，朋友圈其他人会认为这是专业性的推荐，从而让朋友圈的人对商品有认同感。

**3. 新加朋友切莫心急**

朋友圈营销，必然牵扯到新建立起来的强关系人群，对于这些新添加的朋友，不要太着急地进行商品的推荐或者拉关系。依旧发送朋友圈的信息，对新朋友发的消息关注一下，点个赞就好，不要妄加评论。随着时间的推移增强关系，等新朋友强关系建立之后就可以开始强关系营销计划。慢慢培养感情，建立信任关系，这才是朋友圈营销的关键步骤。朋友圈信息如图2-5所示。

**4. 刷屏只会招人烦**

有一些做朋友圈营销的人，每天都挖空心思去编写各种文字，查找各种图片来频繁地刷朋友圈，生怕别人关注不到自己的消息，可是这样的结果只会导致别人看到宣传信息就厌烦，更有甚者会直接屏蔽掉这些消息。因此，朋友圈消息一定不能总是广告，或者每天都发很多条。应该适时发送一些感触、感情、时事等自己真实的生活状态，如图2-6所示，让别人能够感触到共鸣。

项目 2　移动电子商务营销

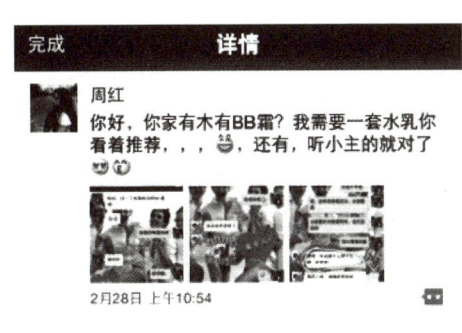

图 2-5　朋友圈信息

图 2-6　朋友圈发生活状态

### 5. 自己说好那是夸赞，别人说好才是真的好

这种方式其实与其他营销是相通的，每天刷朋友圈介绍各种东西有多好、效果有多棒、情怀有多高大上，这些东西的效果完全抵不过别人说一句"这东西还不错"来得实在。因此，在朋友圈营销的时候将自己朋友圈中朋友试用的回复截图保存并取得别人的同意后发送出去，让其他人能够切身感觉到宣传人员是真心为朋友们谋福利。

**技能提升**

朋友圈营销是一个很不错的利用强关系进行营销的方式，可是正因为是强关系营销，所以在营销的过程中就不能够像其他非社交营销那样夸张或者信息轰炸。朋友圈营销能够做的就是用自己的感情、用自己的努力去赢得别人的认可，以认可建立起强大的朋友关系，然后利用好这种关系才能真正做好朋友圈营销。

**李亮问**：利用朋友圈的关系来进行营销看来要比其他营销方式更费时费力，何必要去专门做朋友圈营销？

**专家答**：强关系营销是移动电子商务营销方法的组成部分，虽然在朋友圈中进行强关系营销要比其他形式的营销麻烦很多，需要注意的细节以及要花费的心思远比其他营销多很多，那么为什么还要进行强关系营销呢？因为现在是一个重关系轻营销的时代，有大量营销类型广告，营销手段已经被越来越多的人所了解，用户往往会接收到各种类型的信息，庞大的信息量也导致了人们对信息不信任或者不在意。这个时候，如果再想要进行营销，效果只会越来越无法达到预期的目标。强关系在这时就体现出了它所具备的独特优势，无论市场怎么变化，花费精力与时间培养起来的强关系将会是营销效果的保障。

**李亮问**：朋友圈营销就是利用自己的朋友圈去营销，那就是赚朋友的钱？

**专家答**：很多人刚开始做朋友圈营销的时候都是这么认为的，可是他们后来才发现他们思想多狭隘。为什么呢？因为朋友圈营销并不是他们所理解的那么肤浅。朋友圈只是一个工具，利用它来进行强关系营销是因为微信朋友圈有着一定的封闭性，可以更好地建立强关系。在营销过程中，不能只是给身边的人宣传，卖家完全可以利用朋友圈这个工具扩大自己的圈子，将营销受众扩大化，而不只是局限于身边的人，如果只是局限于这些人那么只能说明这个朋友圈营销是失败的。当然，也不能摒弃身边的朋友资源，因为他们是强关系营销系中最强的强关系，可以让他们介绍新朋友，朋友的介绍总比自己盲目添加好友要来得好。

## 巩固练习

### 知识梳理

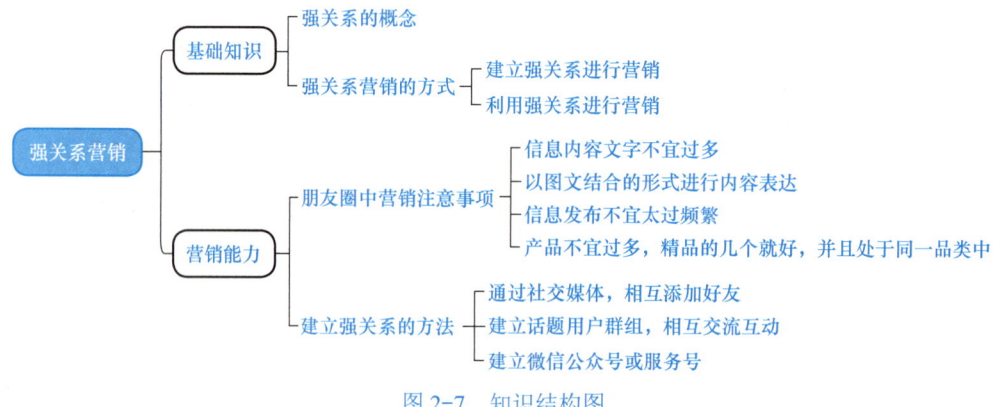

图 2-7　知识结构图

### 随堂练习

**一、填空题**

1. 一般用户在购物的过程中会处于_____、_____、_____、_____四个环节。
2. 强关系营销分为_____、_____两种营销。
3. 利用微信的强关系营销有_____、_____、_____、_____方式。
4. 在调动用户积极性方面有_____、_____两种形式。

**二、多项选择题**（每题的备选答案中，有两个或两个以上符合题意的答案）

1. 在朋友圈营销的时候需要注意的是（　　）。
    A．信息内容文字不宜过多
    B．以图文结合的形式进行内容表达
    C．信息发送不宜太过频繁
    D．要让所有人关注到消息

2. 为什么在朋友圈营销的时候不要发太多文字？（　　）
    A．太多文字会被系统收起
    B．用户没有耐心彻底读完
    C．字太多会使消息发送不出去
    D．太多文字会让阅读变得枯燥

3. 在移动电子商务中与客户建立关系的方法有哪些？（　　）
    A．建立 QQ 群
    B．利用社交媒体，互加好友
    C．建立用户群组
    D．建立微信公众号或服务号

4．为什么要专门进行朋友圈营销？（　　）
   A．因为朋友圈是一个非常有效的强关系营销工具
   B．现在是一个强关系轻营销的时代
   C．在市场大潮中，商家需要一个坚强的后盾
   D．朋友圈可以广泛结交到朋友供商家筛选

## 任务3　认识粉丝经济

 情境导入

**情境概述**

陈默是一家投资公司的员工，他们公司推出了一款理财产品，需要他们小组进行营销推广，应该用什么办法推广呢？陈默想到现在移动电子商务这么火，传统的营销办法已经不可取了，只会让营销的力度大打折扣。可是，移动电子商务营销的方法有很多，对于这款理财产品应该选择什么样的方式去营销？陈默听说粉丝经济比较红火，他决定去请教一下专家。

**情境分析**

如果陈默想要进行移动电子商务下的粉丝经济，那么就需要解决下面的问题：
1．粉丝经济与移动电子商务是怎么结合的？
2．粉丝经济与移动电子商务之间的关系是什么？
3．当粉丝累积到一定量时，如何将这些"粉丝"变成"经济"？
4．在使用粉丝经济策略的时候应该注意哪些呢？
5．成功的粉丝经济经验可以复制吗？
6．是不是一定要给粉丝特权才能让粉丝变得更忠诚？
7．是不是必须举办粉丝会才能更好地累积粉丝？

 技能学习

**技能支撑**

粉丝经济是以情绪资本为核心，以粉丝社区为营销手段，将情绪资本转化为真正资本的一种经济形式。粉丝经济以粉丝作为主体，由粉丝主导营销手段，从粉丝的情感出发，企业借力使力，以达到为品牌或偶像增值情绪资本的目的。在几年以前粉丝经济已经被人们所熟知。但是现在移动电子商务的介入，让粉丝经济变得与以往不相同了。

23

> 陈默问：我了解了粉丝经济，那么粉丝经济与移动电子商务结合会是什么样的呢？
> 
> 专家答：某艺人的微信公众号如图2-8所示，在刚刚推出的时候就引起了非常强烈的反响，艺人与粉丝之间互动方式变得与以往不同了。这就是移动电子商务与粉丝经济的结合，粉丝能够用移动端随时随地关注自己喜欢的艺人及其动态。

艺人也可以用这个公众号来发布活动，如图2-9所示，与粉丝们共同参加活动，进行互动。这样不但可以提升粉丝的积极性，也可以增加粉丝的忠诚度。

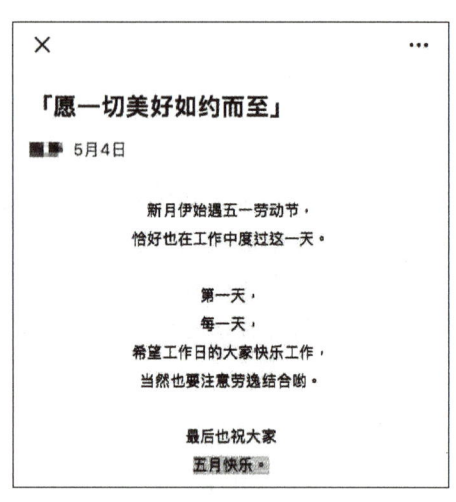

图2-8　艺人的微信公众号　　　　　　　图2-9　发布活动

这就是移动电子商务与粉丝经济的结合下而产生的明星公众号。移动粉丝经济将与公众号紧密结合，这是毋庸置疑的。当然，也许会出现其他各种各样的结合方式，这取决于以后移动电子商务的发展情况。

> 陈默问：粉丝经济与移动电子商务营销之间是什么关系呢？
> 
> 专家答：移动电子商务时代，购物从流量经济向粉丝经济转变，移动电子商务中，商家需要花80%以上的精力与粉丝互动。

可以说，粉丝经济与移动电子商务营销之间的关系是相辅相成的关系。因为移动端的消费者所具备的特性使得消费者浏览次数与时间更多，而且比较容易冲动消费。所以做移动电子商务营销的时候，商家就需要将用户变为他们的粉丝，为产品添加需求以外的属性，使消费者更容易产生冲动消费，这样才能更好地达到营销的目的。而移动电子商务营销能够与用户之间形成互动、实时状态、互相交流等方式，从而使客户得到关怀并具有参与感。这样可以大大加强粉丝的忠诚度，让粉丝从"粉"变成"铁粉"，这样就能使移动电子商务营销变得更加容易。

> 陈默问：我积累了大量粉丝，那么如何将这些"粉丝"变成"经济"？
> 专家答：将"粉丝"变为"经济"，这个恐怕是粉丝经济中最重要的过程。那么如何在移动端将"粉丝"变成"经济"呢？

### 1. 粉丝文化，激活粉丝经济

粉丝文化能够让粉丝的身份发生变化，不单单让粉丝们被动地接受喜欢对象的内容，更使得粉丝能够主动去传播信息，身份由"被动接受者"转变为"主动参与者"。这种身份的转变使得粉丝经济被激活，让"粉丝"变为"经济"成为一种可能。

### 2. 内容链接，让粉丝活起来

移动电子商务营销内容为王，在粉丝经济中也不例外。需要聚集粉丝关心的、感兴趣的内容，当然仅有内容还是不够的，需要利用内容让粉丝实实在在地参与其中，比如举办活动、进行互动、进行话题交流等，增加与粉丝互动的机会。让每个粉丝真正活跃起来，只有活跃粉丝才能够朝着"经济"方向发展。

### 3. 只要有爱，粉丝变为经济

在移动电子商务平台上，用户体验被日益重视。由于感情因素，一部分粉丝能够接受略微有瑕疵的用户体验，而且会主动帮助商家进行宣传，使其一传十、十传百，从而使粉丝经济扩大。因此可以看出"爱"才是粉丝经济的核心。

> 陈默问：那么在进行移动电子商务营销的时候，使用粉丝经济策略我应该注意什么呢？
> 专家答：在移动电子商务营销中，如果采用粉丝经济营销策略，在营销过程中不能盲从别人的成功案例，也不能盲目、无计划地进行粉丝经济营销。因为，粉丝经济是一把双刃剑。

首先，粉丝经济是一个成本低廉并且行之有效的营销策略，在移动互联网环境下，人们利用网络的时间已经变得非常琐碎，不会像以前一样端坐在计算机旁，而是在等公交、乘车、闲逛的时候都可以。商家只要抓住这些琐碎的时间，将营销策略变成用户熟悉认可的互动营销方式或活动，那么就会获得粉丝的关注与参与。经营并利用好已经形成的粉丝资源，就能够轻松实现低成本与高效率的营销传播。

但是粉丝经济也有着自己的软肋。在粉丝经济中，"弱关系"是粉丝与企业、偶像之间一般性的关系。在这种关系下，情感驱动占据了重要位置。一旦失去了信任或喜欢程度减弱，那么粉丝经济带来的收益必然严重下滑。粉丝经济虽然成本低，营销传播也迅速，可是情感纽带更为重要。

总结粉丝经济营销策略的特点，可以有下面几点：

1）充分尊重用户，避免急功近利而触及粉丝"软肋"。
2）提高企业的实力与形象魅力。
3）为用户提供更多人性化价值与便利。
4）寻找触点，培养忠诚度，让粉丝经济从弱关系变为强关系，进而发展成为企业的用户社区。

### 案例学习

在移动电商时代背景下,小米科技公司通过吸引用户参与到产品讨论与创造中来,用户有了亲手制造产品的参与感,利用社区平台上的不断互动,增加了粉丝的活跃度。据不完全统计,小米科技公司创始人雷军的微博粉丝数高达 2276 万,小米手机的微博粉丝数 2854 万。依托"米粉"的黏性和忠诚以及米粉社区的高度活跃,小米成就了一系列辉煌。2021 年第二季度,小米手机全球出货量约为 1340 万部,市场份额 17.2%,位居手机市场第三位。

#### 1. 粉丝特权

通过在企业与粉丝社群之间建立顺畅的信息共享渠道,使粉丝更容易掌握其他普通用户无法掌握的部分特殊信息,这种方法很大程度上提供给粉丝良好的情感归属,使粉丝成为企业特殊产品信息的权威拥有者。例如,小米手机为其核心粉丝推出小米手机 F 码,作为其身份的标志,如图 2-10 所示。"米粉"通过持有的 F 码可以无需等待直接购买小米产品,而 F 码的获得只有通过参与小米社区活动、抢楼、完成社区任务、转发小米公司或小米社区微博的方式获得。通过实施获得 F 码成为铁杆"米粉"标志这一策略,小米进一步培养了核心粉丝的忠诚度,提升了粉丝的成就感,同时也为小米产品进行了更多的宣传。

图 2-10　小米手机 F 码

#### 2. 从线上线下,全方位地结缘米粉

在著名的小米论坛上,米粉可以切实地参与产品的研发、测试、营销、公关等多个环节,直接决定产品的增减以及未来的创新方向。小米公司甚至将员工的奖惩与米粉的体验及反馈相挂钩,从而给予了米粉极大的荣誉感和归属感,促使他们更加主动地参与到论坛讨论中来。在通过论坛聚集米粉取得成功后,小米又将目标转向了微博、微信等社交媒体。

除了线上活动之外,米粉还拥有更为强大的线下活动平台,例如小米公司每两周都会在不同城市举办"小米同城会",小米官方会邀请一些用户到现场与工程师做当面交流,对产品的未来设计进行互动交流。此外,小米还设立了与用户一起狂欢的"米粉节",在每次活动上,小米公司会通过物质和情感双重因素给予消费者回报,提高了消费者在圈子中的归属感和参与意愿。通过这种线下的交流活动,小米公司与消费者之间建立起了紧密的人际交流圈。培养了共同的产品价值认同感和彼此之间强烈的信赖与依赖感。

**技能提升**

那么在进行粉丝经济的时候可以复制这样的营销模式吗？是不是粉丝经济中，要给粉丝特权才能吸引粉丝的注意，并成为活跃粉？与粉丝互动一定要进行线上线下的双互动吗？在移动电子商务营销时要如何找噱头？

**陈默问**：小米手机利用移动电子商务营销做粉丝经济，取得了非常显著的成功，那么其他商家在进行移动电子商务营销的时候可以复制这样的模式吗？

**专家答**：移动电子商务营销中的粉丝经济让营销的主体不再是商品，而是变成了消费商品的用户。在这样的大环境下，对于别人的成功案例，商家是无法进行复制的。因为商家所面对的用户群体是不一样的，即使是一样的商品，也会因为在营销过程中用户定位、市场环境、自身状况的不同而需要在不同的营销阶段采用不同的营销方式。那么，学习这些案例有什么意义呢？案例中所要学习的并不是他们一整套的营销模式，而是学习粉丝经济的营销方法以及企业在营销中的定位。生搬硬套使用别人的路线，只会让自己的营销节奏混乱，最后失去所有的粉丝。

**陈默问**：在粉丝推广过程中给粉丝发送特权才能让粉丝变得更忠实吗？

**专家答**：发送特权的方式在粉丝累积初期是一个比较行之有效的方式，这样商家不但可以吸引粉丝进行消费，而且可以让粉丝得到实质性优惠，增加粉丝对产品的信任度。而当粉丝累积与基数扩大后，就需要商家消除粉丝之间的差距，达到一视同仁的效果。当然，也可以对粉丝中表现活跃或者那些具有引领性质的人给予一定特权政策。但是对于政策尺度的把握要注意不能太大，这样会造成其他粉丝的反感。总之，发送特权是一个比较有效的积累粉丝的手段。

**陈默问**：像小米这样与粉丝进行线上的互动，也在线下举办了粉丝节，是不是只有这样才能更好地累积粉丝？

**专家答**：与粉丝互动，提升粉丝的参与感是增加粉丝忠诚度与数量的最重要方式。与粉丝进行线上的交流，在移动电子商务中尤其重要。粉丝利用移动端与企业进行交流，企业帮助用户随时解决问题，不但能让粉丝对品牌的认可度增加，还能够让他们有时刻被关注的感觉，这种感觉在粉丝营销中占据着相当重要的位置。因为感觉自己被关注，才会让粉丝的感情有归属，从而调动粉丝的自主传播意识。如果举办线下活动，需要考虑更多东西，线下活动举办得好，粉丝会成倍增长，但是活动效果是非常不可控的，在没有一定量"铁粉"的时候，进行线下粉丝活动是很难起到作用的，这与人们的从众心理有关。

**陈默问**：小米在累积粉丝的时候也是给足了噱头，那么是不是一定要有噱头？商家又当如何找噱头呢？

**专家答**：在粉丝经济中，商家对产品进行宣传，就需要吸引用户的眼球，而这吸引眼球的东西就是噱头。其实所谓的噱头，并不一定是那些华而不实的东西，有时可以是自己产品的显著特点，如小米营销中推出的就是高科技、高性价比。这些都是实实在在的产品特色，也是吸引粉丝的强大吸引力。这些吸引力能够让感兴趣的人关注商家产品，喜爱商家产品，成为商家粉丝，通过进一步进行企业文化渗透将他们逐步变为铁杆粉丝。在营销过程中怎么寻找这样的噱头呢？当决定选择对粉丝进行营销的时候，首先要考虑目标用户的需求是什么，以目标用户需求为基准，再加入商家的理念或者文化，便构成了商品卖点。紧接着需要将卖点用一种特别的形式表达出来，从而变成噱头。当然噱头指的也不全是这些，无论是哪种噱头，目的都是为了吸引用户。

### 知识梳理

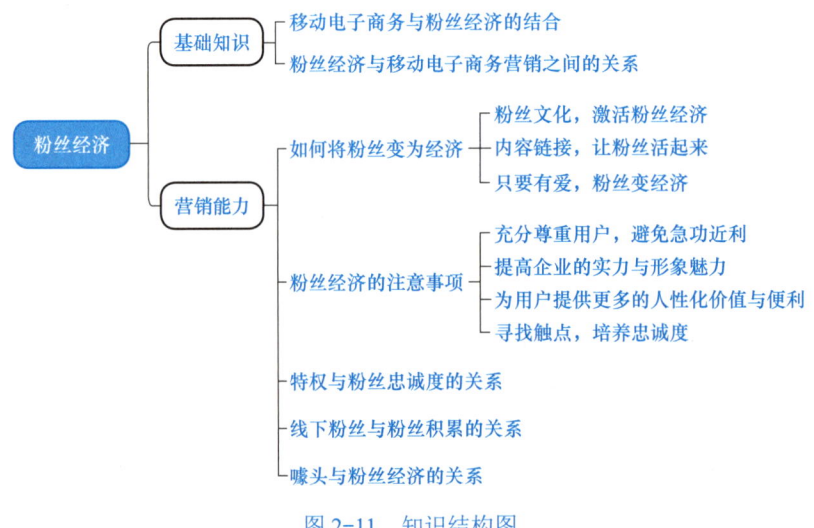

图 2-11　知识结构图

### 随堂练习

**一、填空题**

1. 粉丝经济是一把_____，利用得好可以无往不利，利用得不好会造成严重的不良后果。

2. 移动电子商务时代，购物从_____向着_____而转变，移动电子商务中，商家需要花 80% 以上的精力与粉丝互动。

3. 需要通过_____、_____、_____三种形式将粉丝转化为粉丝经济。

**二、多项选择题**（每题的备选答案中，有两个或两个以上符合题意的答案）

1. 下列属于移动电子商务中，移动端用户消费特点的是（　　　）。
   A．购物的过程中，会进行挑拣与详细数据比较
   B．比 PC 端用户的浏览次数与浏览时间更多
   C．比较容易冲动消费
   D．喜欢在线购买然后到线下体验

2. 移动电子商务中，要通过（　　　）将粉丝转化为经济。
   A．学会利用粉丝，进行宣传　　　　B．粉丝文化，激活粉丝经济
   C．内容链接，让粉丝活起来　　　　D．只要有爱，粉丝变为经济

3. 在移动电子商务营销中进行粉丝经济，应该注意（　　　）。
   A．充分尊重用户，避免急功近利而触及粉丝"软肋"
   B．提高企业的实力与形象魅力

C．为用户提供更多的人性化价值与便利

D．寻找触点，培养忠诚度

4．在移动电子商务中，移动端如何更好地累积粉丝？（　　　）

A．发送各种各样的消息，多发消息才能引起粉丝注意

B．增加粉丝的参与感

C．增加粉丝的归属感

D．调动粉丝的自主传播意识

## 任务4　认识直播经济

**情境概述**

王利是一家美容美发店的老板，现在移动电子商务已经渗透到日常生活的方方面面，她常常会在网上关注一些直播。她想如果自己能够将理发店搬上网络，就可以让顾客在网上观看到理发师的剪发水平，并且可以通过直播平台对自己的理发店进行宣传。

**情境分析**

王利想要自己的美容美发店实现直播，她首先需要了解以下几个基本问题：

1．现在的直播平台可以分为哪几类？

2．直播经济的利弊分别是什么？

3．直播以后的发展趋势如何？

4．应该如何选择一个合适的直播平台？

**技能支撑**

目前直播成为电商、社交、视频等各类线上平台的吸睛利器。直播与不同行业结合而形成的"直播+"经济也在逐渐升温。而直播电商，也是"直播+"的一个新生派，将是未来电商发展的趋势与风口。正因为直播+电商这个趋势和风口，也诞生了很多直播电商平台。那么现在都有哪些直播平台比较受欢迎呢？为什么直播能够火起来？它以后的发展趋势是什么？

**王利问**：现在最流行的直播平台有哪些呢？

**专家答**：直播平台大致可以分为秀场直播、游戏直播、体育直播、电商直播、财经直播和社交直播等几种类型。以下主要介绍其中的7个直播平台。

（1）斗鱼

斗鱼TV是一家弹幕式直播分享网站，为用户提供视频直播和赛事直播服务。斗鱼的前

身为ACFUN生放送直播，于2014年1月1日起正式更名为斗鱼。斗鱼以游戏直播为主，涵盖了体育、综艺、娱乐、户外等多种直播内容。

（2）虎牙直播

虎牙直播（YY旗下平台）是我国领先的互动直播平台，可提供200万人同时在线的高清赛事直播与游戏直播。

（3）映客直播

映客是一款基于视频直播的移动社交应用，主打素人直播理念，开创"全民直播"先河。用户只需拿出手机，打开映客即可一键直播，让全平台用户随时随地观看、点赞聊天，开启直播社交新模式。更可以通过分享到朋友圈、微博、微信邀请好友观看，尽情释放属于自己的精彩。

（4）花椒直播

花椒直播是国内一款移动社交直播平台，聚焦90、95后生活，每天实时进行互动和分享。目前已有数百位艺人入驻，用户可以通过直播了解艺人鲜活、接地气的一面。花椒推出上百档自制直播节目，涵盖文化、娱乐、体育、旅游、音乐、健身、综艺节目、情景剧等多个领域。不论是脱口秀、歌唱乐队表演，还是名人主持，都能在花椒见到。

（5）淘宝直播

淘宝直播是阿里巴巴推出的电商直播平台，定位为"消费类直播"，帮助用户实现了"边看边买"的购物形态。直播内容主要涵盖的范围包括：母婴、美妆、潮搭、美食、运动健身等领域。

（6）抖音直播

抖音是由字节跳动孵化的一款短视频社交软件，该软件于2016年9月20日上线运营，是一个面向全年龄的短视频社区平台。抖音注重内容运营，以爆款内容引用户关注。2018年5月，抖音正式开始电商商业化，随后加大直播电商扶持力度，如今直播和短视频融合发展，发展势头强劲。

（7）快手直播

快手是北京快手科技有限公司旗下的产品，本是一款制作和分享GIF图片的手机应用，在2012年11月转型为短视频社区。随着直播形式的发展，快手短视频也加入了直播功能。随后积极探索新的盈利模式，在探索直播和电商的道路上走在了行业的前列。

**王利问**：为什么直播突然就火了起来？

**专家答**：传统电商在为行业服务的同时，也出现了一些无法解决的核心问题。

（1）分析师理论

信息的传播升级为：文字——声音——图片——视频——VR，直播被认为是在视频和VR之间的一次信息升级，有可能产生1或2家互联网新贵，很多分析师预测视频直播的信息传播将成为下一个互联网风口。

（2）技术加持

智能手机大面积覆盖，手机的性能大幅度提高，这意味着每个人手里都有了一台摄像机，随着5G和WiFi的普及，直播需要的带宽条件已经具备。

（3）资本助力

直播是个烧钱的项目，每月带宽费用千万级别，但是收入颇丰，资本市场愿意高风险投入，直播行业的投资金额在 2020 年已达到 1060 亿元。

（4）内容丰富

目前直播的门槛低，人人都可以成为主持人，人们自我展示的欲望被激发。由于人群各异，产生了各种直播细分种类，能够满足不同用户的娱乐需求。直播的形式互动性强、内容不确定性强，这点能够提高平台的用户黏性和访问时长。

> 王利问：直播平台未来的发展趋势是怎样的？
> 专家答：直播平台未来的发展趋势有以下 3 点。

（1）只有个别产品能够存活

直播的本质是工具，只有搭载合适的平台，才能让在此工具上产生的内容被最大效率地传播和消费；直播是很烧钱的，没有雄厚的资本打底，直播很难独立生存；当市场趋于明朗化后，投资者不会将钱砸向长尾产品；用户是不忠诚的，用户更倾向于在尽量少的 APP 里解决尽量多的需求。

（2）内容为王

将更多精力投入到商业用户，而不是花费大量资金依靠广告去吸引个人用户，这是美团当年在"百团大战"中的制胜法宝；同理可推，直播拼到最后也是得内容者得天下。如今直播的门槛很低，有些哗众取宠的内容虽然能一时吸引大量观众，但是时间一长难免乏味。去低俗化、在内容上精耕细作的主播在大浪淘沙后才是闪闪发光的金子。

（3）社交为纲

社交是用户黏性最高的需求，拥有社交关系和场景的平台更容易切入到直播领域，例如微博、QQ 等平台，通过在主营业务基础上嫁接直播产品来增加产品功能，具备社交属性的直播，又会反过来促成优质内容的传播。

### 案例学习

2020 年 6 月 1 日，格力电器董事长踏入了直播领域，代表格力电器进行直播带货，当天累计销售额高达 65.4 亿元，创下了家电行业的直播销售记录。同时，一天的直播收入相当于格力电器 2020 年一季度营收（203.96 亿元）的 32%。回顾格力的直播之路，从 4 月 24 日到 6 月 1 日，一共做了四场直播，销售额分别是：22.5 万元、3.1 亿元、7 亿元、65.4 亿元，战果喜人，呈爆炸式增长。

从 22.5 万元到 65.4 亿元，短期内实现跨越式发展的直播带货，格力是怎么做到的呢？

#### 1．品牌＋直播，趋势所致

直播对品牌来说仍为新生事物，企业的态度基本上都是"尝试-升级-固化"。特别是大企业，经营模式、结构流程都相对稳定，导致在接受新事物时会比较谨慎。然而随着 5G 时代的到来，更多人意识到直播可以让传统专卖店、经销商走出去，让消费者通过网络平台了解产品，实现品牌商与消费者零距离，而直播也必将成为品牌和用户互动的主流应用工具。格力的四场直播即是一个从尝试到爆发的过程。在直播场景中，格力董事长曾直言，带货不是主要目的，为经销商探索新出路才是真。格力也依靠其极强的响应、优化以及执行力，实现了自己的直播神话。

### 2. 渠道改革，发挥线上线下联动优势

与其他主播直接面向消费者不同，格力的直播不仅是TO C（面向终端消费者），更大比例是TO B（面向经销商）。格力的直播带货，本质上是直播分销的逻辑。格力利用全国3万家经销商和网点，发动线下经销商和网点实现线上与线下联动，通过经销商线下引流，再到直播间实现线上转化，转化成功之后，再给经销商分成。格力的这种线上与线下双线合一的自营体系（见图2-12），实行全国销售渠道执行同货源、同期、同价的销售模式也成为直播带货65亿元成功的关键。

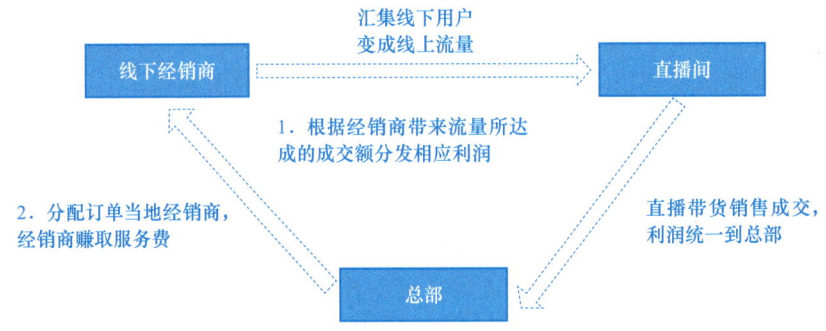

图2-12　格力的线上线下双线合一体系

### 3. 以"贯穿三域"最佳打法，加速流量变现

直播模式主要基于以下三域：在公域流量直播、在私域流量直播、在商域流量直播。格力利用传统经销商、门店等渠道去广泛覆盖，就是公域流量的打法。在直播间宣传，并利用董事长作为KOC去引流形成转化的，就是私域流量。而借助艺人、博主、KOL的流量，就是商域流量。品牌贯穿三域的最佳打法是用直播来"广泛覆盖公域流量、克制使用商域流量、高效驾驭私域流量"，这也是未来企业在直播经济领域内加速流量变现的主流方式。格力流量变现模式如图2-13所示。

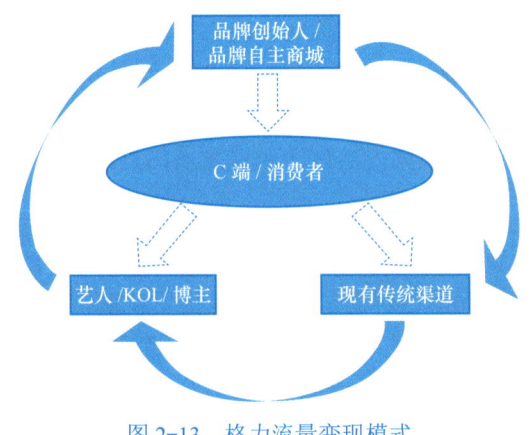

图2-13　格力流量变现模式

## 项目 2　移动电子商务营销

### 4. 健全的营销数字化基础设施做支撑

格力的直播模式不可直接复制，这源于其背后是千万经销商铁军，是扎实的销售体系，是完善的 IT 系统。格力直播模式是公司和线下专卖店的通力合作，而线上线下互动能够让经销商享受直播的红利，则是基于格力营销数字化后台的 IT 建设和严格的区域划分。首先，营销数字化后台的 IT 建设，让格力能够实现二维码的追溯，清晰地知道该成交消费者来自哪个经销商的转化。其次，格力线下体系建设完善，严格防止窜货，能够实现直播订单的按区域划分。

格力的四场直播从首场翻车到完美逆转，让人们看到了直播经济的价值与前景。从需求端看，直播经济能有效刺激消费；从供给端看，直播经济能优化电商结构、创新销售服务形态；从产业链看，直播经济能渗透生产端、流通端和供应链，为行业和企业赋能赋智。

### 技能提升

电商能快速变现，直播能快速引流。"直播＋电商"正在成为各电商平台争夺的突破口。从 4 月 24 日到 6 月 1 日，从 22.5 万元到 65.4 亿元，格力利用直播带货在短期内获取了巨大的收益，为人们打开了直播经济的新视界。

王利问：一般来说，网络直播的盈利模式都有哪些？
专家答：网络视频直播市场如火如荼，已经在产品形态、用户教育基本成行，但竞争胶着，格局未定，且都还在烧钱，急需流量与资源的支持，尤其在变现模式方面还需加以探索，结合相关实例，可以将网络视频直播行业的盈利模式归纳为以下几种。

（1）用户直接付费

用户是直播平台发展的底牌，从盈收来看，用户将最有可能成为第一批付费者，也就是所谓的用户打赏，即在观看直播时将平台设置的虚拟货币或礼品赏给主播。以某直播平台为例，单次奖励虚拟礼品最高可达 500 元，其中平台与主播三七分成。

此外，主播与用户的互动性增强，会对用户的提问、要求进行适当的反馈，这也为 VOD 在直播中的应用铺路，而用户点播的增多必然也会给平台提供更多机会开展直接收费业务。

（2）流量收入

网络视频直播的发展已具有明显的社交性，包括从直播跨入社交的形式，也包括从社交增加直播的模式。社交性除了增加了用户与主播的互动，同时也增加了用户黏性。普通公众开启使用直播平台，将会带动其身边更多的用户围观和使用，以此打造相对稳固的社群。

关于社群影响最重要的当属直接流量变现，包括应用启动广告、弹幕广告等，平台可以利用用户资源，联合第三方企业，开展更多线下活动，例如直接派送"福利"给消费量排名靠前的用户等，形成良好的激励机制。

（3）网红经济

直播平台的主播大部分也是所谓的高颜值群体，借助既有的用户存量，可将其进行包装打造，塑造成具有吸金能力的"网红"。例如，某网红一人分饰多角，凭借反差"柜姐"形象而走红，成为搞笑短视频赛道的一匹黑马。其粉丝数高达 1500 多万，作品获赞 2.4 亿。2020 年 9 月 5 日，该网红在天猫国际专场直播了 7 小时 38 分 22 秒，累计观看人数 388.5 万，直播实际销售额 3019.4 万元。

直播平台对打造网红具有得天独厚的优势，直播作为前台工作，本身就有极高的关注度，平台可以与经纪公司合作或者与品牌签订合约，在主播的广告收入中获得分成，拓宽自己的范围。

（4）开源模式

开放 API 是互联网连通世界的关键，在互联网时代，商业规则从占有变成分享，跨区域、跨行业的合作将成为重要源泉，充分利用身外资源，围绕自我打造松散但高效的组织体系，成为时代发展关键。直播平台应该开放 API，让第三方软件参与进来，提供更好的直播服务和更优的直播体现，吸引更为广泛的潜在用户群体。

> **王利问**：正如淘宝有淘宝直播、京东有京东直播一样，企业也可以开发属于自己的直播平台。那么开发一个视频直播 APP，需要注意哪些问题？
>
> **专家答**：目前视频直播的用户大部分都是年轻用户，相比文字与图片等比较浅度的信息交流，视频直播 APP 互动性更强，同时又有很多不确定性能吸引用户。QQ 及陌陌等平台都相继推出视频直播服务，可以看出视频直播的核心还是社交，未来视频直播将成为一种主流社交形式。

开发视频直播 APP 应该注意以下几点：

（1）从行业领域切入

可以从行业领域切入，如宠物社交、美容化妆、孕育直播 APP 等行业切入，可避开大平台的竞争，挖掘用户精准需求。

（2）输出有价值的内容

目前很多直播平台内容都是没有任何价值的，一般来讲，产品的价值是随着用户数量和产品购买率、消费转化率的提升而不断提升。反过来讲，随着产品价值不断提升，在直播内容的输出上更有价值，则能够吸引更多关注。所以对于直播类平台来说，从长远来看必须打造严格的审核机制，确保净化空间环境。

（3）专注解决用户问题

没有哪个 APP 应用在一开始就能把功能设计得那么全面，视频直播类 APP 也一样，都是在市场上架后不断升级改善。所以开发的时候可以将重要的功能点前置，为客户打造高性价比的视频 APP 应用。

（4）增加用户的参与

对于视频直播 APP 来讲，其自身的特点是用户可以在平台上进行互动及讨论，在用户的互动中，激发其他用户自我表达的欲望。对于产品开发设计，则根据用户使用习惯，设计交互性强、性能好的 APP 应用，增强用户的参与感。

巩固练习

知识梳理

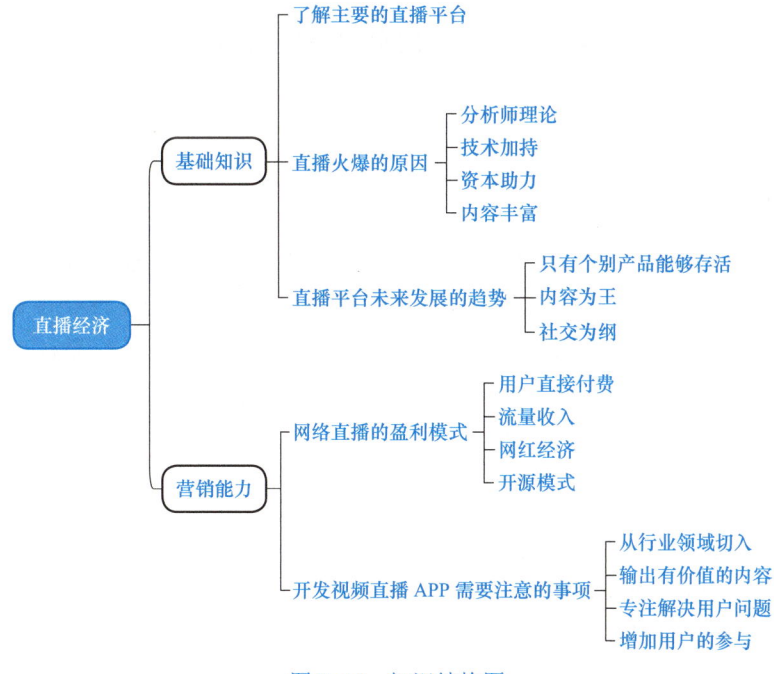

图 2-14 知识结构图

## 随堂练习

### 一、填空题

1. 直播平台大致可以分为秀场直播、_____、_____、电商直播、财经直播和社交直播等类型。

2. _____是一款基于视频直播的移动社交应用,主打素人直播理念,开创"全民直播"先河。

3. 社交是用户黏性最高的需求,拥有社交关系和场景的平台更容易切入到直播领域,例如_____、_____、_____等平台。

4. _____能快速变现,_____能快速引流。

### 二、多项选择题(每题的备选答案中,有两个或两个以上符合题意的答案)

1. 网络视频直播的盈利模式包括( )。

    A. 开源模式    B. 网红经济    C. 流量收入    D. 团购

2. 开发视频直播 APP 应该注意( )。

    A. 从行业领域切入    B. 输出有价值的内容

C. 增加用户的参与  D. 以开发者为中心

3. 直播火爆的原因包括（　　）。

　　A. 技术加持　　B. 政策支持　　C. 资本助力　　D. 内容丰富

## 任务 5　认识 H5 场景化营销

### 情境概述

李敏在一家游戏 APP 开发公司上班，近期需要推广一款新开发的 APP，她想到了自己微信朋友圈经常看到的一种广告，就是 H5。这种广告不仅有动画特效与音乐，传播性还很强，她想利用这种方式去推广新开发的 APP，效果应该会更好。那么，李敏该怎么做呢？

### 情境分析

李敏想要利用 H5 对公司开发的游戏 APP 进行推广营销，她首先得了解以下几个问题：

1. 什么是 H5？
2. H5 与传统营销设计相比较有什么优势？
3. H5 的设计流程是什么？
4. 在利用 H5 进行营销时有哪些注意事项？

### 技能支撑

H5 是 HTML5 的简称，运用该语言制作动态页面在微信朋友圈传播，一般 H5 页面可实现滑动翻页、动画特效、音乐播放等精美的内容，比如微信推广内容中的动态页面也都是使用 H5 实现的，被称为 H5 场景。那么，H5 的表现形式有哪些？该如何设计制作 H5 呢？

**李敏问**：H5 的画面表现在哪些层面？

**专家答**：H5 的画面直接表现在原型图的构思和规划上，它是具体执行的第一步，也是上手设计 H5 的开始。H5 的画面表现可以分为三个层面：视觉气氛、形式感、参与互动。

（1）视觉气氛（传递情感）

良好的视觉气氛可以更好地引导用户理解设计者想表现的意图，每个 H5 的设计目的和内容都不同，自然它需要营造的视觉气氛也不一样，不同气氛会牵连不同元素。整个设计需要统一在完整的调性内，是理性规划与艺术创作的结合。例如某洗护品牌在 2022 年春节期间推出的 H5 宣传页，用红色、对联、红包等喜庆的元素使整个页面表现出虎年春节的气氛，如图 2-15 所示。

（2）形式感（打动用户的重要方法）

形式是 H5 页面受不受欢迎的重要参考标准，这已经经历了用户的多次考验。优秀的作品时常关注情感，洞察人们的内心世界。如果表述得当，甚至会为形式牺牲掉部分功能，H5 页面是快传播的移动网页，只要形式上的创意能够打动用户，即使细节不够出彩，它也可以说是成功的。毕竟，有趣的东西是能够很快打动用户的。

（3）参与感（H5 设计的爆点）

参与感不同于"形式感"，它指用户可以通过 H5 定制带有自身特征的内容并能够参与到内容的创作与传播，往往这类 H5 内容比较容易受到欢迎，并且极为容易创造出来非常夸张的刷屏效果，但创作难度又往往较大，它需要人们对 H5 有着深入的理解和研究，而未来移动端优秀的 H5 案例会越来越多地牵扯到用户的真实参与。

图 2-15　2022 年春节 H5 宣传页

> 李敏问：那 H5 与传统营销设计比较有什么优势呢？
> 专家答：用 H5 营销设计与传统营销设计作比较，能够非常直观地看出差距。

1）传统营销设计的呈现主要集中在纸媒体和视频媒体，在平面呈现上比较单一，全是静态画面，设计的动画视频与用户有距离感，想互动是件较难的事。而 H5 的设计展现形式是综合的，交互概念的贯穿，使得能够把很多形式串联在一起。互动形式也较为丰富，各种触控滑动点击、摇一摇、重力感应、环境感应等，都会和设计形成互补关系，给用户带来新体验。而且 H5 可以跳转到各种想要引导的外链接，不管是官方网站还是产品 APP，所有的信息也可以同步修改。不仅是表现形式已经从单一的视觉转化到了更广阔的领域，在内容灵活度上也达到了前所未有的可操控性，这些事情在传统设计中很难办到。

2）传统广告营销从构思到成型有一个漫长的过程，而且广告人还特别恐惧错误，因为丢出去的东西不易修改。相比较而言，H5 就灵活很多，虽然从创意到构思到设计操作再到实现阶段，依然有和传统营销类似的流程，但完全避开了复杂的媒体枷锁。一方面，H5 能够借助服务器的数据来对内容的方向和打法做出分析和计划，另一方面，不再需要长久的制作等待，投放也变为上线，点一下的功夫就能把内容推到受众面前，设计文字存储在服务器也可随时修改调整，能够和用户阅读内容同步，修改灵活自如，大大地提升了创作效率。

3）就人力成本和资源投入来说，H5 和传统营销的差别还挺大的，特别是媒介投放，H5 有着传统广告没有的优势。H5 能够自传播，将做好的内容直接分享出去就可以传播，如果作品出彩，甚至可以不做任何投放，就达到很好的传播效果。而传统广告营销就不同了，做好的内容只有通过媒介才能传播开来，这些媒介花费昂贵，受众人群也比较固定。

> 李敏问：既然 H5 与传统营销设计相比有这么多优势，那它的表现形式又有哪些？
> 专家答：H5 的表现形式主要有以下几种。

（1）幻灯片式

这是 H5 最初期也是最典型的形式，由于简单、实用，所以至今还很流行。其效果就是简单的图片展现与翻页交互，效果很像幻灯片的展示。其实幻灯片式的 H5 现在已出现了很多在线制作软件供大家使用，所以制作成本几近等于零。由于制作简单、周期短，这类 H5 展现适用于频繁、小型的需求。

（2）交互式

故宫的 H5 营销是应用 H5 绘图功能的典型例子，如图 2-16 所示。这里面的交互还是比较简单的，它基本体现了交互式动画的感觉。

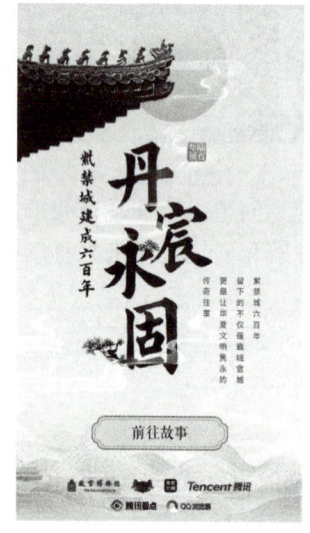  

图 2-16　故宫的 H5 营销

（3）功能式

精品 H5 案例如图 2-17 所示。图中的社交移动风云榜就是精品 H5 的展现。

这两个 H5 都有一个特点，除针对受众的热门内容传播之外，它们很像一个"供用户重复使用"的产品，这就是功能型 H5。所谓功能型 H5 是同时聚焦于用户需求并且重视传播性的 H5 轻利用，也就是在设计 H5 的时候除斟酌传播的问题之外，也要思考如何把它变成一个延续运营的产品。这实际上是思考角度的问题，从"我要传播什么"到"我希望用户传播什么"的转变。

李敏问：那么 H5 的设计流程是什么？

专家答：H5 的设计流程可以分为以下几个部分。

（1）了解需求

每个 H5 的设计都是建立在具体需求之上，每个项

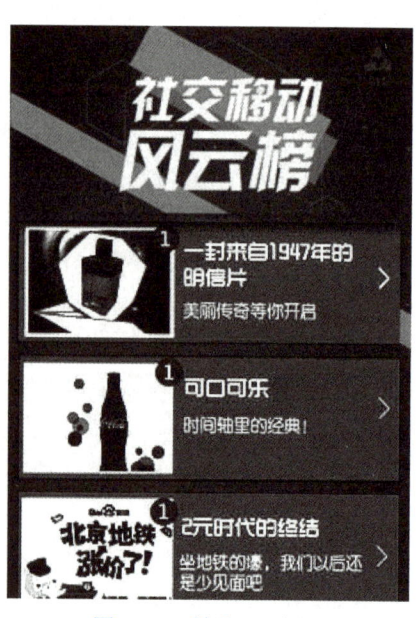

图 2-17　精品 H5 例子

目追求的目的都不同，例如，推广新产品、促销活动、为网站引流、传播品牌形象等。设计者需要从不同的需求来挖掘目标背后的特点和优势，这是设计的第一步，也是最重要的一步。

（2）确定形式

当定位和内容方向明确后，下一步就是围绕定位构思表现形式了。当预算充足，项目又需要借助明星效应时，可以采用拍摄视频并且制作特效合成的方式来执行项目；当整个策划和创意围绕特殊节日时，可以研发针对节日特性的新形式来丰富H5；当整个项目涉及调查研究，表现形式就可以围绕选择题来做文章了。当形式确定后，同时要设计一个原型图，有助于设计师去执行项目。

（3）设计表现

这里需要确定美术风格，设计师需要去判断用哪种表现形式，需要什么调性，搭配哪种元素、配乐和动效的跟进，这个阶段对于设计的整体把控能力要求较高。

（4）开发执行

H5生成的方法有两种，一种是有代码实现，具体是指设计师把做好的分层图打包给前端工程师，他会将这些内容放置到服务器，用代码编辑的方式将元素合并成平时所看到的H5网页，在代码编辑完成和测试无误后，就会上线推送到互联网。另一种是无代码实现，是指可以把自己设计好的素材上传到第三方平台的服务器，自己编辑并发布，这个过程不需要和程序员打交道，可以大大节省人力成本，更为简单快捷。

（5）数据统计

数据总结阶段是H5特有的，各类数据会告诉企业和商家产品的受欢迎程度和不足之处。现在的数据统计较为强大，服务器甚至能够监控到每一个页面各个位置的单击情况，即使数据没有那么详细，通过PV、UV量和跳出率也会对作品的效果有大概的认识。

> **案例学习**

脉脉APP是一款移动端的人脉社交应用，基于"实名职业认证"和"人脉网络引擎"帮助职场人拓展人脉、交流合作、求职招聘。

2019年8月，脉脉推出一款名为"蓝月"的沉浸式职场互动测试。这一测试基于脉脉职场发展模型MCDI（Maimai Career Development Indicator），通过预设在每条故事线中的13个测试点，从决策、感知、控制、协作、自驱与信念6大维度，对职场人进行情景式评估。测试者不仅能以同一个事件的不同角色去测试自己在职场中换位思考的能力，更能以沉浸式的体验感受人物当时的心情、压力、抉择等。

例如，蓝月职场生存测试（见图2-18）上线最初遭到吐槽，但很快形成口碑逆袭，并引起广告圈、互联网圈、影视圈与H5行业圈的集体围观。除直接关注外，作品还为脉脉带来了大量意想不到的后期合作机会，甚至包括拍摄系列互动剧的合作请求。

这一系列的反馈，都让我们看到了，深度互动类内容所带来的爆发力，那么，"蓝月"是怎么做到的呢？

图2-18　蓝月职场生存测试

1. 创意定位

脉脉 APP 出品，用户选择身份，一边看视频一边在剧情节点做选择，决定接下来的剧情发展。在触发结束剧情选择时，会生成悲惨的文字版结局和职场忠告，然后返回剧情重新选择，最后生成用户分析海报，分析用户在职场中的各种能力值，以此树立脉脉 APP 职场专业指导的品牌形象。

2. 策划逻辑

故事背景设定在一家创业公司中，每 2.7 年一次的蓝月现象发生后，公司的 CEO 与程序员在狭小的电梯里互换身体，测试者可以通过扮演"CEO 孟飞"或"研发总监程旭"两个不同角色，进入创业公司麦菲斯科技的生死关键时刻，沉浸式感受公司内部种种信任与背叛，并与投资人及竞争对手展开博弈，为公司寻找新生机。

用户在初始界面可以看到剧中矛盾激化时的部分剧情和文字描述，然后在浏览人物介绍后开始测试，在 CEO 孟飞和研发总监程旭两个角色中选一个，如图 2-19 所示。开始播放视频，在视频中人物面临选择时，会有选择题出现，题目上面有选择倒计时，如果时间用完用户未选择，则会随机选择答案，如图 2-20 所示。

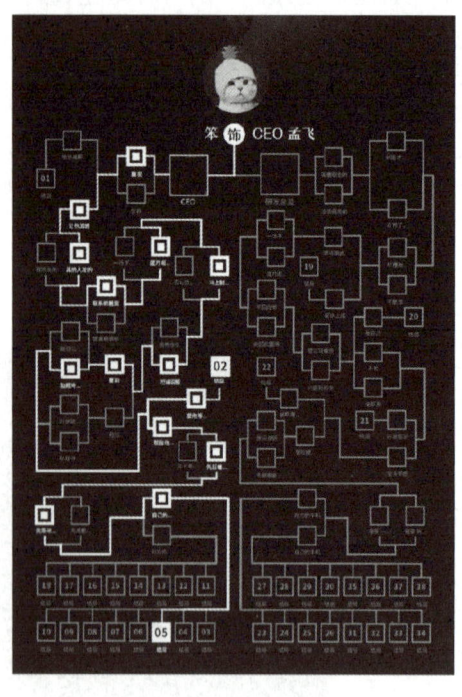

图 2-19 角色选择

图 2-20 "蓝月"截图

3. 设计上

真人演示的视频有点电视剧的感觉，除了结尾，整个影片中人物都处在压抑、焦躁、疲惫和无力感中，经历了许多波折，最后两人清晨在办公室醒来发现成功在即热烈拥抱的时候，画面显示出了暖色调，并用窗外的旭日、街道、金色的晨光在建筑物上的移动，显示出了希望的温暖，与前面压抑紧张的剧情形成了对比，视频中有多处"脉脉"海报植入，增加用户印象。

## 项目 2　移动电子商务营销

### 4. 体验上

有许多选择都会引发剧情结束，显示脉脉给予的职场忠告，因果关系描述得很详细，分析得也很透彻，如图 2-21 所示。游戏会在每个选项选择时自动存档，当用户选择错误的时候还会自动读档。用户随时可以选择跳过这段剧情，当不小心关闭 H5，再次回来还可以选择继续测试，还有 1 倍速和 2 倍速的选项，也可临时暂停视频。蓝月在游戏设定上考虑得十分周到。

**技能提升**

蓝月 H5 成功的背后，是脉脉团队历经 10 个月打磨，4 次创意方向改动，14 稿剧本迭代的结果，各种细节打磨可谓精良，其"竖屏剧 + 互动测试"结合的 H5 模式也值得学习。

> **李敏问**：各行各业在运营 H5 进行营销，那么在营销时应该注意哪些方面呢？
> **专家答**：在进行 H5 营销时，普遍需要注意以下几点。

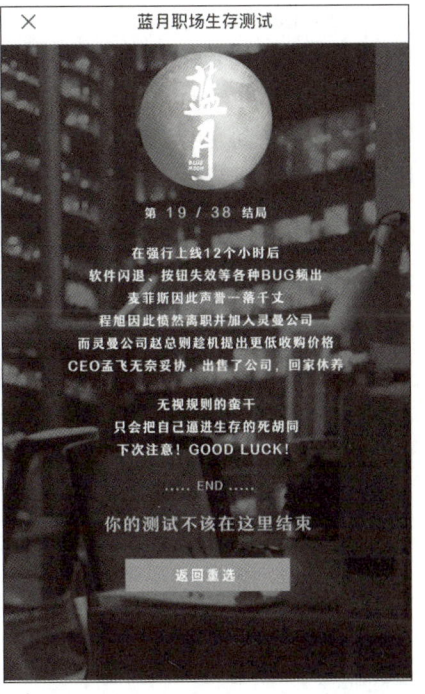

图 2-21　结局忠告

（1）H5 访问时间

用户访问高峰集中在午休 11:00～14:00 和晚上 20:00～23:00，但是具体的推广时间需要结合具体场景，而 H5 发布的最佳时机由此可见一斑。

（2）H5 渠道排行

根据网上对 H5 的阅读来源分析，百分之五十多的用户通过朋友圈进入 H5，还有一部分用户是通过微信公众号浏览的，而且公众号已经逐步成为传播的主要战场，所以在营销推广时要利用好这个渠道。

（3）H5 阅读页数

通过对访问量最高的 1000 个 H5 分析，发现高访问量的 H5 页数多集中在 6～10 页，其中 9 页最多，占比高达 21.0%。用户向来是非常挑剔的，太过复杂或者异常的操作会导致用户流失。既要保证传播的内容，也要减少用户流失，6～10 页的 H5 是比较合适的。

（4）最受欢迎的 H5 形式

2014 年第一支 H5《围住神经猫》诞生，2015 年在技术存在硬伤的情况下，H5 的需求呈井喷式扩张在营销领域闯出了自己的一片天地；进入 2016 年后 H5 发展回归理性，由于移动端技术发展和单一微信入口的限制，H5 开始尝试向传统内容端靠近；2017 年 H5 致力于制造惊艳的用户体验，开始在公益、新闻领域彰显自己的优势；到 2018 年，相比追求技术的创新，内容创意更受重视，营销虽然还是主战场，但没有商业诱导的时政类、产品类 H5 显然更让人们愿意接受。目前 H5 正在逐步定义其传播形态，朝着沉浸式互动的方向发展。

> **李敏问**：专家，H5 与平面设计的版式到底哪里不同？
> **专家答**：虽然二者都是建立在视觉上的媒介系统，但对于画面的要求规律却截然不同，具体的差异有以下三点。

（1）画幅尺寸差异

日常使用的智能手机屏幕目前主流的尺寸是 5.5 英寸，对比平面设计常规的单页 A4 纸来说，还不及 A4 纸的一半，这会直接影响 H5 单屏画面的呈现方式。H5 排版不能过于复杂，元素相对平面设计要精简，电子屏显示字体需要更大。从平面到 H5 内页的改版，手机媒介会因为内容信息的拥挤给人疲劳感，从而影响信息传达，画面尺度和媒介特征的不同是二者第一个区别。

（2）阅读方式

不管是网页还是常规纸质媒介的设计实物，人们的阅读习惯基本上都会遵循从左及右的方式。因为手机屏幕尺寸的特性，H5 的画面常规阅读习惯却是从上及下的，并且内容带有动态性，会对视觉的牵引产生作用，这直接影响到了常规排版思路。所以阅读方式的改变和动态元素的加入是它与平面设计的第二个不同点。

（3）内容接收习惯不同

平常人们阅读纸张上的信息或者浏览网页，是在相对固定的时间、空间进行的，这适合深度阅读，注意力与情绪点也都会比较容易集中。而多数打开 H5 网页的用户，要么是在无目标地翻看手机页面，要么是在外赶路，他们是被 H5 的标题吸引或者朋友的推荐偶然间打开的页面。多数人观看时处于三心二意的状态，精力分散并且没有明确的目的性，这样会导致复杂的信息难以被接受，非常不适于深度阅读。

巩固练习

知识梳理

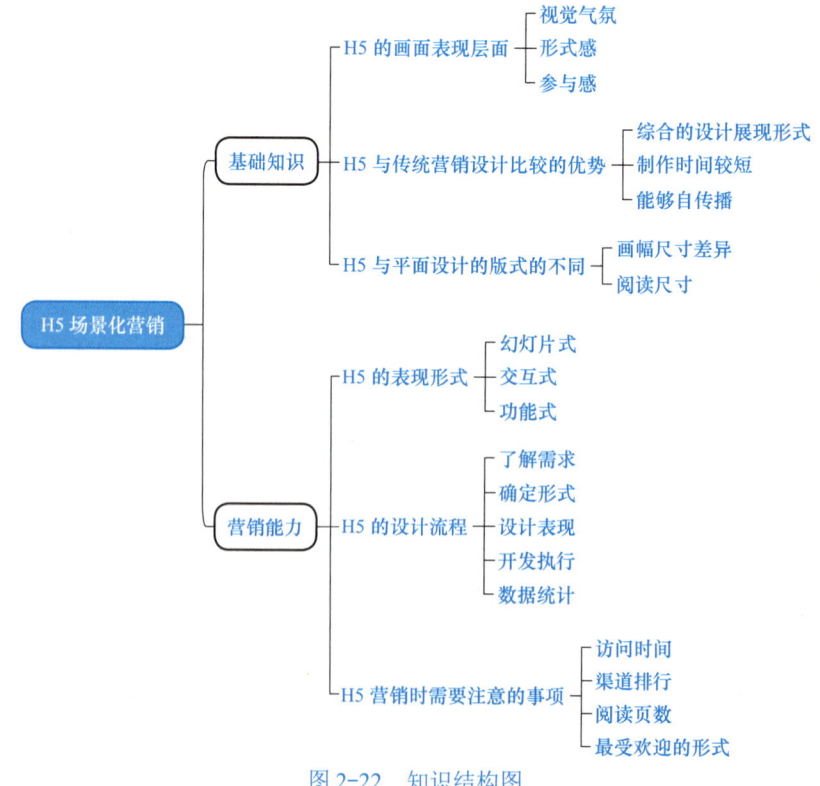

图 2-22　知识结构图

## 随堂练习

### 一、填空题

1. H5 是_____的简称，运用该语言制作在微信朋友圈中经常看到的、打开后可以_____、带_____、有音乐之类的非常精美的内容。
2. 用户访问高峰集中在_____至_____时和_____至_____时。
3. _____的呈现主要集中在纸媒体和视频媒体，在平面呈现上比较单一，全是_____，设计的动画视频与用户有_____。
4. 高访问量的 H5 页数多集中在_____页。

### 二、多项选择题（每题的备选答案中，有两个或两个以上符合题意的答案）

1. 良好的（　　）可以更好地引导用户理解设计者想表现的意图，（　　）指用户可以通过 H5 定制带有自身特征的内容并能够参与到内容的创作与传播。
   A．视觉气氛　　　B．参与感　　　C．形式感　　　D．设计
2. H5 营销时需要注意（　　）。
   A．阅读页数　　　B．受欢迎的形式　　C．访问时间　　D．渠道排行
3. H5 的表现形式包括（　　）。
   A．幻灯片式　　　B．功能式　　　C．交互式　　　D．二维码式
4. H5 排版不能（　　），元素相对平面设计要（　　），电子屏显示字体需要更大。
   A．过于复杂　　　B．控制页数　　　C．精简　　　D．注重色彩

# 任务6　认识二维码营销

扫码看视频

### 情境概述

吴康在一家网络公司上班，他们公司主营的业务是电子商务 O2O。现在移动电子商务与 O2O 的关系越来越密切，如何将两者结合，如何更好地对自己的 O2O 应用进行推广，并让自己公司的 O2O APP 能够为广大用户所接受，这是作为营销人员的吴康头疼的事情。通过对其他同事以及身边人的了解，他发现二维码能够很好地实现自己的营销想法。通过二维码，他能够让线上线下的操作变得简单快速，而且能够快速累积客户。可是，要怎么做呢？

### 情境分析

为了能够顺利地在移动电子商务中进行二维码营销，就需要解决下面的问题：

1. 移动电子商务营销与二维码是怎么结合的？
2. 利用二维码营销，有什么优势呢？
3. 如何制作二维码呢？
4. 如何吸引顾客对二维码进行扫描呢？
5. 在营销的过程中，要如何定位扫码用户，要如何展开营销？

## 技能学习

**技能支撑**

二维码是根据某种特定的几何图形按照一定的规律形成的一个记录数据符号信息的图片。将二维码图像输入设备或者放入光电扫描设备即可自动识别信息。当二维码被应用到移动电子商务中的时候,因为其便捷、新奇、易于传播而被人们广泛应用于营销中。

> **吴康问:** 移动电子商务营销与二维码是怎么结合的?
> **专家答:** 在移动电子商务营销中,利用二维码进行营销现在已经司空见惯了,扫一扫加入订阅号、扫一扫下载 APP、扫一扫信息推送、扫一扫买火车票等。移动电子商务与二维码的结合形式越来越多种多样,那是因为二维码的使用非常简单,几乎任何材料与地方都可以展示二维码,并且手机的二维码扫描功能也让移动端用户能够随时随地的对二维码进行扫描。近两年,扫二维码已经成为人们的一种习惯,如图 2-23 所示。

图 2-23　二维码

基于这样的原因,移动电子商务与二维码就被紧密地结合起来。在一次互联网大会上,腾讯总裁说:"二维码将成为线上线下的关键入口。"他是这么说的,也是这么做的,在微信上线的时候,就积极引入了扫一扫功能。广州移动在广州地铁开办"移动闪拍站"就利用二维码对移动业务进行营销。移动用户通过对二维码的扫描,在移动端打开了丰富多彩的应用、页面,然后进入移动电子商务中的任何一个环节,从了解、挑选,到预定、支付,二维码依然成为人们最为便捷的移动世界入口。

> **吴康问:** 利用二维码营销,有什么优势呢?
> **专家答:** 二维码营销的优势表现在以下几个方面。

(1)运营成本低,效果好

二维码营销相比较于传统的广告、传单广告等,在成本上有着绝对的优势。

(2)创意广告,实现精准营销

二维码营销属于比较新型的营销方法,容易被消费者所接受,而且有意愿进行扫描的人群都是对商家营销内容比较感兴趣的,这样可以实现精准的投放。现在,二维码已经不只是黑白的色块了,还会加入很多创意元素,如图 2-24 所示,用这些创意元素去吸引用户增强了用户对其关注度。

图 2-24　创意二维码

（3）跨越线上线下空间的立体营销

二维码的扫描能够立刻将用户带到线上，而通过流量转化，其中一批人就会变成线下的消费者。

（4）能够与传统的广告、企业活动宣传完美地结合

现在很多广告或者电视节目都会将二维码结合进去，来吸引客户对二维码进行扫描。在举办企业活动的时候，也可以将印有二维码的广告立在显眼处。这样二维码就与传统的广告以及企业活动完美地结合起来了。

当然，二维码的营销优势不只是这些，还有很多是与网络营销相通的，这里就不做太多的解释，如果感兴趣，可以到 i 博导的网站上去专门看看关于网络营销的内容。

> 吴康问：二维码营销看来非常不错，想要进行二维码营销，那么又如何获得二维码呢？
> 专家答：二维码的制作并不困难，接下来以"草料二维码"（见图2-25）这个工具为例，来看看如何制作一个二维码。

图2-25　草料二维码

在网页上输入 http://cli.im/ 进入草料二维码的制作网站。在网页中可以将文本、网址、名片、文件、图片、APP 等内容生成二维码，如图2-26所示。

图2-26　草料二维码文本框

首先，以生成一个文本的二维码为例，在网页的文本框中输入自己想要生成二维码的内容，单击文本框下的"生成二维码"就会在网页的右边生成对应内容的二维码。

在生成的二维码下方可以对二维码的图片大小、颜色等进行设置，也可以进行二维码美化，如图2-27所示。

其中在"快速美化器"中，可以将生成的二维码进行更高级的修改，让二维码看起

来更加漂亮，如图 2-28 所示。需要注意的是，二维码不宜进行过多修改，太大的改动会导致二维码无法扫描，因此在修改以后需要进行扫描验证，待验证通过后方可进行发布。

图 2-27　二维码美化设置及效果

图 2-28　高级二维码美化

除此之外还需要特别注意的是"活码"以及"APP"二维码。

（1）活码

所谓活码就是在内容生成二维码以后，可以对二维码中的内容进行修改而不用重新制作二维码，扫描原来的二维码就可以显示新的内容，当然这个功能需要服务器的支持，因此在网站上制作的活码大都是可以免费试用的，如图 2-29 所示。

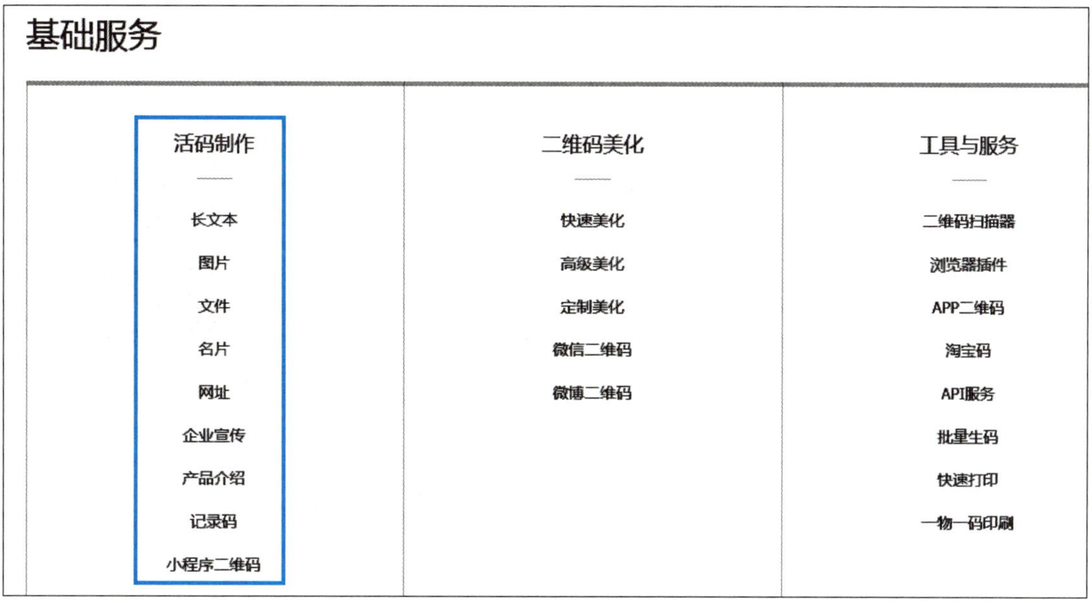

图 2-29　活码的制作类型

（2）APP 二维码

这种二维码在用户扫描完毕后可以下载上传到应用宝市场上的 APP，当然，也可以不用上传 APP，但是需要建立一个专门用来下载的服务器，然后将对应的网址生成"网址"二维码，提供给扫描人员下载（这个只作为了解）。对于上传到应用宝市场上的 APP，需要通过网页查看 APP 的 ID，然后在生成框中输入需要对应 APP 的 ID 就可以生成一个下载此应用的二维码，如图 2-30 所示。

注：对于如何查找 ID，可以在网页上的帮助中查找到。

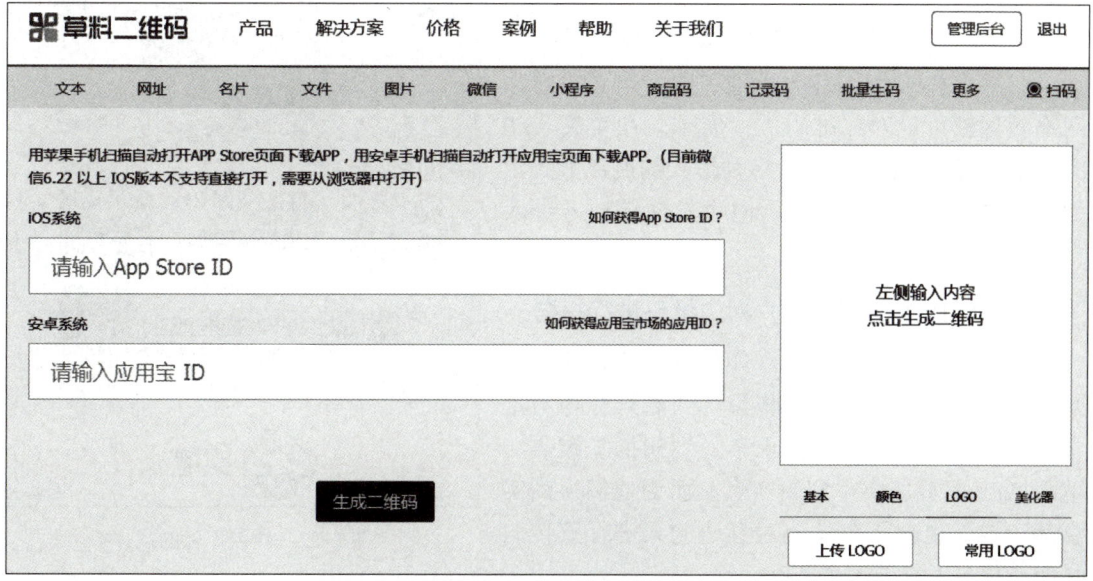

图 2-30　APP 二维码制作

当然，上面介绍的只是一个简单的二维码制作过程，如果想要进行更加专业的二维码设计或者服务的话，就需要付费请专门的公司进行制作。

### 案例学习

实惠 APP（见图 2-31）是由新浪、微博、易居、分众、申通共同合作的一款社区型 APP，从上线到现在，APP 累积了海量的用户。实惠 APP 是一款用来聚集有相同爱好用户的 APP，可以让自己与同事、邻居、共同爱好者交流，同时还可以查看各种身边的消息、小百科、糗事等。通过前期的免费派饭、发送福利、摇一摇午餐以及微博、APP 上的活动，让关注与没有关注的人都迅速了解实惠 APP 这款应用。而将营销与实际紧密结合的就是二维码，基本上大家都是通过扫描各种营销载体上的二维码来下载实惠 APP 应用的。可以看出在实惠 APP 的营销中，二维码占据了一个重要的位置。

图 2-31　实惠 APP

可以说，实惠 APP 从上线到现在的火爆跟他们对 APP 的营销手段有着密切的关系，而他们之所以会如此成功主要体现在以下几个方面：

#### 1. 将难以直接营销的 APP 转化为二维码进行营销

在实际的营销活动中，直接邀请别人安装某个 APP，如果不是自己通过检索找到的，那么自然心里有着不信任、不想安装的想法。而将 APP 转化为二维码进行营销，扫描二维码的主动行为就成为了下载这个应用最便捷的方式，那么主动下载的意愿占主导地位，这样在 APP 下载完毕后，自然留下的使用用户也就越来越多。

#### 2. 将二维码展示在不同的载体上进行营销

二维码本身比较灵活，网络广告、网页页面、网络社区都可以对二维码进行展示。在实惠 APP 的二维码营销中，它采用了多种形式的展现方式，如在宣传彩页、官方微博、网页软文等地方嵌入二维码，如图 2-32 所示。

#### 3. 利用优惠来吸引用户对二维码进行扫描

在一个 APP 运营初期，如何营销自己的二维码，自然需要各种各样的噱头，当然只有噱头是不行的，也需要让用户真正享受到扫描二维码、下载 APP 能够切实得到的实惠，而当他们得到实惠后，自然也会不自觉地对身边的人进行宣传，从而让更多人安装这个 APP。

图 2-32　传统广告的载体

## 项目2 移动电子商务营销

**技能提升**

通过这些实实在在的优惠让用户去感受到"实惠",自然就能够让更多用户愿意去扫描"实惠APP"的二维码并完成下载。

**吴康问:** 我在进行二维码营销的时候,并没有那么多的资本,要如何吸引顾客对二维码进行扫描呢?

**专家答:** 当然,在一般情况下是没办法突然投入大量的资金去对二维码进行推广,自然也不会出现像"实惠"这样的效果。但是商家可以通过其他途径实施二维码营销,例如可以利用软件搭配二维码的形式进行营销,或者可以对二维码本身进行装饰或创意,让二维码自身比较吸引人,自然也会有人去扫描。当然还有一些其他方法。总体来说,二维码营销就是让消费者感兴趣,让他们有意愿去扫描二维码。当然,这种兴趣最好是与营销的内容相关联,只有这样激发出兴趣的顾客才是需要花费精力去留下来的用户。而应用一些其他手段也不是不可,但是后期的工作会比较难展开。

**吴康问:** 在营销的过程中,我要如何定位扫码用户来展开营销呢?

**专家答:** 二维码扫描是一个由用户发起的主动行为,自然会包含用户的主动意愿,而对二维码营销的手段、方法决定了用户扫描二维码时的意愿,那么这个手段带来的用户自然带着某种统一的情绪。而在扫描后的用户统一管理中,就必须引导用户的这种情绪,从刚开始的冲动,慢慢过渡到对产品的喜爱,从而使用户变成粉丝,最后慢慢发展成忠实粉丝,这就是二维码在营销过程中担当的桥梁作用。

## 巩固练习

**知识梳理**

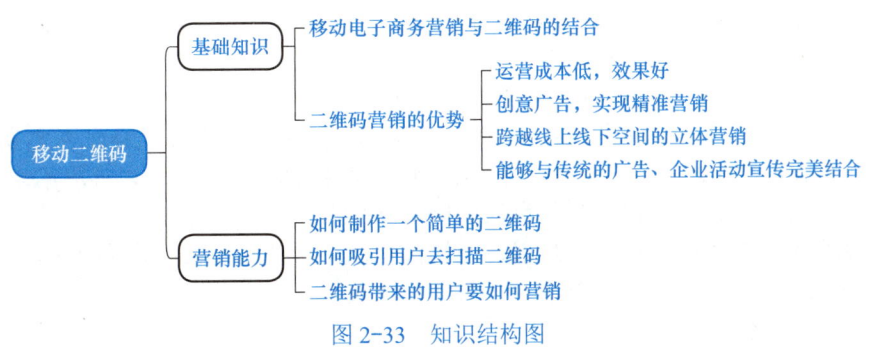

图2-33 知识结构图

## 随堂练习

### 一、填空题

1. _____是链接移动电子商务线上与线下的通道。
2. 在移动电子商务营销中,利用二维码营销具有_____、_____、_____、_____优势。
3. 在二维码制作的过程中制作好的二维码可以进行_____、_____、_____、_____等多种优化方式。
4. 活码指的是_____改变的情况下二维码不用改变就可以扫描新内容。

二、多项选择题（每题的备选答案中，有两个或两个以上符合题意的答案）
1. 在移动电子商务营销的时候，利用二维码营销的优势是（　　　）。
　　A．运营成本低，效果好
　　B．创意广告，实现精准营销
　　C．跨越线上线下空间的立体营销
　　D．能够与传统的广告、企业活动宣传完美地结合
2. 在二维码制作的时候，选择活码，这样做是因为（　　　）。
　　A．避免二维码不能够使用　　　　B．避免重复制作带来的不便
　　C．避免重新设计二维码带来的浪费　　D．避免用户多次扫描的麻烦
3. 二维码营销中，常见的二维码通常被用作（　　　）。
　　A．对APP进行下载　　　　　　　B．进行关注
　　C．付费　　　　　　　　　　　　D．维护客户关系
4. 如何对二维码营销带来的用户进行营销（　　　）。
　　A．注意客户的意愿
　　B．建立一个合适的社区
　　C．能扫描的用户都是忠实粉丝，可以直接营销
　　D．只使用一般的营销方式就行

扫码看视频　　扫码看视频

**拓展阅读**

　　移动电商平台内经营者属于电子商务经营者，应当执行我国《电子商务法》对电子商务经营者的一般规定。
　　移动电商平台内经营者主要分为两类，一类是依托终端设备电子商务销售平台进一步开发的移动电商销售平台。这类经营者已经有了比较成熟的管理规则和办法。另一类是通过微信、QQ、微博等移动端开展商务活动的微商。
　　移动电子商务平台经营者应当履行下列责任：
　　1）核对验证平台内经营者的身份证明、联系方式和法律文件送达地址并定期复核。
　　2）与平台内经营者签订书面协议，应具备售后服务、投诉处理、争端解决等必要内容。
　　3）制定并公布该平台的《用户协议》和商业规则。
　　4）制定并公布知识产权保护规则，并提供知识产权权利人投诉的通知入口。
　　5）在显著位置提供客户服务的入口及联系方式。
　　移动电子商务平台的业务规定：
　　1）移动电商平台经营者对其自身或者关联企业提供的服务应与其他服务隔离，不得滥用自身优势地位。
　　2）免费软件服务不能免除移动电商平台经营者对知识产权的合理谨慎的注意义务；参与收费软件下载分成的，应当承担比免费软件下载更多的知识产权保护义务。
　　3）就移动电子商务合同成立、生效具体内容举证有差异的，若采用第三方数据存管的，以第三方数据为准，无第三方数据的，服务商具有举证责任。
　　4）移动商务的用户协议、个人信息及隐私保护政策、知识产权保护政策在修改前应当公布，并提供历史修改版本和时间。
　　5）在移动电子商务平台发生争议或者投诉时，用户可以凭截屏、打印文件作为投诉的初步证据，运营商对事实有异议的，应当提供系统原始记录文件。

# 项目 3

## 微博营销

### 项目概述

本项目围绕移动端微博展开,从微博的概念、微博营销的方式、方法开始,以移动端微博的主要功能作为主要工作任务展开,每个任务分为情境导入、技能学习、巩固练习3个模块,对每个任务的基本理论知识、实际操作和营销技能都有详细讲解,使学生掌握移动端微博主要功能的使用方法和技能技巧,并学会用该功能进一步营销,让学生全面了解微博营销,做到会用移动端微博进行营销。

### 学习目标

#### 知识目标

- 熟悉微博矩阵常见模式;
- 掌握微博定位及内容策略;
- 熟悉策划微博活动的目的,微博活动的类型及内容;
- 熟练掌握策划微博活动的技巧(活动标题、话题及奖品);
- 知道微博数据监测具体内容(基本数据和辅助数据);
- 掌握微博营销的技能和技巧;
- 掌握寻找精准粉丝的方法;
- 熟悉微博客户服务功能;
- 了解微博墙并熟悉其申请条件。

#### 技能目标

- 能够在手机端发布微博,掌握微博客户端的功能及操作;
- 能够对微博进行定位并策划微博内容;
- 能够在微博发起活动,设置活动内容;
- 能够对微博的基本数据和辅助数据进行简单分析;
- 能够在微博上寻找精准粉丝,并进行客户关系管理;
- 能够在微博后台进行粉丝服务,进行相关操作;
- 掌握微博墙的申请流程。

# 任务1 建立营销型微博

扫码看视频

 情境导入

**情境概述**

李小明最近应聘上了北京网盛信息技术有限公司的网络推广专员，部门经理让他来做微博营销。公司没有微博，需要李小明去注册，微博的内容也需要李小明维护更新。这可让没有接触过微博营销的李小明犯了难，该怎么做呢？李小明非常着急。

**情境分析**

微博即微型博客（Microblog），也是博客的一种，是一种通过关注机制分享简短实时信息的广播式的社交网络平台。微博是一个基于用户关系信息分享、传播以及获取的平台，其更注重时效性和随意性，更能表达出每时每刻的思想和最新动态。它的特点也注定了在移动端使用它会更加方便快捷。如果没有特别说明，微博在这里就是指新浪微博。李小明要做好微博营销，就必须清楚以下几个问题：

1. 个人注册和官方注册有哪些不同？
2. 注册好微博后，如何发布微博？如何在微博中添加图片、视频等附件？
3. 如何在微博上找到自己的朋友或者名人明星？
4. 哪种微博内容是很多用户所喜欢的？该如何做好内容？
5. 如何对微博进行定位？

 技能学习

**技能支撑**

微博营销注重价值的传递、内容的互动、系统的布局、准确的定位，微博的火热发展也使得其营销效果尤为显著。虽然也有有效粉丝数不足、微博内容更新过快等缺点，但不可否认的是，微博营销特别是移动端的微博营销是当下最火热的营销方式之一，也是最有效的营销方式之一。那么下面就来看一看，如何运用移动端微博平台进行营销。

> **李小明问**：个人注册和官方注册有哪些不同？
> **专　家　答**：微博营销分为个人微博营销和企业微博营销，如图3-1所示。

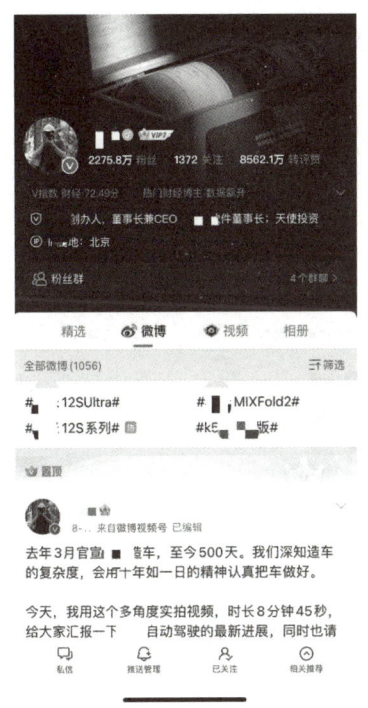 

图 3-1 个人微博与企业微博

（1）个人微博营销

个人微博营销是通过个人本身的知名度得到别人的关注和了解，如艺人、成功商人或者是社会中比较成功的人士，他们运用微博让自己的粉丝更进一步地了解和喜欢自己。平时，他们在微博上就是抒发感情，功利性并不是很明显，他们的宣传工作一般是由粉丝们跟踪转帖来达到营销效果的。

（2）企业微博营销

企业一般是以盈利为目的，希望通过微博增加企业的知名度，最终目的是将产品卖出去。由于企业最初知名度有限，很难达到营销效果，短短的微博不能让消费者直观地理解商品，而且微博更新速度快、信息量大，很容易被忽略。企业进行微博营销时，应当建立起自己固定的消费群体，与粉丝多交流，多互动，多做企业宣传工作。

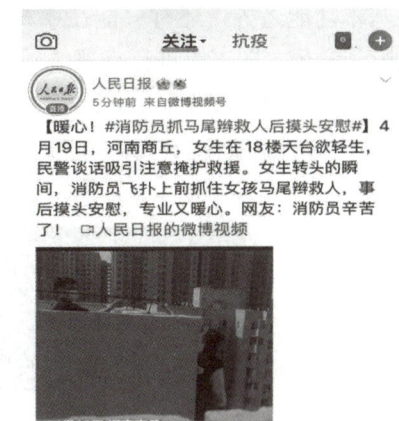

图 3-2 手机版微博主界面

> 李小明问：已经注册好了微博账号，那么该如何用手机或者平板发布内容呢？
>
> 专家答：注册好账号之后，进入移动端微博的主界面，如图 3-2 所示。

新浪微博界面简洁，在下方菜单栏有"微博、视频号、发现、消息和我"五个部分。单击右上方的"+"按钮，选择"写微博"，即可发布微博，如图 3-3 所示。

图 3-3　手机发布微博界面

微博手机客户端比 PC 端有了更多功能，除了发布文字、图片、长微博、签到、直播等基本功能之外，还有只能在手机端使用的照相、秒拍功能，还可以通过"点评"功能对电影、音乐、图书等进行点评，同时还有红包、理财等钱包功能，如图 3-4 所示。

> **李小明问**：微博上不是有很多企业、名人的微博吗，如何找到并关注他们的微博呢？
> **专家答**：单击微博客户端下方"发现"按钮，进入图 3-5 所示的界面。

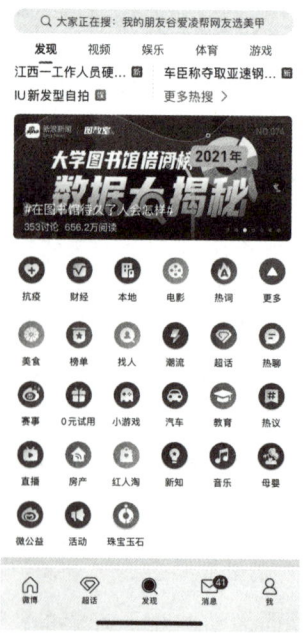

图 3-4　微博钱包　　　　　　图 3-5　微博客户端发现界面

可以看到，手机客户端的"发现"界面有很多功能，最上方的是搜索功能，横向热搜板块有发现、视频、娱乐等，往下则有很多丰富的内容：找人、本地、游戏、直播、电影等一系列功能，这里只讲如何找人，其他的功能可以自己去挖掘探索。

例如要找"微博女王"姚*，可以在最上方的搜索框内输入"姚*"进行搜索，也可单击"找人"按钮，在出现的搜索框内输入"姚*"进行搜索。所不同的是，在"发现"的搜索框内搜索姚*不仅会出现相关用户，还有关于姚*的话题和微博等信息，而在"找人"里面搜索姚*则只出现与姚*有关的用户，用户可根据自己的需要进行选择。图 3-6 所示为使用两种方式搜索"姚*"出现的界面，左边是在"发现"界面搜索的结果，右边则是"找人"界面搜索的结果。如果要关注此微博账户，单击"关注"按钮即可。

在微博平台，不管是大型上市公司，还是淘宝个人卖家都可以借助微博平台的特点及功能，推广企业品牌，提升产品销量。

图 3-6　在"发现"、"找人"界面搜索姚*

**案例学习**

ROSEONLY 诺誓是高端爱情信物品牌，成立于 2013 年 1 月，主打"真爱"和"唯一"的情感概念，意为"一生只送一人"，其产品包括鲜花玫瑰、永生玫瑰、玫瑰珠宝、玫瑰家居四大主线系列。同年 9 月 9 日，ROSEONLY 诺誓开设第一家线下实体店，与线上销售配合互动。截至 2021 年 10 月，ROSEONLY 诺誓已拥有 30 家店铺，覆盖 20 个城市，其官方微博粉丝数达 142 万，如图 3-7 所示。在微博进行营销，ROSEONLY 诺誓无疑是一个很成功的案例。在分析 ROSEONLY 诺誓的微博营销策略时，会发现有以下几点成功要素。

1. 定位准确

ROSEONLY 诺誓将其定位于高端爱情信物品牌，除产品本身选用高品质厄瓜多尔玫瑰外，设计、包装、物流、客服等每一个环节都做到了极致。ROSEONLY 诺誓在线上和线下的目标人群定位一致，都是认同其品牌理念，对生活品质有一定的追求的高端人群。ROSEONLY 诺誓坚持"一生只送一人"，送的不仅是玫瑰，更是"爱是唯一"的承诺——这个品牌理念直击痛点，通过打造感性商品，创造了触动人心的价值。

2. 内容丰富有价值

（1）充分利用微博的网站功能进行全面的产品展示

通过发布原创微博介绍品牌及产品信息、相关活动推荐及业界动态；通过转发赞同自己声音的微博加深关注的印象，增强互动性，通过微博抽奖，利用用户获奖的心理参与企业微博信息的再传播，扩展了企业或品牌自主微博传播模式的影响范围，如图3-8所示。

图3-7　ROSEONLY 诺誓微博

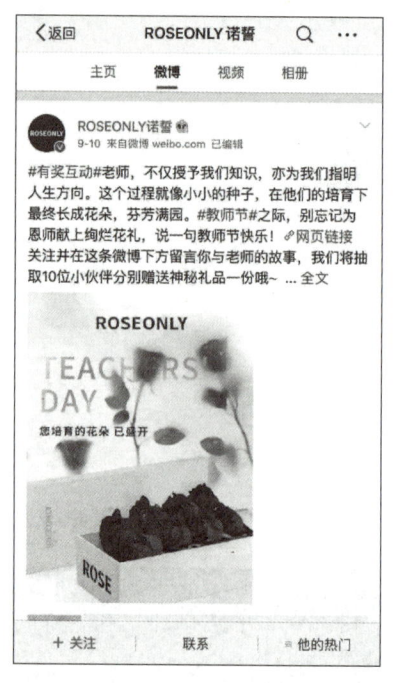

图3-8　微博抽奖

（2）软性内容与硬性营销相结合

在 ROSEONLY 诺誓官方微博营销内容中实行软性内容与硬性广告的结合，通过用户的晒单转发、分享爱情寄语、情感故事等多种互动表现，品牌能够与用户建立链接关系，并通过用户的转发、评论与其保持长久的稳定关系，使用户体验在线上得到延伸。

（3）充分利用名人效应

以名人分享的形式作为引爆点，使广告信息在短时间内迅速得到传递，充分利用名人意见领袖作为关键节点实现裂变式传播。ROSEONLY 诺誓在营销过程中，选择与不同领域的名人合作，邀请名人晒单及参与活动，有效扩大了品牌接触面，如图3-9和图3-10所示。

图3-9 转发用户晒单

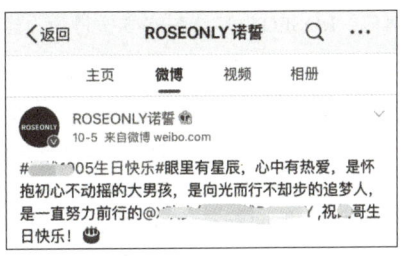

图3-10 ROSEONLY诺誓关于某代言人的微博

### 3. 多账号组成微博矩阵营销

ROSEONLY诺誓的相关官方微博账号共有2个，包括两个子品牌ROSEONLY诺誓和LOVEROSEONLY爱诺誓。LOVEROSEONLY爱诺誓（见图3-11）是针对年轻时尚群体创建的姐妹品牌，定位于高端生活方式品牌，主打高端鲜花、永生花和精美礼品，可以送给爱人、亲人、朋友。推出LOVEROSEONLY爱诺誓的目的是为了提高ROSEONLY的重复购买率，满足大家日常赠送鲜花的需求。这种做法从营销整体性角度而言是恰当的，不同品牌的账号会针对不同定位的产品进行微博展示与营销。

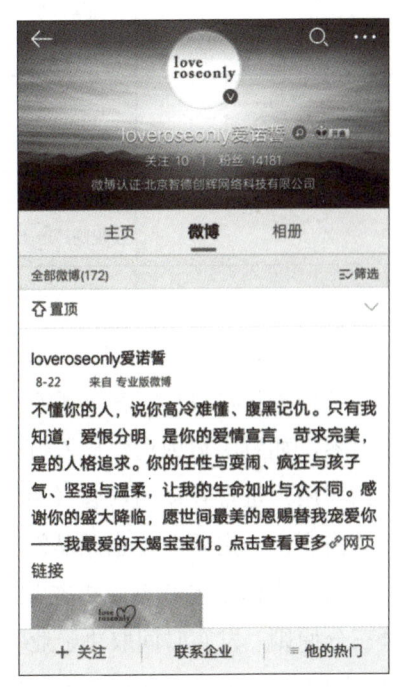

图3-11 LOVEROSEONLY爱诺誓微博

**技能提升**

微博营销的效用不仅体现在短期的活动策划，还体现在应用长期运营的思维进行维护与发展。对ROSEONLY诺誓而言，良好的口碑与互动体验能够进一步提升品牌的认知度与好感度，对品牌的营销传播会更为有利。分析了案例，那么李小明到底该如何对公司的微博进行定位呢，如何策划丰富有趣的内容吸引粉丝？

**李小明问**：ROSEONLY诺誓官方微博定位为一个有品位、懂生活、重承诺、温暖深情的"情感管家"，自己的账号又该如何进行定位？

**专 家 答**：微博账号定位从三方面考虑：服务人群、自身形象和微博运营的目的。

服务人群定位需要根据目标用户的喜好、性别、地域等特点进行，用于指导该账号发布内容。定位自身形象、明确企业优势、做出差异化，则需要考虑希望给受众的印象、能够提供的价值、微博语言风格和运营者自己的特色等。明确设定微博账号的目的是用于品牌宣传、客户管理、销售还是公关关系。

> 李小明问：ROSEONLY诺誓官方微博的内容有原创、转发和互动等，自己该如何做好微博的内容呢？
> 专　家　答：优秀的内容策略对微博运营的成功具有显著推动效果，其中有三点非常重要：内容主题、内容来源和内容发布规划。内容策略需要规划好每个类别栏目的比例，发送的时间、内容展现的形式，内容的来源和维护更新方式。

根据企业微博运营的目的，可以从品牌推广、产品介绍、增加粉丝、活跃粉丝等进行一系列的内容规划，具体见表3-1。

表3-1　微博运营目的与内容规划

| 微博运营目的 | 微博内容规划 |
| --- | --- |
| 品牌推广类 | 品牌故事、企业活动、企业新闻、经营理念以及其他形式的品牌语调用以宣传公司品牌，树立形象 |
| 产品介绍类 | 产品归类、产品盘点、产品功能、产品上线等一切以产品为中心的内容，以及引导和教育市场的内容，还有店面环境、顾客反馈、良好体验等以宣传产品为主的内容 |
| 活动类 | 微博话题、转发有奖等与产品、增粉、活跃粉有关的内容。这一类一般都是规定话题规则、转发规则，用奖品刺激用户参与，不断产生内容，增加互动量，进而提高活动的影响，达到目的 |
| 鸡汤类 | 鸡汤是用户最喜欢转发的内容之一，而运营者所需要做的就是将鸡汤和产品联系起来。比如图片配上产品信息、产品图或是产品Logo。潜移默化地树立产品的品牌个性，争取用户共鸣 |

考虑到传播目标，在这里有一个"三分原则"可以作为出发点：1/3为用户提供有价值的内容，如对用户或用户周围好友有帮助的信息（用于增加转发量和曝光度）；1/3交互内容，与用户进行互动的内容（用于体现微博的活跃性，增加交互度）；1/3为品牌和促销等相关内容，一定要有与企业品牌、产品等相关的内容。

内容来源主要包括三大类型：原创、转发、互动（与网友评论交流等）。同样可以遵循三分原则。发布时间取决于业务需要，可以制定年度、季度、月度、一周内容日程，并根据上面提到的内容主题提前准备好相关内容，从而指导日常的内容发布和更新。准备并保持一个发布时间规划（类似于媒体刊登计划），并且提前准备好相关内容用于指导每日发布与更新。

> 李小明问：案例中提到微博矩阵，企业应该如何进行微博矩阵的布置呢？
> 专　家　答：目前企业建立微博矩阵比较常见的模式主要有三种，具体见表3-2。

表 3-2　微博矩阵常见的模式

| 微博矩阵模式 | 定　义 | 营销作用分析 |
| --- | --- | --- |
| 1+N 矩阵 | 矩阵以一个个母品牌的产品线为主导，在一个大的企业品牌/官方微博之下，再开设 N 个产品专项微博，构成完整的微博宣传体系 | 对于产品结构和品牌构成相对简单的企业，这种组合模式可以起到弱化品牌定位、强化产品卖点的作用，有利于旗下产品在用户心中形成各自鲜明的产品特色，准确影响自己的目标受众 |
| AB 矩阵 | 以品牌形象塑造、维护为主旨，通常以一个活动/形象微博（Action）和一个品牌微博（Brand）的形式形成矩阵组合 | 一正一辅，两个账号同时发力，避免信息混乱、微博账号定位不清；一硬一软，品牌硬性信息输出加品牌软性诉求感化，两方面俘获消费者 |
| 三维式矩阵 | 三维式矩阵即在企业人、产品线、生活理念重塑三个维度上布局微博账号，最大限度发挥企业内部资源的微博布局方式 | 借助企业名人的影响力，吸引媒体关注，增强媒体关注度。产品改变生活，将产品本身所倡导的生活理念持续输出给受众，形成庞大的群体属性，增强品牌归属感。三个维度，三类受众，影响力优势组合，将更容易在更大的范围内实现注意力圈地 |

微博矩阵的建立并非随心所欲，而是要遵循一定的规律与技巧。品牌微博就如同企业设在微博界的办事处，如果环境及办公流程不规范，本身就会给粉丝（潜在用户）造成不好的印象。所以企业必须根据自身需求，考虑好如何建立微博矩阵，一般可以从以下几个角度来考虑。

1）品牌需求划分：如可口可乐中国的微博大家庭中，就包括 @ 可口可乐、@ 酷儿 Qoo、@ 雪碧、@ 芬达 Fanta、@ 美汁源饮料等，因为不同的品牌有不同的定位，所以需要分别建立微博。

2）按地域划分：这个原则在银行、网站、团购等行业较为普遍，便于区域化管理。例如招商银行信用卡就开通了北京、上海、广州、厦门等子微博。

3）按业务需求分：根据公司业务的不同开通不同的子微博，例如阿里巴巴就分别建立了 @ 阿里巴巴、@ 淘宝、@ 天猫、@ 聚划算等子微博。

4）按功能定位分：如 @VANCL 粉丝团是专注于粉丝互动的交流平台，气氛活跃、轻松休闲、语言幽默，@ 凡客诚品这个账号则发布一些官方新闻动态信息，而 @VANCL 客服中心主要接受咨询、投诉建议。同时有些公司还会以人事招聘、技术中心等职能划分来建立微博。

除以上外还可以根据高管、领导职务来建立微博加入微矩阵，如快书包就建立了 @ 快书包程程、@ 快书包高志宏、@ 快书包马建春等高管微博。

巩固练习

知识梳理

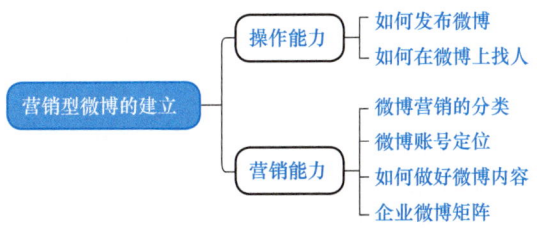

图 3-12　知识结构图

### 随堂练习

**一、填空题**

1. 微博营销分为_____和_____。
2. 微博账号定位从三方面考虑：_____、_____和_____。

**二、多项选择题**（每题的备选答案中，有两个或两个以上符合题意的答案）

1. 微博营销的企业价值包括（　　　）。
   A．深入了解目标消费者　　　　B．节约营销成本
   C．提高客户满意度　　　　　　D．应对危机公关
2. 在微博中如何查找用户？（　　　）
   A．在"发现"中搜索　　　　　　B．在"找人"中搜索
   C．在"发现"中按住话筒语音搜索　　D．在发送微博页面搜索
   E．刷微博，或许就能够刷到呢
3. 目前企业建立微博矩阵比较常见的模式主要有（　　　）。
   A．1+N 矩阵　　B．AB 矩阵　　C．三维式矩阵　　D．多维式矩阵

## 任务 2　微博活动策划

**情境概述**

经过一段时间的努力学习，李小明对微博营销有了基础的了解。但是他经营了一段时间的公司微博之后，效果甚微。他看到了微博上有一些企业在做微博活动，参与的人数达到了上万人次，于是李小明也想尝试策划一场微博活动。

**情境分析**

在策划微博活动之前，李小明必须了解清楚下面几个问题：
1. 微博活动是什么？它的作用是什么？
2. 微博活动如何发起？怎样设置奖品奖金？
3. 如何让更多的人参加到活动中来？
4. 策划微博活动的技巧和方法。

**技能支撑**

微博活动是指企业认证用户通过管理后台发起的、提供相应奖励与微博用户进行互

动的活动形式。企业认证成企业蓝 V 后，可以在企业管理中心创建和管理微博活动。微博用户可以进入活动页面参与活动，并有机会获得一定的奖励。活动中心有多种活动形式满足企业的各类营销需求，不仅可以增长粉丝，吸引到店消费，还可以获得口碑传播的神奇效果，还可以直接从活动后台完成获奖名单筛选，获取活动效果数据。

  一个好的微博活动可以让自己的知名度在短时间内火爆整个微博世界，也可以让粉丝数量成千上万地增长，还可以引导用户疯狂购买微博推广的产品。所以如何策划微博活动，并且使很多用户参与进来，最终达到上面所说的效果，这就是该任务李小明需要学习的内容。

> 李小明问：微博活动如何发起？发起微博活动有什么条件？设置哪些内容呢？
> 专家答：微博活动仅限企业蓝 V 用户发起，登录微博，进入"管理中心"，单击左侧导航栏中的"营销推广"→"活动中心"后即可创建和管理活动，如图 3-13 所示。单击右上方的"创建新活动"按钮便可以创建活动。

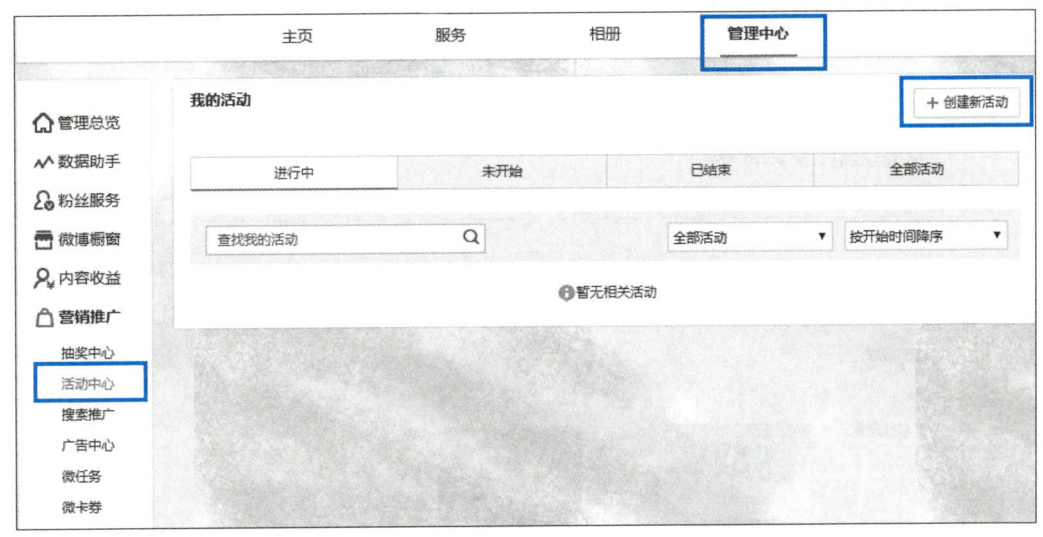

图 3-13　活动中心页面

  单击"创建新活动"后出现图 3-14 所示的界面，有多种微博活动类型可供选择，分别是：幸运转盘、限时抢、有奖转发、有奖征集、预约抢购、免费试用、预约报名等。用户可以根据需求进行选择，这里以限时抢为例进行基本信息的设置。

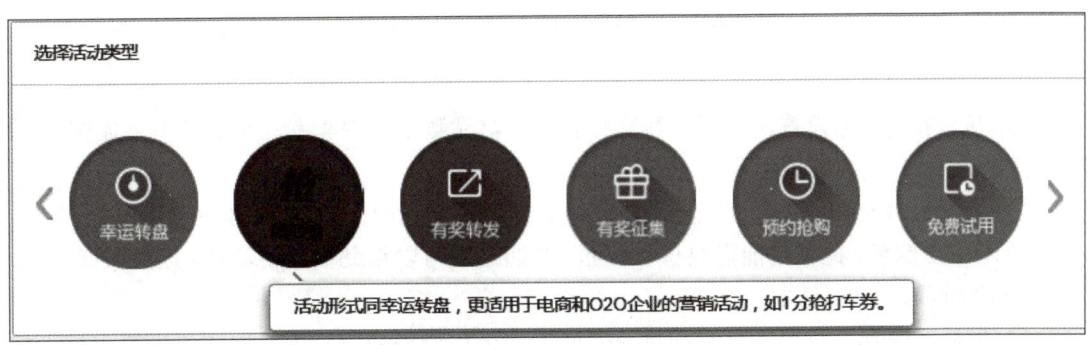

图 3-14　活动类型

1）单击"限时抢"按钮，填写活动基本信息，包括活动标题、活动话题、活动时间、宣传图片、参与资格，如图3-15所示。在限时抢活动中，系统会提供活动形式的模板，如图3-16所示，这里选择默认设置。

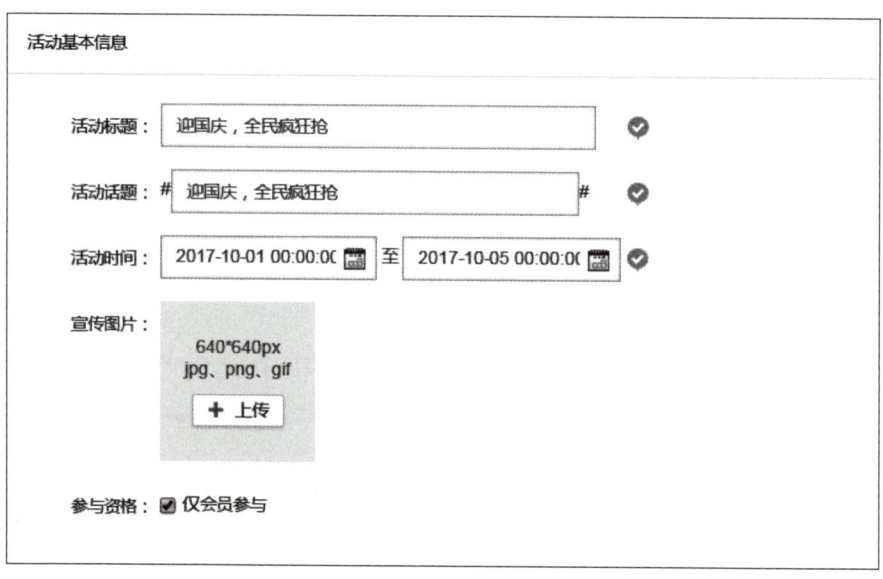

图3-15　活动基本信息

图3-16　限时抢活动形式

2）下一步是奖品设置，需要填写奖品名称、奖品数量、中奖率、奖品类型，如图3-17所示。

3）其他活动说明，在这里填写需要宣传的详细图文说明，如图3-18所示。

4）增值功能包，此项功能需要付费开通，开通之后可以帮助增加粉丝数，提高微博分享，如图3-19所示。

5）最后，选择"我已阅读并同意《微博活动平台服务协议》"，单击"提交审核"按钮等待审核，如图3-20所示。

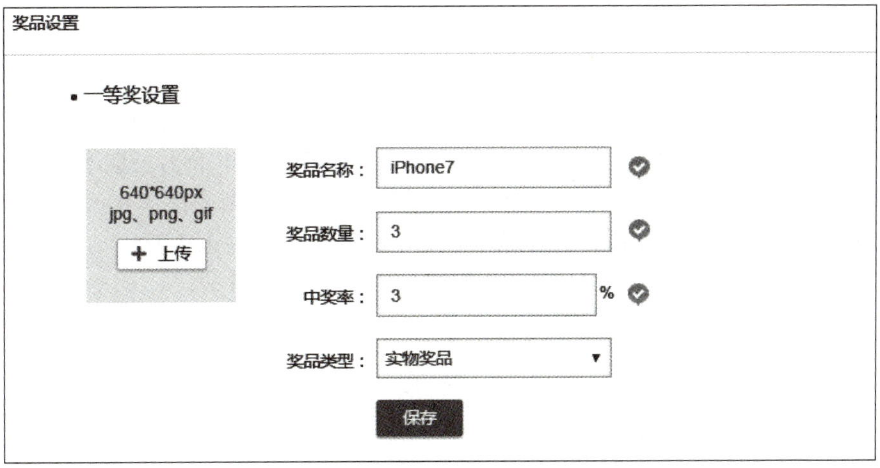

图 3-17　奖品设置

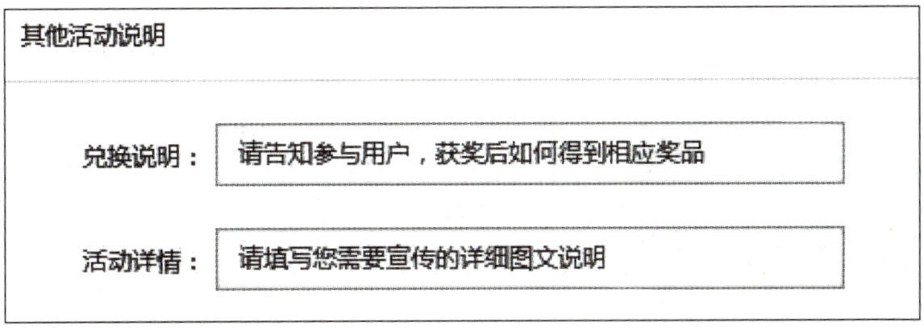

图 3-18　其他活动说明

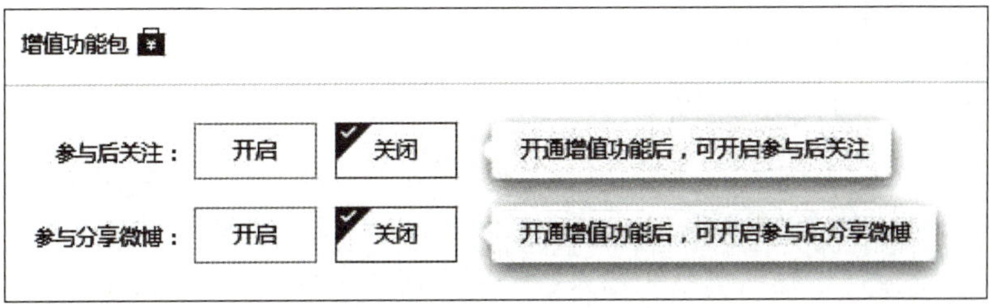

图 3-19　增值功能包

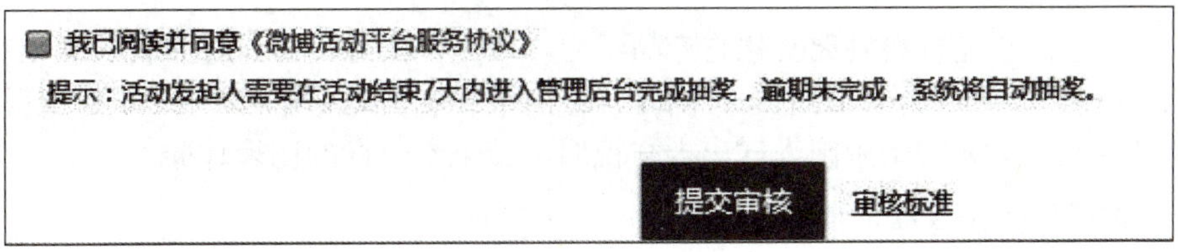

图 3-20　提交审核

活动审核时间为 24h 以内，用户可以在"活动中心"中查看审核状态。如审核通过，活动会按用户设置的上线日期正式上线；如果审核未通过，会私信告知用户具体原因，修改后重新提交审核。

> **案例学习**

2021年1月,王老吉携手微博开启#王老吉姓氏罐#话题活动,如图3-21所示。以粉丝经济、红人联动、资源导流三步策略,精准目标市场,聚力渠道下沉,打造独一无二的新年吉文化。最终,微博助力王老吉实现社交力、品牌力、电商力三重增长,在10余天的活动中,#王老吉姓氏罐#持续霸榜微博潮物榜、美味榜,荣登品牌年度话题TOP1,销量增长113倍,荣获定制产品系列冠军。在微博上总提及量为131 071次,话题阅读量达2.5亿,话题讨论量9.4万,合计总曝光量7.5亿,如图3-22所示。

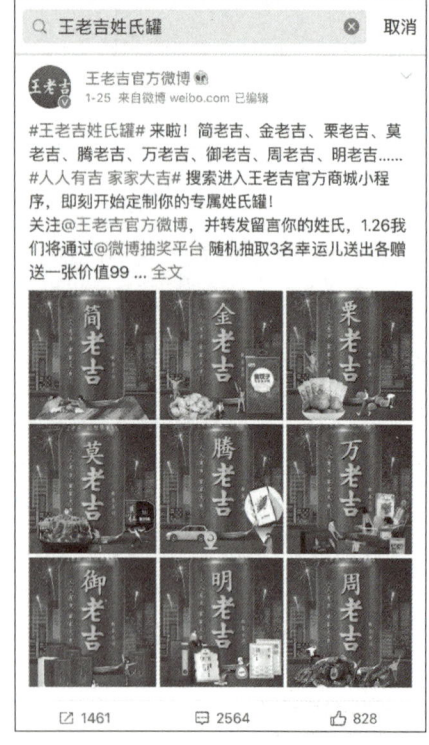

图3-21 #王老吉姓氏罐#话题活动

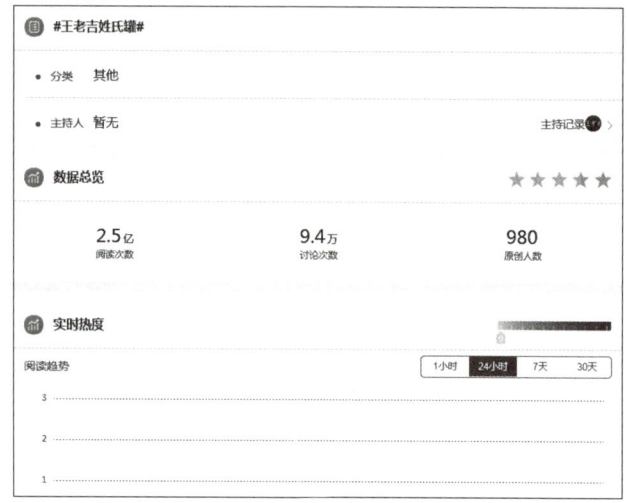

图3-22 #王老吉姓氏罐#话题详情

王老吉此次的微博话题活动效果惊人,亮点突出,主要有以下几点。

**1. 产品为用户而变,与春节文化碰撞**

中华姓氏是传统而古老的文化符号,能够陪伴每个人一生,也代表着每个人骨子里的归属感、认同感。王老吉将姓氏文化与产品结合,率先推出姓氏罐,将品牌与消费者关联,传递"人人有吉、家家大吉"的理念。同时,借由承载着国人一年期待的春节,发起别开生面的社会化营销,为每一个中国人送出吉祥祝愿,带来不一样的团聚体验。

**2. 10大城市密集覆盖,预热未宣先火**

王老吉在北京、上海、广州等10个重点城市核心商圈,通过地铁品牌厅、品牌专区以及过街通道,覆盖所有路过的消费人群,为姓氏罐预热造势。当时,王老吉姓氏罐未宣先火,引起网友在社交平台的激烈讨论。

**3. 名人效应,实现社交裂变传播**

1月25日,王老吉合作艺人发博,晒出专属姓氏罐——红罐赵老吉,如图3-23所示。

在粉丝圈掀起了#王老吉姓氏罐#话题营销热潮，同时撬动艺人工作室与粉丝团加持传播力，王老吉官博也同步配合，并发起抽奖活动，刺激用户参与，如图3-24所示。

图3-23　合作明星的微博

图3-24　王老吉官方微博

### 4．多圈层红人共振，扩大影响力

协调美食、娱乐、时尚、动漫、段子手和媒体六大圈层，38位KOL及媒体号花样分享、共同渗透#王老吉姓氏罐#话题及吉文化信息，形成话题矩阵，引导用户关注，背书品牌影响力，如图3-25所示，覆盖超过3.4亿用户。

### 5．多资源点位，支持微信小程序跳转

微博多资源点位特殊支持，包括品牌热推、静态开机、热点大视窗、话题星耀彩蛋等，如图3-26所示，覆盖粉丝追星全路径，为王老吉微信小程序深度导流社交流量，实现流量转化，促进#王老吉姓氏罐#销量。

图3-25　环球时报微博

图3-26　静态开机

## 技能提升

#王老吉姓氏罐#话题活动,成功地推广了品牌的知名度,增加了粉丝,并且引导用户消费,非常成功,那么,这个成功的微博活动有没有值得学习的地方呢?

**李小明问:** 策划微博活动,如何确定微博活动标题和话题呢?当活动上线后如何推广?

**专家答:** 前面说到微博的活动内容、类型是由活动的目的决定的。所以做活动之前应该先想好此次做活动是为了什么,是为了增加注册用户,还是增加品牌曝光率,还是增加听众,还是推广产品。

确定活动的目的之后,就要开始确定活动的名称和话题了,活动标题和话题一定要短小精悍,朗朗上口,易于理解,突出主题。符合以上四点就算是一个好的活动名称了。

做一张吸引人的海报也非常重要。海报上面也要将活动的参与方式、奖品等表现出来,再加上吸引人的视觉效果,一定可以使更多用户参与进来。

而在活动开始后一定要散播出去,可以去找一些草根微博合作或者跟其他官方微博合作互相传播活动,还要在企业网站上显眼的位置放活动的广告。在活动期间与参与活动的网友进行互动交流也是一个非常不错的选择。

**李小明问:** 有些公司比较小,不能像大公司一样设置丰厚的奖品,这样的情况下该如何设置奖品呢?

**专家答:** 如果经费有限,不能设置价值很高的奖品,那就把奖品设置为人人都用得上、人人都需要的奖品。比如"手机话费",因为现在大部分的人都会用手机,虽然奖品价值不高,但他们也愿意来试下运气。

如果活动有针对性的用户或者节日期间举办,则需要对奖品进行特定的选择。例如如果重阳节做活动,可以将奖品设置为老年机等对老人比较实用的奖品,这样效果会更好。

另外,活动千万不能作假,一旦作假企业将会臭名远扬,也会给企业带来一些不必要的麻烦。

## 巩固练习

### 知识梳理

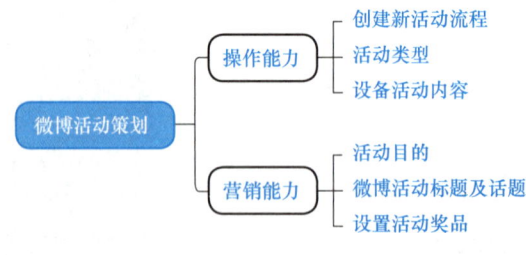

图 3-27 知识结构图

### 随堂练习

**一、填空题**

1. 微博上发布活动的目的是_____、_____、_____。
2. 微博活动基本信息包括:_____、_____、_____、宣传图片、参与资格。

二、多项选择题（每题的备选答案中，有两个或两个以上符合题意的答案）

1. 微博活动类型包括（　　　）。
   A．有奖转发、有奖征集　　　　B．幸运转盘、限时抢
   C．预约抢购、免费试用　　　　D．预约报名
2. 一个好的微博活动名称应该（　　　）。
   A．内容丰富　　　B．短小精悍　　　C．抓住重点　　　D．突出主题
   E．易于理解

## 任务3　微博数据分析

 情境导入

**情境概述**

通过前一段时间的学习，李小明已经了解了移动端微博的一些基本信息，他也熟悉了移动端微博的内容编写和策划活动的流程，而且发布了一些内容、策划了一些活动。正当他觉得自己对微博有了一定的了解而暗暗得意的时候，部门领导又交给他一个新任务，分析企业微博运营数据。

**情境分析**

在微博营销中，数据分析是非常重要的，对于制定微博营销策略有很强的指导意义。而在数据分析的过程中，李小明需要注意以下几个问题：
1. 微博数据分析需要分析哪些数据？
2. 如何分析收集到的数据？
3. 微博中数据的作用是什么？

 技能学习

**技能支撑**

相较于传统的市场调研，微博上的数据更能够反映消费者的真实情况。尤其当用户在一个较长的时期内对相关的微博用户行为进行跟踪和分析时，数据在统计上的集中趋势将更加清晰，一些行为数据的边际误差将越来越小，真实性就会越来越高。所以分析微博用户数据可以提供更生动、更真实的消费者行为样本，对企业制定营销策略也有很大的帮助。数据分析是微博营销非常重要的一个组成部分，只有做好数据分析，才能对症下药，做好微博营销。

**李小明问**：微博数据分析这么重要，那么究竟应该监测分析哪些数据呢？
**专　家　答**：微博数据分析主要监测的有：基本数据和辅助数据，具体如下。

（1）基本数据

关注数：当前博主关注其他微博 ID 的总量，反映博主的主动参与度。

粉丝数：当前博主被多少微博 ID 关注的数量，反映博主的言论影响范围和覆盖范围，对微傅信息的传播有重要意义。

微博数：当前博主在一段时间内所发布的微博数量，反映博主的在线率和活跃程度。总微博数是指自博主开通微博以来发布的微博总数。

（2）辅助数据

转发数：某条微博被转发的次数总和。一条微博转发数的多少需要两方面支持，即可信度和吸引力。汇总的转发数反映的是微博内容的吸引力以及博主的可信度和影响力，转发数高，同时还意味着强大的传播效率。

评论数：某条微博被评论的次数总和。从人脉的角度，评论数的高低，还反映博主对粉丝群的影响力。所以评论数主要反映的就是博主的原创能力、话题能力和影响力。

收藏数：是其他微博用户对某一条微博进行收藏的次数总和。收藏数的多少，重点反映的是本条微博的可用性和知识性。也就是说，这条微博具有一定的实用价值，值得粉丝们记录与收藏。如果收藏数较高，那么这个博主多半是在某方面有特长，或者是专家型的人才，所以一般的微博收藏数并不会很高。

由于辅助数据是一个微观的数据，不能以点概面进行分析，分析辅助数据，需要把辅助数据加以汇总，比如把博主一个月之内的微博评论数汇总进行分析，再配合基本数据，就能够综合分析出微博的综合状况。

微博基本数据显示如图 3-28 所示，转发量和评论数显示如图 3-29 所示。

图 3-28　基本数据　　　　图 3-29　转发量和评论数

李小明问：监测这些数据之后，如何对这些数据进行综合分析呢？

专家答：知道了某个微博的数据，就可以通过精确的数据分析，得到该用户的活动状态、影响力、传播效率，为进行微博营销进行用户的筛选、定位，为下一步的计划做好准备。下面通过案例对这些数据进行详细分析。

## 项目 3　微博营销

**案例学习**

@ 美爱家 ** 是新浪微博的知名美食博主，她于 2017 年 3 月 14 日开通微博，分享美食及测评教程，到 2017 年底粉丝破百万，共发布微博 730 条，截至 2021 年 10 月 6 日，粉丝数达到 607 万，共发布微博 2408 条，如图 3-30 所示。

通过查看，博主 @ 美爱家 ** 的微博基本数据分别为：微博数：2408，关注数：833，粉丝数：607 万。辅助数据选择某月最后一周他发布的全部微博。在这段时间，他一共发布了 19 条微博，平均每天不到 3 条。在这段时间内，单条微博的

图 3-30　@ 美爱家 ** 微博界面截图

转发数和评论数最多分别超过了 7117 和 10985。把总的转发数和评论数统计一下，可以得出以下数据：总的转发数为 45961，总的评论数为 63099，平均每条微博的转发量为 2419，评论数为 3321。

**技能提升**

**李小明问**：统计了博主微博基本数据，如何分析这些基本数据，能得到什么结论呢？
**专　家　答**：分析基础数据，可以从以下三个方面进行分析。

（1）微博数和粉丝数的关系

@ 美爱家 ** 平均每天发的微博数量不到 3 条，但是粉丝数却在不到 10 个月的时间内突破百万大关。出现这种现象，基本上会是以下两个情况：

1）实力型博主，微博内容非常吸引人，短时间内吸引了众多粉丝。这种博主本身就是微博营销高手，是需要重点关注的对象。

2）有其他引流渠道或方式。如做一些抽奖活动等短时间吸引众多粉丝，或是在其他平台关注到了该博主，进而成为微博粉丝。但是这类用户黏性不强，很容易流失。对待这种类型的用户，应该在较长时间内考察该用户。

除了上述情况之外，还有一种普遍存在的情况，就是博文和关注数都很多，但是粉丝数量比较少。这种博主一般有自己的圈子，活跃度和参与度都不错，但是影响力比较小。

对于这类用户，应该重点考察该类用户喜欢关注什么内容和贡献什么内容。喜欢关注的内容多数可以从其评论、转发中看出来，所贡献的内容则从其所发的微博中判断。如果其贡献的内容与公司产品或服务相关，则可作为关注的对象。

（2）某一段时间微博平均数

平均每天更新 2 或 3 条微博，说明 @ 美爱家 ** 稳定性和忠诚度很高。

从某一段时间的微博数量来分析，可以得到以下结论：

日平均微博数数值比较大，说明用户活跃程度高。

周平均数的连续波动幅度小，说明用户稳定度较好，忠诚度较高；波动大，尤其当连续数据呈下降趋势时，说明该用户对微博的使用不稳定，甚至可能是短期用户。所以，需要

关注的是活跃程度、稳定性和忠诚度都比较高的用户。

（3）关注数和粉丝数的关系

@美爱家**关注的人数是833个，相对来说，美食领域的占比较大。关注数和粉丝数的关系可以从关注数/粉丝数的比率进行分析。

1）关注数/粉丝数 >1。

这种情况表现出以下几点：①博主可能是新手，处于活跃期（对微博还感觉很新鲜），愿意结交新朋友，而朋友的相对数还很少，影响力还不大；②博主可能有特殊的动机，如交友、推销、追星等，这需要抽查他关注的人的类别，以及他所发的微博的内容才能确定他的动机是什么；③纯粹为了订阅相关人员或机构的微博信息，把微博当作信息源和实时新闻媒体使用。

对于这类用户，可适当发展，并观察他的潜力。发展a、b类的ID对前期积累粉丝数有一定帮助，但是否可确定为关键人物，要观察其持续性和微博使用动机。c类ID可暂时不考察。

2）关注数/粉丝数≈1。

这种情况则说明了以下几点：①博主已经具有一定的社交圈子作为基础，也可能说明博主参与微博主动程度适中，属于圈子型人物，对圈子外结交他人不太热衷，对此类人，要注意考察他处于一个什么样的圈子；②博主可能属于较为平衡型的人物，性格略显被动，可能需要你先关注他，他才反过来关注你。

趋近于1的用户，①类先要明确其所在的圈子，与自己的客户群相关，要给予关注，并采取适当的互动。②类也可作为积累粉丝之用，但此类用户的活跃度，往往不太够。

3）关注数/粉丝数 <1。

有以下几种情况：①博主可能是在某方面有影响力的人（如社会心理学中的领袖人物），粉丝成群；②博主只关注与自己偏好或实力差不多的ID，对普通ID当粉丝处理，较少给予关注。

比值小于1的用户，尤其比率非常小的ID，需要重点关注，此类ID较难接触，需要制定一定的策略来进行有效的沟通与交流，此类人最可能是你需要的关键人物。与此类人物沟通，可适当采取讨论问题、请教、关键信息共享等手段，通过评论、转发、私信等方式进行接触。另外，通过电子邮件联络也是个好办法。当然，通过朋友介绍也是最好的结交方法之一了。

李小明问：分析了基础数据，那么辅助数据又如何分析，又能得到什么结论呢？

专家答：对于辅助数据，也可以从三个方面分析得出结论。

1）转发数+评论数/微博数：从统计数据看到@美爱家**在某月最后一周总的转发数+评论数已经超过了10万，而微博数却只有19条，转发数+评论数/微博数的比值是非常高的，而这个比值也在一定程度上反映了博主引发话题、互动和微博内容创作的能力。比值越高，则可能引发话题的能力越强，话题互动的热度越高。而比值如果小于1，则该微博的话题能力及互动性都可能有所欠缺。

2）转发数/微博数：和上面的比率不同，转发数/微博数主要反映的是一个微博的传播效率。转发数越高，则传播率越高。看到@美爱家**的微博转发数/微博数的比率非常高，有 2419 之多。这也证明了 @ 美爱家 ** 这个博主是有一定影响力的。

不过有一种情况，即在某个统计周期内只有很少几个微博获得了高的转发量，而多数微博并没有获得高的转发次数。这时候就要考察一下统计期内连续的日转发量或者观察多个统计周期，也就是说，当得到的转发总数较多且分布比较均匀时，这个比值反映出来的该用户的传播效率才更加准确。

3）收藏数 / 微博数：这个比值反映的是该微博用户所发微博的信息质量，进而可能反映了这个微博用户在某些方面具有专业性。由于 @ 美爱家 ** 是一个深耕美食领域的博主，粉丝群体的特征也较为明显和集中，其微博内容及拍摄的视频也比较偏向于干货，因而收藏数也较高。一般来说，某条微博被多人收藏往往意味着这个微博的内容具有以下几个特点：具有知识性、具有实用性、具有资料性。而这个比值较高的用户，如果其经常被收藏的微博内容是与企业的产品或服务相关的，那就需要重点关注了。

## 巩固练习

### 知识梳理

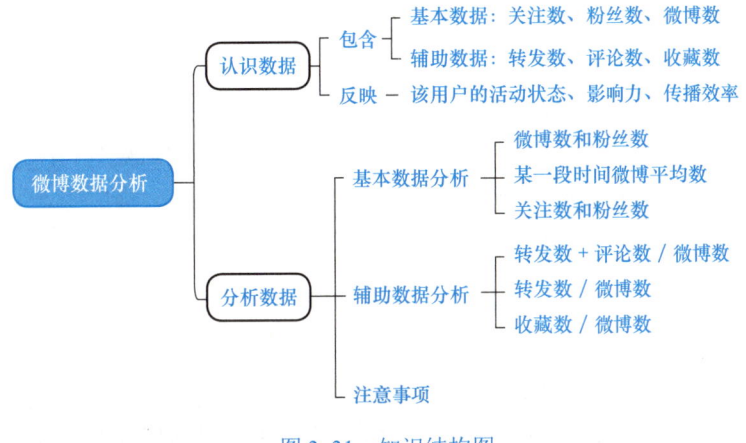

图 3-31　知识结构图

### 随堂练习

**一、填空题**

1．微博三个基本数据包括_____、_____、_____，三个辅助数据包括_____、_____、_____。

2．一条微博的评论数体现了博主的_____和_____两个方面的能力。

3．通过微博数据分析，可以得到该博主的_____、_____和_____等信息。

**二、简答题**

1．从某一段时间的微博数量来分析，可以得到哪些结论？

2．什么是微博收藏数，收藏数能反映什么？

## 任务 4　掌握微博营销技能

**情境导入**

**情境概述**

通过前面工作中的学习，李小明已经掌握了微博营销的基本方法，他每天非常努力地运营微博，在后台进行数据分析，但是效果还是欠佳，部门经理并不是很满意，这让他很苦恼。

**情境分析**

做一件事情，技能是非常重要的。熟练掌握微博营销的各个技能点，方便更好地进行微博营销。李小明需要知道该如何运用各个技能点进行微博营销？

**技能学习**

**技能支撑**

所谓"磨刀不误砍柴工"，只有熟练掌握微博营销的各个技能，才能够在实战中更好地进行微博营销。微博营销技能主要包括原创、二次创作、互动、推广等。

> 李小明问：上述微博营销技能是如何操作的？
> 专　家　答：微博营销技能比较多，需要逐一来分析它们的特点和操作。

### 1. 原创微博

这种微博难度在于要自己创新，不能抄袭别人或者模仿别人的微博进行营销。如果做得好，必然会引来一片好评。不管是图片、文字还是音频、视频都可以与网友进行互动或者在微博上进行营销。

### 2. 二次创作

二次创作包括了仿作、改编、引用并加以发挥等创作模式。微博上的二次创作也包括了上面的这些形式，文字、图片、音乐、视频等都可以进行二次创作。

### 3. 互动

互动是微博的灵魂，也是微博营销最重要的技能。微博上的互动包括转发、评论、点赞、@好友、参与话题活动等功能，每个功能各有不同，各有特点。

1）转发、评论、点赞：转发是将别人或者自己的微博进行评论或者不评论之后，显示在自己的微博上；评论是在别人的或者自己的微博下面进行评论；点赞功能是用户觉得自己的或者别人的微博内容很好或者其他原因，可以对此条微博点赞以表示自己的喜爱。要进行微博互动非常简单，只需要在某一条微博下面进行操作即可，以新浪微博安卓客户端为例，如图 3-32 所示。

在每条微博的下方都有三个按钮，分别为转发、评论和点赞。可以根据自己的需求和爱好与其他用户进行互动交流。

2）@好友：@好友是微博独有的一项互动功能，@在微博中有三个功能，分别是当用户发布"@XX（昵称）"的信息时，在这里的意思是"向XX说"，对方能看到该用户说的话，并能够回复，实现一对一的沟通，此处等同于"call sb."；单击发布信息中的"@XX（昵称）"，可以直接访问该用户的页面，方便大家认识更多朋友；所有@的信息有一个汇总，在手机客户端"消息"页面中选择"@我的"进行查看，如图 3-33 所示。在微博中使用@非常方便，只需要在发布微博的时候输入@XXX（昵称）即可。

3）搜索感兴趣的微博进行互动：使用"发现"功能能够根据用户提供的关键词搜索到与之有关的所有微博，发现感兴趣的微博之后，便可以与用户进行互动，也可对该微博进行评论转发等一系列操作。

单击微博界面下方的"发现"按钮进行搜索，搜索"博导前程"，出现与"博导前程"有关的用户、微博，可选择微博或者用户进行互动，如图 3-34 所示。

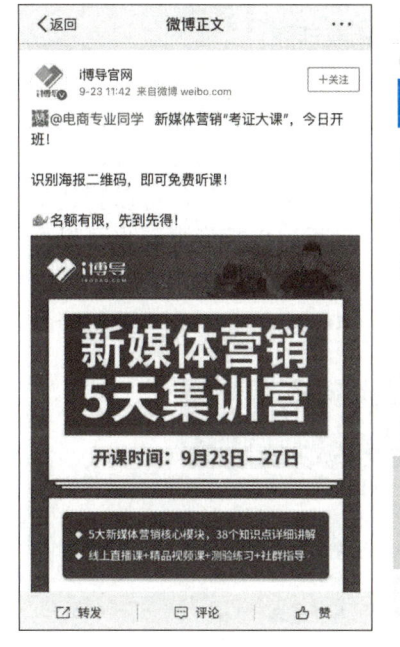
图 3-32　转发、评论、点赞按钮

图 3-33　微博消息页面

图 3-34　"博导前程"搜索结果

4）发起或者参与话题互动："微博话题"就是微博搜索时的关键字，其书写形式是将关键字放在两个井号之间，后面再加上想写的内容，即可形成一个微博话题。可参与已有的话题与其他人进行互动，也可自己创建新话题与其他用户进行互动。

创建话题或者参与话题互动的方式很简单。进入发布微博界面，单击"#"按钮，出现输入话题的界面，如输入"小 i 报新闻"，确定之后即可在内容前面显示 # 小 i 报新闻 # 话题名称，在后面输入要发送的内容发布即可，如图 3-35 所示。发布后，就已经参与到了"# 小 i 报新闻 #"的话题讨论中，单击 # 小 i 报新闻 #，即可进入话题讨论界面，与其他用户一起讨论互动。

图 3-35　创建、参与微博话题

用户也可以创建自己的话题，然后邀请其他用户一起讨论新话题。

5）加入或者创建群：群是微博内进行多人聊天的工具，可以在群里发私信，也可以发布仅群成员可见的定向微博。能够聚合有相同爱好或者相同标签的朋友，将所有与之相应的话题全部聚拢在群里面，让志趣相投的朋友们利用群工具更加方便地进行互动和交流。

在微博"消息"页面右上角处单击"设置"按钮，选择"发起聊天"，可以新建群，也可以在左上角处单击"发现群"进入图 3-36 所示页面。在这里可以搜索群、也可以根据不同分类寻找自己喜欢的内容进群。

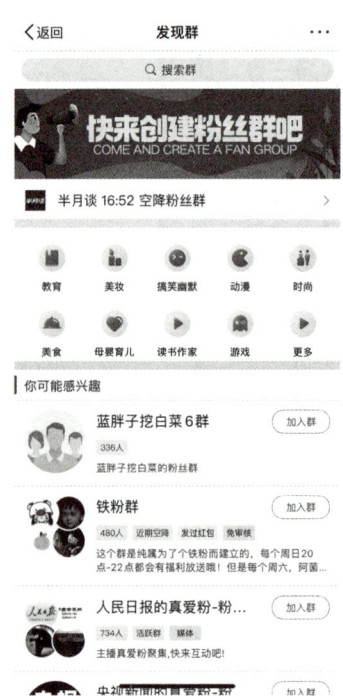

图 3-36　发现群页面

在手机客户端创建群非常简单。单击图 3-32 页面中右上角的"新建群"按钮,进入图 3-37 所示的页面,填写群名称,单击"下一步"按钮,选择群地点,也可以选择隐藏地点,单击"提交"按钮,创建成功。

图 3-37　创建群

建好群后,接下来可以邀请好友进入群,群好友可以在群里面进行互动交流。

6)创建活动或者参加活动,这种互动方式在本项目任务 2 已具体分析,在此不再赘述。

### 4. 推广

（1）粉丝头条

粉丝头条是新浪微博官方推出的轻量级推广产品,当用户某条微博使用粉丝头条后,在 24h 内,它将出现在该用户所有粉丝信息流的第一位,增加该条微博的阅读量,扩大微博的影响力。每次粉丝头条的使用时限为 24h,如果需要长时间进行推广,就必须每隔 24h 购买一次。

粉丝头条购买价格与用户的粉丝数量、博文质量有关。粉丝数量越多,博文将被越多的粉丝看到,影响力越大,价格就高一些;博文质量越高,越容易引发粉丝转发、评论、赞,价格越便宜。在计算价格时会排除掉垃圾粉、机械粉、僵尸粉及不活跃的粉丝,以确保价格真实合理。另外,博文内带内生服务链接会享受较大的优惠。微博会员或橙 V 也会享受一定优惠。

移动端粉丝头条使用方法:进入微博正文,单击右上方"推广"按钮,进入博文头条界面,设置覆盖人数,然后单击"去支付",支付成功完成购买,如图 3-38 所示。

（2）大 V 推广

除了利用微博官方粉丝头条的推广功能进行微博营销之外,还可以通过大 V 进行推广。大 V 是指在微博平台上获得个人认证,拥有众多粉丝的微博用户。一般大 V 的粉丝数都在 50 万以上,通过大 V 进行微博推广是一个非常好的方式,特别是自己的人气不高,刚开始进行微博营销的时候,这个方法非常有效。

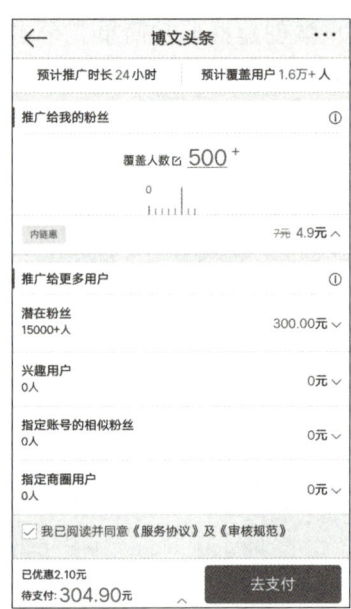

图 3-38 "粉丝头条"购买界面

### 案例学习

@伟大的安*是 90 后知名画手陈安*的微博账号。成立工作室之后，陈安*团队研发了一款轻漫画 APP"快看漫画"。陈安*为了推出这款 APP，发布了一篇名为"对不起，我只过 1% 的生活"的微博，如图 3-39 所示，瞬间引起网友热评，很短的时间，转发量达到了 44 万、评论数超过 9 万，被赞 37 万多次。同期上线的快看漫画 APP 在上线 2 个月成功吸引了超过 200 万次的下载，屡次登上 App Store 免费总榜第一。从效果上看，这是一次非常成功的微博营销，那么 @伟大的安*运用了哪些技能呢？

图 3-39 "对不起，我只过 1% 的生活"微博

#### 1. 优秀的原创内容

仅在新浪微博平台上，每天发布的微博超过 1 亿条。要在多样繁杂的内容中脱颖而出，获得人们的关注和喜爱，优秀的原创内容是必不可少的。"对不起，我只过 1% 的生活"这篇微博就是非常好的原创内容，它以漫画的形式展现了一个喜爱画画、坚持梦想的女生的艰辛创业历程，内容很容易引起年轻人的共鸣。

#### 2. 频繁的互动交流

粉丝是微博营销的基础，作为一个拥有几百万粉丝的大 V 来说，跟粉丝的互动交流还是非常有必要的。@伟大的安*后续通过转发、发起微博活动等方式与粉丝互动、交流，如图 3-40 所示。

项目 3　微博营销

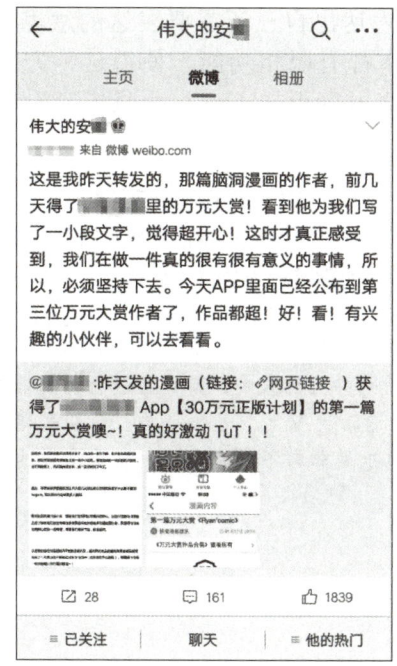 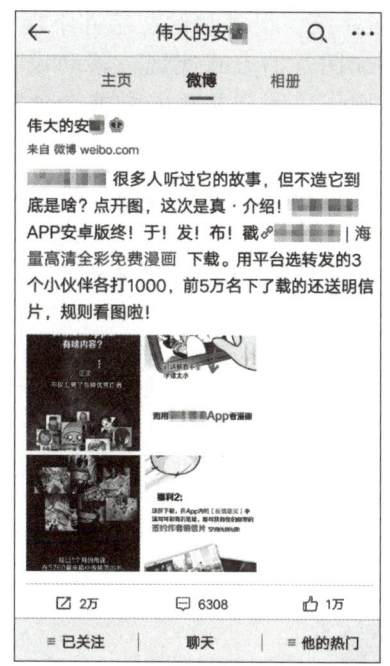

图 3-40　互动交流

**3．强力的推广方式**

粉丝不是特别多的时候，推广渠道是非常重要的。除了付费推广外，通过"大 V"推广是非常有效的方法。@伟大的安 * 虽然粉丝众多，但是还是有很多大 V 来帮她推广，如粉丝有几百万的 @回忆专用小马 *、@赤道少 *、@牛哄哄 * 等也推广了这条微博。超多的粉丝加上众多大 V 的推广，使得这篇微博被广泛传播。

**技能提升**

"伟大的安 *"这篇"对不起，我只过 1% 的生活"微博成功推广了某漫画 APP，并且赢得了很好的口碑。那么，在进行微博营销的时候如何使用上述技能以取得更好的营销结果？

> **李小明问**：原创的微博能够取得更好的效果，那么如何编写原创微博才能使之火起来？
> **专家答**：新浪微博已经取消了 140 字的限制，但在撰写时应注意以下几点。

1）确定主题。虽然在字数上有所调整，但主题一定要突出，一定要让粉丝知道该条微博要表达的主题是什么。在此建议不要长篇大论，虽然现代人的琐碎时间比较多，但过长的文字还是会让人感到厌烦。

2）吸引眼球。内容吸引眼球也是非常重要的。确定微博的主题，抓住重点之后，接下来就要考虑如何吸引用户的眼球了。社会热点、娱乐八卦、搞笑新奇的内容往往能够吸引更多的粉丝，如果微博的内容能够跟这些有所关联，肯定能够吸引更多的粉丝关注、阅读微博内容。

3）观点新颖。在微博上每天发布的内容非常多，而能够吸引眼球的内容也不少。所以除了吸引眼球的内容之外，有自己独特的观点也是必不可少的。对事件有自己新颖的观点也会吸引不少用户的好奇心。

4）图文并茂。很多时候文字并不能完全表达出自己所需要表达的意思，这时候可以通过文字加图片的方式实现。移动设备基本都有照相功能，使得这种方式更加方便快捷，易于操作。图文并茂的微博会使得微博内容更加丰富，而且内容看上去也不会那么苍白。

> 李小明问：推广在微博营销中至关重要，该如何使用有效的推广方式进行微博营销呢？
> 专家答：前面已经提到，推广的方式主要是付费推广和利用大 V 进行推广两种。进行付费推广，一定要推广内容最好的微博，或者是正在或即将进行的活动等能够吸引眼球、比较容易推广的微博，这样付费推广的作用才能最大化地体现。
> 　　利用大 V 推广，如果有产品，可以联系大 V 试用自己的产品进行推广。如果有好的内容也可以在微博中 @ 他们，如果他们看到并且感兴趣，或许会进行转发评论点赞，不过这样的概率不是特别大。还有就是付费邀请大 V 为自己做广告，现在微博上愿意接广告的大 V 不少，邀请他们推广自己的微博也是非常不错的办法，只是这样的方式价格比较昂贵。

## 巩固练习

 知识梳理

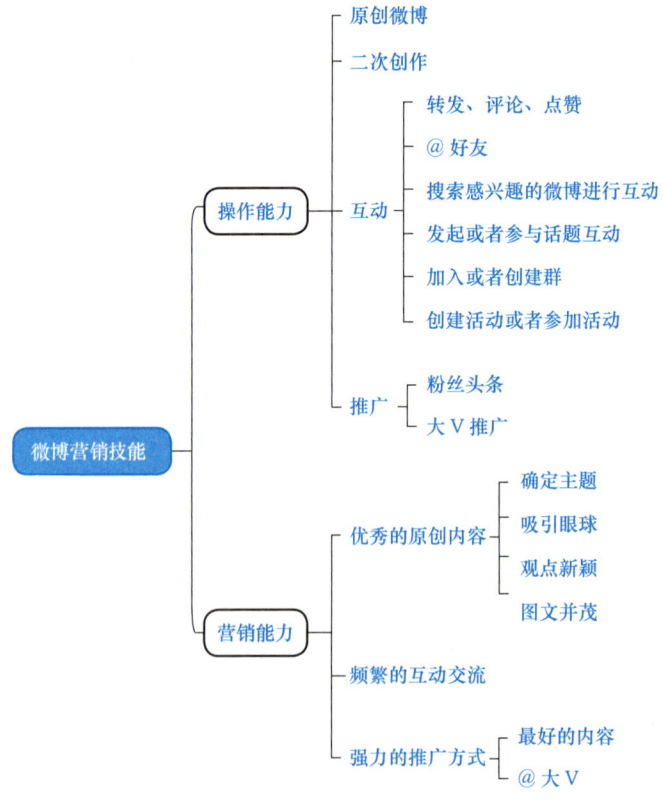

图 3-41　知识结构图

## 随堂练习

### 一、填空题

1. 微博营销的常用技能包括_____、_____、_____、_____。
2. 微博上的互动包括_____、_____、_____、@好友、参与话题和活动等功能。

### 二、简答题

1. 编写二次创作微博应该注意什么？
2. 如何与用户互动才能迅速抓住他们的心？

## 任务5  掌握微博营销技巧

 情境导入

**情境概述**

李小明已经掌握了微博营销的基本方法和营销技能，但是运用起来并不是特别熟练，总是在工作中遇到很多难题。由于自己对这些基本方法并没有做到很深入的理解，他决定深入研究微博营销中所使用的基本方法。

**情境分析**

在微博营销的过程中，一味多发微博、多办活动是不行的，还需要对这些方法灵活运用，这也就是微博营销中所使用的技巧。掌握微博营销技巧，要清楚以下几个问题：

1. 如何从微博的外部形象开始就能够吸引用户？
2. 如何做好微博的内在，继续吸引用户？
3. 如何留住老粉丝，继续吸引新粉丝？

 技能学习

**技能支撑**

微博营销技巧是对微博营销的基本方法的熟练应用。在之前的学习中，已经了解到了微博营销特别是移动端微博营销的基本方法技能。这一节的内容则是在了解的基础之上进行深化，熟练运用这些基本方法进行微博营销。

### 案例学习

周*，原名周*强，曾用名痞人日记，作家、编剧，现任北京某文化传媒有限公司CEO，代表作品：小说集《青春若有张不老的脸》、概念诗集《这是一首简单的小情诗》，被认为是目前国内备受瞩目的青年作家之一。

截至2022年4月，周*在新浪微博上有946万多粉丝，如图3-42所示，铁粉们都热情地称呼其为"痞叔"，他发起的话题#失眠签到#在新浪微博上创下了阅读11.1亿的记录，如图3-43所示，另外还有#大鱼推荐#、#鱼论座谈会#等话题栏目。由于微博粉丝众多，所以少不了在微博上推广自己的作品，在微博营销中运用了非常多的技巧，取得了非常不错的效果。

周*在诗集《这是一首简单的小情诗》推广中，熟练运用了非常多的微博营销方法，下面分析他的成功之处。

图3-42　@周*微博主页

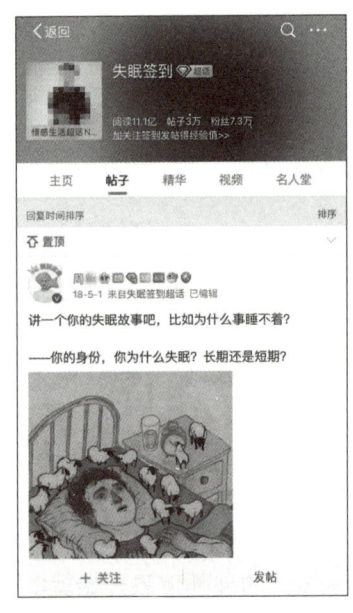

图3-43　话题#失眠签到#

#### 1. 善用简介展示自己，推广诗集

周*的微博整体体现了博主犀利搞笑吐槽文艺范的风格。个人简介"鲜衣怒马，诗酒年华。"，既介绍了自己，也对自己的诗集作品进行了引荐。

#### 2. 善于编写原创微博

在上一个任务中讲到了原创微博对于微博营销的重要性，而原创也是微博营销的一个基本技能。周*本身就是作家、编剧，文字功底可见一斑，他以犀利的文风、精准的吐槽风靡微博界，赢得了众多网友的喜爱。周*在微博上不仅用寥寥数语，表达对生活对爱情的直观态度，也会手写情诗发布在微博上，用心又个性，很容易吸引文艺爱好者的眼球，如图3-44所示。发表在微博上的部分诗歌获得了网友粉丝们的高度赞赏，点击量共5000多万。

### 3. 善用微博话题

在推广过程中，周*发起微博话题#这是一首简单的小情诗#，引导粉丝参与讨论与互动，阅读量2081.4万，讨论量1.4万，如图3-45所示。

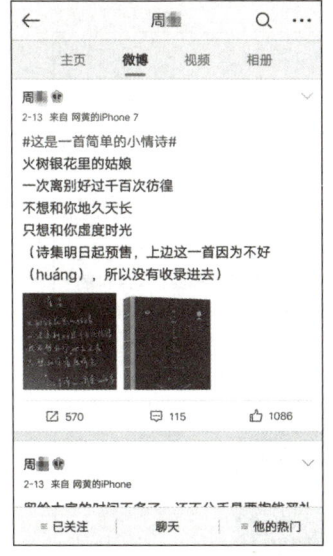

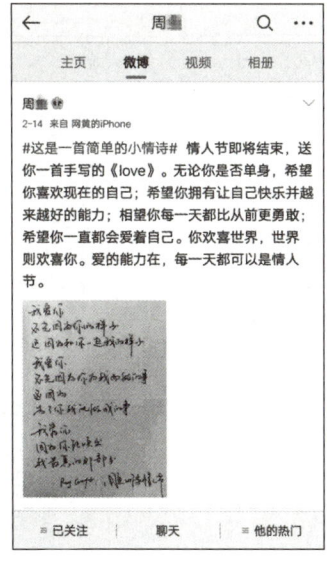

图3-44　原创微博　　　　　　　　　　　　图3-45　微博话题

### 4. 善于与用户进行互动

在微博推广期间，每天的微博就是以幽默、毒辣或感人的话语去评论一些参与话题的用户，并且会转发到自己的首页上。通过直播、秒拍、点赞、转发等方式与粉丝互动，如图3-46所示。

图3-46　与粉丝互动

5. 善于举办各种活动

微博活动特别是抽奖活动,用户的参与度总是非常高的。为了吸引更多的人关注诗集,周*在微博发起抽奖活动,如图 3-47 所示。

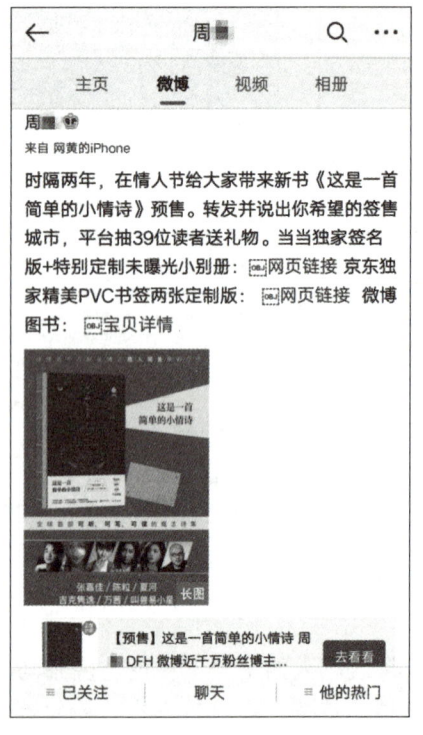 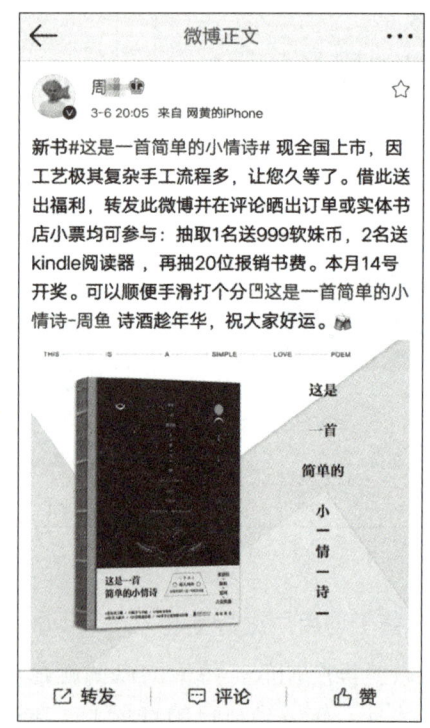

图 3-47　微博活动

运用以上技巧使微博营销成功,而微博营销的技巧却不止于此,还有一些看似简单其实却非常重要的技巧可以使用。

**技能提升**

> 李小明问:如何把微博内容做得"有内涵",让人印象深刻呢?
> 专　家　答:想要拥有一个"有内涵"的微博就必须做到以下几点。

1)多看、多写、多想。做好微博内容,定位准确、内容丰富有趣是关键点。如同人与人之间的交流,说话能说到点子上、风趣幽默的人总是会得到更多人的青睐。而要做到这点,就需要多看、多写、多想。

2)发布时间很重要。根据新浪微博商务部的分析,得出了以下结论,企业青睐周一,但用户在周三、周四互动更活跃。周五、周六、周日用户使用微博更活跃,用户处于对周末的期待中,相对于评论而言,更乐意进行简单的转发,但是企业目前对于这四天的利用不足,发博比例偏低,如图 3-48 所示。

其次是工作日下班后的时间段(18～23时)营销价值大,企业需关注,如图 3-49 所示。

上午9～11时、下午2～3时互动性不高，企业发博量非常集中，但此时用户多忙于工作，参与度并不高。晚间18～23时用户互动的热情高涨，但企业微博发布的内容量急剧减少。因此18～23时是企业可开发的时间段。

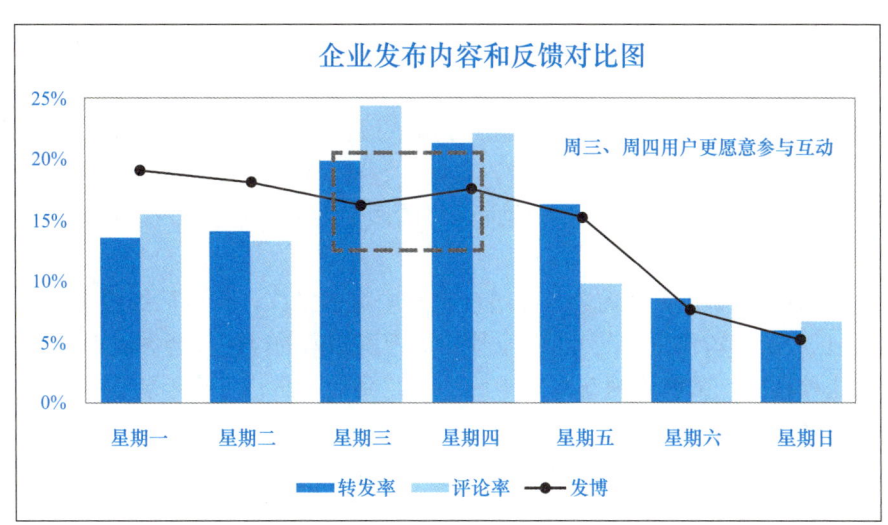

图 3-48　企业发布内容和反馈对比图

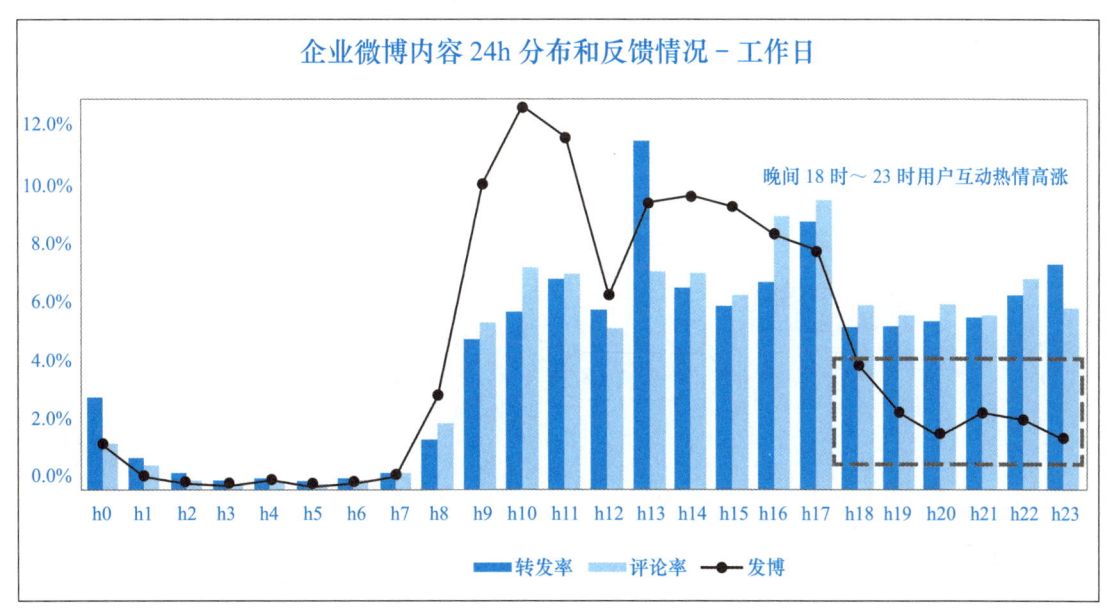

图 3-49　工作日微博内容数据

通过以上数据分析，总结企业发布微博的黄金时间点，然后根据这些数据来制定发布微博的时间计划。

3）微博活动不可少。在节假日的时候举办一些跟节日相关的活动，企业有新产品发布的时候可以举办一些抽奖活动，进行产品的推广。

> **李小明问**：如何让更多的人关注微博并且长期关注呢？
> **专　家　答**：这里就需要做好微博的推广了，在推广时可分为前期、中期、后期，具体方法如下。

1）前期：付费推广和请大V帮助推广。在"微博营销技能"中讲到，付费推广和请大V帮助推广是很有效的推广手段，特别是在前期没有粉丝积累的前提下，这样的方式会很快地帮助积累很多粉丝。

2）中期：留住老用户，发展新用户。通过前期的大量推广，已经能够吸引一批新的用户，但是这个时候大部分用户还不是忠诚用户，要留住这些已经成为微博粉丝的用户，可以举办一些抽奖活动，在微博内容方面以用户喜闻乐见的风格为主，如幽默的、清新的内容为主，加上自己微博的风格特色。

3）后期：稳定更新，做好内容。通过前期和中期的推广，肯定已经积累了很多铁杆粉丝，微博可能已经成为粉丝生活的一部分，他们每天刷微博的时候都会关注有没有新的动态，如果能做到这种程度，微博营销就算非常成功了。到后期再进行微博推广的时候就能够进入一个良性循环：在做好内容后进行付费推广，积累粉丝，留住用户，发展新用户，然后做更好的内容，推广，积累粉丝……这样一个良性循环，就如同滚雪球一样能够越滚越大，是最好的结果。

## 巩固练习

知识梳理

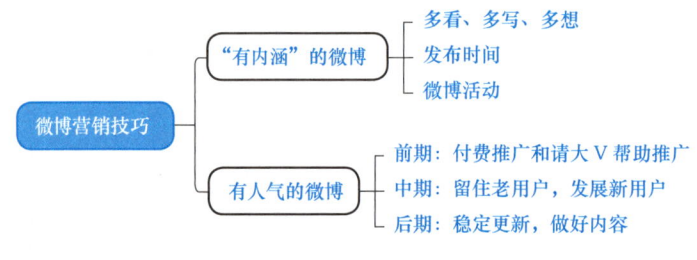

图 3-50　知识结构图

### 随堂练习

**一、填空题**

微博的"面子"包括＿＿＿＿、＿＿＿＿、＿＿＿＿、＿＿＿＿四个方面。

**二、简答题**

1. 如何把微博内容做得"有内涵"？
2. 如何让更多人关注微博并且长期关注？

## 任务 6　用户关系管理

**情境概述**

在自己的努力和朋友、同事的帮助下,李小明终于能够将微博营销做得有模有样,也吸引了很多粉丝的关注。面对这么多粉丝,李小明显得有点不知所措,不知道该如何管理这些粉丝。

**情境分析**

用户在微博营销中起着非常重要的作用,所以用户关系管理在微博营销中显得异常重要。关于用户关系管理,需要清楚以下几个问题。

1. 如何寻找适合企业微博的粉丝?
2. 如何管理粉丝?
3. 如何针对粉丝进行营销?

**技能支撑**

用户关系管理,即企业为提高核心竞争力,利用相应的信息技术以及互联网技术来协调企业与客户间在销售、营销和服务上的交互,从而提升其管理方式,向客户提供创新式的个性化的客户交互和服务的过程。其最终目标是吸引新客户、保留老客户以及将已有客户转为忠实客户,增加市场份额。

**李小明问**:如何寻找精准粉丝?
**专　家　答**:在微博中找到精准粉丝是搭建微博客户信息库的关键。可以通过以下几个方法查找精准粉丝。

1)关键词搜索。关键词搜索是寻找精准粉丝的利器,利用新浪微博关键词搜索功能,可根据关键词、标签等设定,寻找符合微博定位的粉丝。

**微博内容**:搜索相应关键词,通过内容中关键词的数量判断粉丝对关键词的感兴趣程度,从而分析出该用户的兴趣爱好和关注热点。

**个人信息**:除了微博内容之外,通过昵称、标签、学校、公司、个人简介等相关的个人信息搜索,也能寻找到与之相关的粉丝。

2)相关账号的粉丝。从相关账号的粉丝中寻找潜在粉丝是最简便有效的方式,不仅导向性明确,而且容易转化成自己的粉丝。

可以从竞品、相关行业、意见领袖以及其他相关账号的关注和粉丝入手，从这些账号的关注或粉丝列表中，寻找精准粉丝。

3）微群。这个根据兴趣爱好、社区来集结用户的产品为企业寻找精准粉丝提供了天然场所。可以从活跃度高、影响力大的用户入手，寻找意见领袖和潜在客户。

> 李小明问：已经找到了精确粉丝，该如何管理他们呢？
> 专 家 答：通过系统管理精准粉丝，根据需要的维度进行分类标记，能让企业在进行精准营销的时候真正做到精准。可以利用微博的两个功能来管理粉丝。

1）粉丝个人信息。可以根据粉丝的个人信息来进行分类和标记，包括个人认证、喜好、地域、性别年龄等。对于重要的粉丝，可以根据其微博内容、信息标记等了解其喜好等详细信息，并备注标记，以便于定向的内容推送。

2）企业微博管理中心。这里所说的是 PC 端企业微博的管理中心，移动端的微博管理中心功能暂时还不完善，不能进行粉丝分析。在 PC 端微博管理中心，单击"数据助手"→"粉丝分析"，可以查看粉丝趋势分析、取消关注粉丝、粉丝来源、粉丝类型、粉丝性别、粉丝年龄以及粉丝地区分布等，如图 3-51 所示。利用这些数据可以在进行微博营销的时候更加精确。

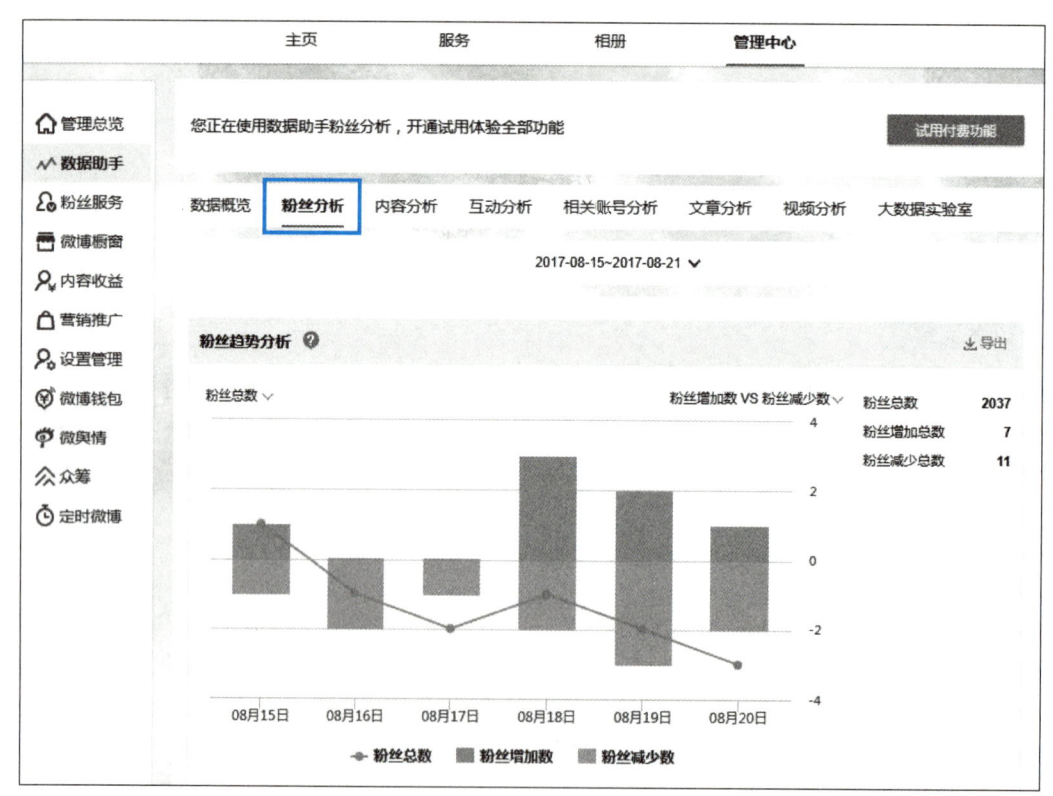

图 3-51　管理中心 - 粉丝分析

### 案例学习

@新浪陕西是陕西省的一个地方性微博，是新浪陕西官方微博，在这个微博上可以了解到关于陕西省内的事情，如图 3-52 所示。该微博做得最好的就是用户关系管理，由于内容的包容性和繁杂，很多的新闻、生活琐事等都是由网友提供的。作为一个地方性的官方微博，能够拥有 228 万的粉丝，这是长时间苦心经营的结果，但是更重要的是，运营者深谙微博用户关系管理的精髓，才使得该微博如此受关注。现在就来看看如何进行用户关系管理。

1）精确粉丝很重要。从某种程度上来说，粉丝是微博的灵魂，有了粉丝才能进行互动，才能够将自己的微博推广出去，所以能够找到精确粉丝是非常重要的。@新浪陕西作为一个地方性的微博，精准粉丝很容易寻找，就是陕西省的微博用户。

2）让粉丝有参与感。@新浪陕西微博的很多内容都是关注他的粉丝提供的，如图 3-53 所示。这就让粉丝的参与感和存在感大大增强，让用户有一种"我的爆料能够被几百万人看到"的优越感，再加上@新浪陕西有时候会送出一些小礼物等方式答谢用户，使得粉丝的黏性大大增强，形成一个"粉丝投稿—微博展示—获得优越感—更多投稿"的良性循环，使得更多粉丝参与进来。

图 3-52　@新浪陕西的微博

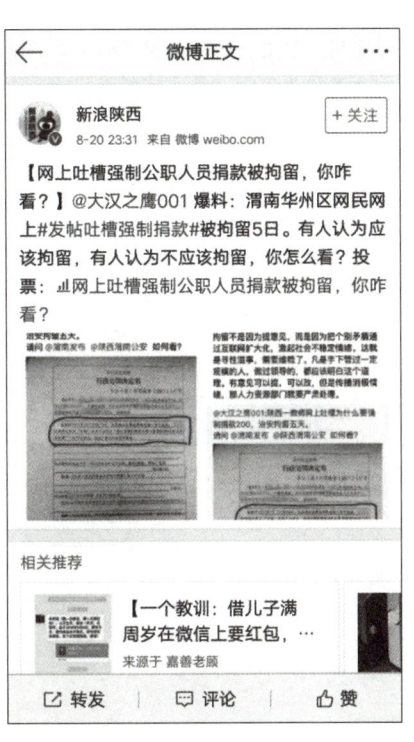
图 3-53　粉丝爆料

3）粉丝与内容结合。上面说到，通过查看粉丝的个人信息和通过企业微博后台的数据分析可以了解粉丝群的地域分布、兴趣爱好等信息，从而分析出该微博粉丝的一些特征。@新浪陕西发的微博都以搞笑、时事、饮食等比较热点的话题为主，非常适合用户参与进来。

**技能提升**

通过上面的分析，看到@新浪陕西是一个非常善于管理用户关系的微博，他非常善于利用粉丝来运营自己的微博。从中可以学到什么呢？

> 李小明问：找到了精确粉丝，如何把他们变成忠实用户呢？
> 专家答：一定程度上，在微博营销中，粉丝是处于主导地位的，即用户需要什么，就给他们什么。即使找到了精确粉丝，但是如果不能把他们变成微博的忠诚用户也是不行的，要把他们变成忠诚用户首先要了解用户使用微博的习惯、喜欢的东西等，多发一些他们喜欢的东西，多送些小礼物之类的都能够吸引粉丝，频繁地进行互动交流。当然还有前面一直强调的内容，内容做好了，才是真的好。

> 李小明问：有了忠实用户，如何针对忠实用户进行营销呢？
> 专家答：1）分组管理。微博具有粉丝分组功能，可以将重要的粉丝放到"星标组"里面，根据他们的喜好给他们发送私信等内容，另外普通的用户也容易进行管理。
> 2）创建微群。微博是一个可以聚集很多粉丝的平台。通过创建微群，引导粉丝进入微群，形成一个关于品牌的小社区。可以通过对微群的日常维护、话题引导讨论等方式进行营销。
> 3）准备话术。管理用户关系的时候需要进行语言上的交流，可以事先准备一些用户可能提到问题的答案，也可根据用户问题进行分类统计，对问题准备标准化的答案，可以提高回复的速度和效率，也可使回答规范化、专业化。

## 巩固练习

知识梳理

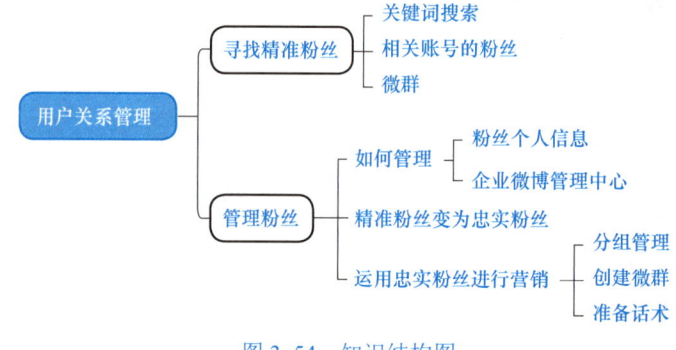

图 3-54　知识结构图

### 随堂练习

**一、填空题**

1. 可以通过_____、_____、_____三种方式来寻找精准粉丝。
2. 管理粉丝可以用微博的_____、_____两个功能来进行。
3. _____是新浪微博根据兴趣爱好、社区来集结用户的一个产品。

**二、简答题**

1. 简述运用粉丝进行微博营销的方法。
2. 如何使所发的微博让用户有参与感？

项目3　微博营销

## 任务7　客户服务

**情境概述**

李小明在运营公司微博的过程中，发现经常会有一些客户发私信询问关于公司产品、业务方面的问题。随着公司微博的迅速发展，微博上面问问题的客户越来越多，从而意识到客户服务也是非常重要的，李小明对于新环境下的客户服务并不十分了解，这又让他头疼了起来。

**情境分析**

微博上的客户服务对于企业用户来说是非常重要的，好的客户服务体验能够吸引更多的用户。要对微博上的客户服务有一个认识，必须清楚以下几个问题：

1. 客户服务是什么？
2. 微博上面的客户服务跟传统的客户服务有什么不同，有什么优势？
3. 在微博平台上如何更好地服务客户？

**技能支撑**

客户服务（Customer Service），主要体现了一种以客户为导向的价值观，它整合及管理在预先设定的最优成本——服务组合中的客户界面的所有要素。广义而言，任何能提高客户满意度的内容都属于客户服务的范围。在传统的客户服务中，客服可分为人工客服和电子客服。微博里面的客户服务较传统的客户服务有了很大的改变，变得更加系统化、智能化。

> **李小明问**：既然微博的客户服务跟传统的有很大区别，那么微博的客户服务有什么特殊功能？
> **专　家　答**：微博是一个互动性很强的产品，而且微博上用户特别多，所以客户服务至关重要。从用户关注微博起，其实就已经开始在服务客户了。在微博中从用户关注账号开始就能够服务客户了。

在企业微博"管理中心"-"粉丝服务"下有"自动回复"功能，下面有三项功能，分别是：被关注自动回复、私信自动回复和关键词自动回复，如图3-55所示。

图 3-55 自动回复设置页面

### 1. 被关注自动回复

当用户关注微博账号时,可以设定特定的文字、图片、语音、图文来作为自动回复,相当于欢迎新用户的一种方式。

### 2. 私信自动回复

这一功能是用户私信的内容,不包含关键词所设置的内容,而 3h 内用户只会收到 1 次自动回复私信。回复的内容也包括文字、图片、语音和图文消息。

在"粉丝服务"中还有一项功能——自定义菜单,这个功能非常实用,在移动端微博使用起来非常方便,这个功能可以自定义私信页面下方的菜单,如图 3-56 所示,可添加最多 3 个一级菜单和 5 个二级菜单。每个一级或者二级菜单都可以为其设置动作,可以选择发送信息或者跳转至网页。

### 3. 关键词自动回复

在微博的关键词自动回复功能中,可以设置一些关键词,当用户私信的内容中包含所设置的关键词的时候,系统便会自动发送给用户一条编辑好的私信,省时省力。

图 3-56 私信界面的自定义菜单

上面所说的是通过微博进行客户服务时的一些特性功能。如果以上功能还不能解决客户的问题,就需要人工客服进行服务解决客户的问题。客户除了用私信的方式咨询问题外,可能还会通过发微博 @ 的功能进行咨询,所以微博的客户服务是比较灵活的。进行服务的形式也很多,文字、图片、音频、长微博、视频都能够成为进行客户服务的方式。

项目 3　微博营销

**案例学习**

@ 微博客服是官方的微博客户服务账号，解答微博使用中所遇到的问题，也可以反馈有关微博的各种意见和建议，是一个非常具有代表性的客户服务微博，既有非常智能化的服务，也有非常热心的人工服务，可以从这个微博中学到非常多关于微博客户服务的知识。@ 微博客服如图 3-57 所示。

经过分析 @ 微博客服的客户服务，有以下几个方面非常值得学习。

1）精确的被关注自动回复语。

作为一个客户服务的微博账号，用户关注该微博，一定是想获取某方面的帮助。@ 微博客服的被关注自动回复语除了简单的问候以外，直接将一些简单的关于微博方面的小知识和反馈意见的入口也加入了进去，让粉丝一下子就能够找到自己想要的服务，非常人性化。

2）细化的自定义菜单。

@ 微博客服的自定义菜单非常详细，一级菜单分别为：常见问题、自主服务和更多帮助，如图 3-58 所示，基本上囊括了用户在使用微博中所遇到的问题。用户解决问题的时间大大减少，而企业解决用户问题的人力物力也相应减少。

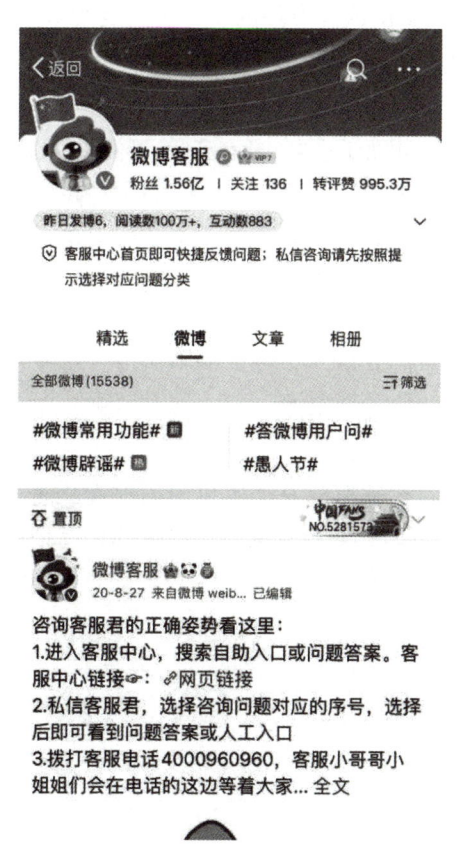

图 3-57　@ 微博客服

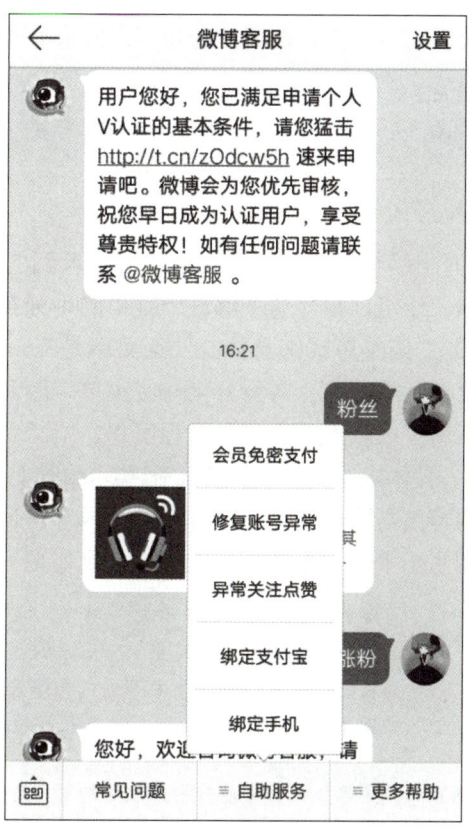

图 3-58　@ 微博客服的自定义菜单

3）精准的关键词自动回复。

在私信聊天对话框中输入关键词也能获取帮助。例如在对话框中输入"粉丝"，便会

91

收到关于粉丝内容的私信。

4）体贴的人工服务。

@微博客服的自定义菜单、关键词自动回复的功能非常强大，可以解决大多数问题，但是@微博客服的人工服务也非常专业、热情。

**技能提升**

作为一个专业的客户服务微博，@微博客服可以说在客户服务这一方面做到了极致，那么，能够从中学到客户服务的什么策略呢？

> 李小明问：被关注自动回复语是用户关注微博后收到的第一条私信，该如何写好被关注自动回复语呢？
> 专家答：被关注自动回复语是用户关注微博后收到的第一条私信，如同第一次用语言向别人介绍自己一般，非常重要。写的时候要注意以下两点。

1）问候要真诚。一般被关注自动回复语最开始都是一句简单的问候语，问候语的风格可以多种多样，或正式、或搞笑、或调皮。但是不管风格如何，问候语一定要真诚，让用户感受到真诚就够了。

2）介绍要简洁。如果需要在自动回复语中加入微博或者产品的简介，一定要简洁明了，并且要以用户为主。从用户的角度出发去介绍，能够获得用户的好感。

> 李小明问：该如何设置好自定义菜单呢？
> 专家答：自定义菜单在客户服务中能够起到多大的作用，取决于菜单设置的好坏。要使用自定义菜单功能，就要设置好菜单的名称和内容。而这一切，都要从用户的角度出发，他们需要什么，就定义什么。

1）一级菜单一目了然。用户首先看到的是一级菜单的名称，所以一级菜单的名称要一目了然，让用户很容易了解这个菜单的用处在哪里。

2）二级菜单详细具体。二级菜单是在一级菜单的基础之上添加的，所以二级菜单是在一级菜单上的细化，需要分化一级菜单。因此二级菜单需要详细介绍具体的功能，用户点进去之后就可以获取内容或者进行操作。

3）具体内容简单易操作。把菜单设置好之后，还需要补充菜单里面的内容，而菜单里面的内容则需要介绍客户服务的具体内容，但是也不能太复杂，需要用简单的语言把最核心的问题写出来，如果是操作的内容，则需要写清楚操作的步骤，便于用户理解。

> 李小明问：关键词是非常重要的一个服务功能，该如何设置关键词呢？
> 专家答：设置关键词的时候也需要根据用户的需求考虑，要根据微博的定位去设置关键词。可以参考同类型的微博、百度搜索等方式来搜索、设置关键词。另外，也可结合当时的社会热点新闻来设置关键词，一般都可以取得很不错的效果。

> 李小明问：除了以上比较智能的用户服务的功能外，微博的客户服务还需要人工服务的配合，该如何做好微博的人工服务？
> 专家答：在微博提供人工服务的时候，需要遵循以下几个原则。

1）正向引导原则：客户服务的一大特征就是对客户和对自己都应该以正向激励为主，这样才能在纷繁的客户服务中保持激情和拥有效率。

2）说话与回话原则：在微博世界中，和现实世界不同的是，微博世界里面主动说话可以慢慢说，一旦有需要介入回复的时候则要快速反应。并且在说的时候可以面向大众，而回复的时候，一旦涉及与企业有纠纷的内容时，应该尽量采用私聊的方式。

3）具象化原则：微博平台上以年轻人为主流人群，其对拟人化、偶像化的内容或文化现象的接受度特别高。因此在提供微博服务的同时，逐渐形成一个既符合企业文化特征，又有一些具体细节表现的整体风格，使得微博上的客服和客户之间在更多层面上实现平等交流，并给人以诚恳、乐观、可爱、幽默的感知，从而更大程度地接受并持续关注企业微博。

## 巩固练习

### 知识梳理

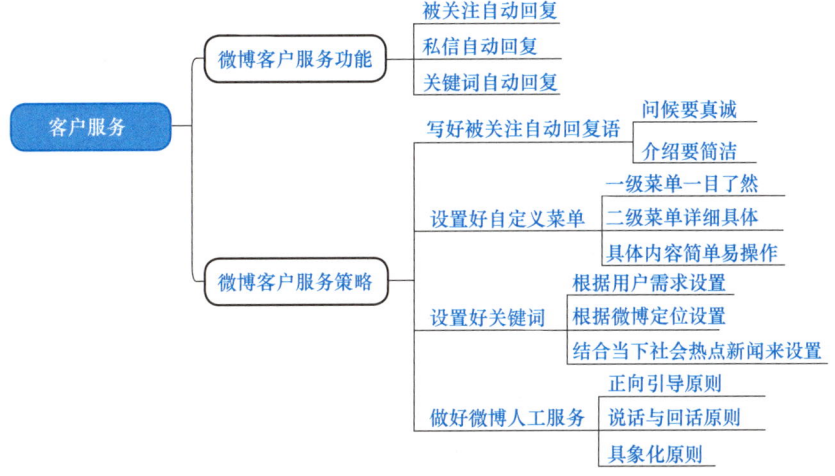

图3-59 知识结构图

### 随堂练习

**一、填空题**

1. 微博的自动回复功能包括_____、_____、_____。
2. 微博自定义菜单一级菜单最多可建立_____个菜单，二级菜单最多可建立_____个菜单。

**二、简答题**

1. 如何编写一个吸引用户的被关注自动回复语？
2. 简述设置自定义菜单规则。
3. 在微博上进行人工服务的时候需要注意什么？

## 任务 8  使用微博墙

 情境导入

**情境概述**

经过一段时间的学习和实战,李小明掌握了微博营销的大部分内容,过程中不乏成功的微博营销案例。年底了,公司要举办年会,老总让他在年会上做一个微博墙,希望通过微博墙使年会的气氛活跃起来,同时公司也会在微博上进行抽奖。

**情境分析**

举办活动、会议、婚礼的时候,微博墙是一个很好的活跃气氛的道具。微博墙也是进行微博营销的一种比较好的手段。了解关于微博墙的内容有:

1．微博墙是什么?微博墙如何使用?
2．微博墙的特点是什么?使用微博墙有什么好处?

 技能学习

**技能支撑**

微博墙又称微博大屏幕,是在展会、音乐会、婚礼现场等场所展示特定主题微博的大屏幕,大屏幕上可以同步显示现场参与者发送的短信和网友发送的微博,使场内外观众能够第一时间传递和获取现场信息。

> **李小明问**:使用微博墙的条件有哪些呢?
> **专家答**:以新浪微博为例,以下用户可以申请微博墙服务,分别是新浪微博认证用户或者粉丝数超过100、微博数超过50、上传了头像并绑定手机号的其他用户。

在现场则需要以下条件才能使用微博墙:

1)两台计算机:一台用于前台展现,一台用于信息审核,均需联网。
2)网络:建议独立网络(带宽 512KB 以上)。
3)屏幕设备:LED 液晶屏,投影幕布等。
4)专人审核:建议合作方配备专人进行内容审核。

> **李小明问**:满足了使用微博墙的条件,那么如何申请使用微博墙呢?
> **专家答**:使用微博墙,需要在计算机上登录新浪微博墙的官方网站 http://screen.weibo.com/ 进行申请。填写相关信息,如图 3-60 所示,提交之后,新浪微博会在三个工作日内将微博墙的详细使用流程发送到申请者的联系邮箱。

项目 3　微博营销

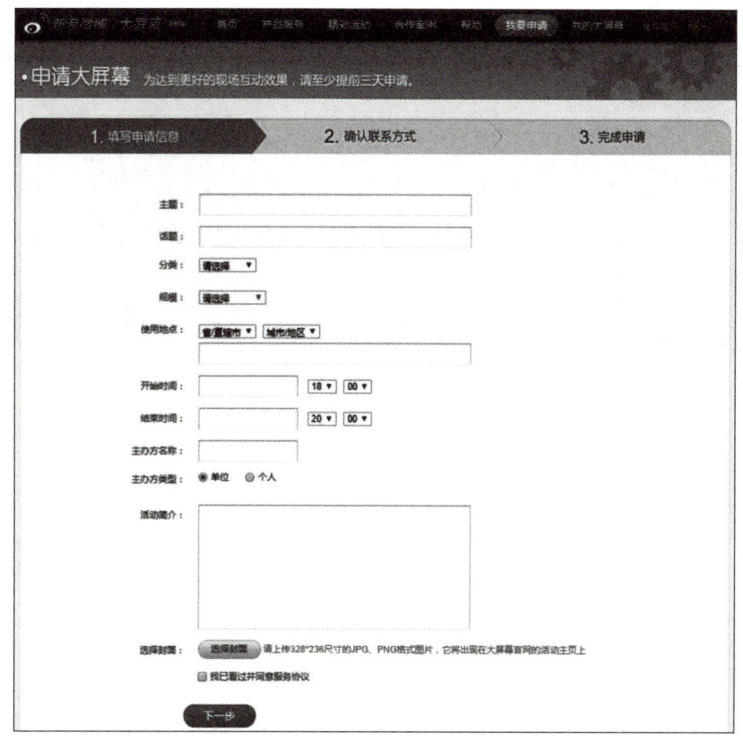

图 3-60　申请大屏幕页面

**案例学习**

2021年5月16日是四川师范大学建校七十五周年纪念日。校庆当天,高校官微发起校庆直播,与数万网友分享喜悦。当日,抽奖、投票、短视频、微博大屏幕等多种参与形式不仅充分激发了网友参与积极性,还广泛传播了校庆相关内容,活动高潮迭起、精彩不停。据不完全统计,微博话题#四川师范大学75周年校庆#阅读量达到1250.5万,讨论量近万次,并同时登录微博同城热搜榜首,此外还衍生出3个热搜话题,分别是：#川师75周年校庆王牌大厨献拿手美食#、#8家高校大厨齐聚川师校庆#、#21天安利SICNU#,如图3-61所示,热度惊人。活动现场用户参与话题,就有机会登上直播微博墙,极大地调动了粉丝积极性,如图3-62所示。

图 3-61　微博话题

95

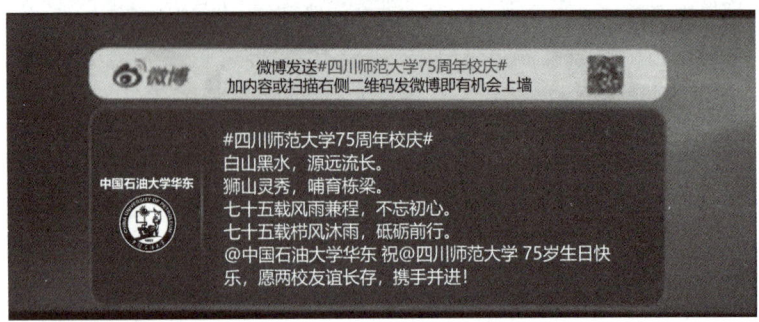

图 3-62　新浪微博大屏幕活动

### 技能提升

**李小明问**：活动结束之后，人们可能很快就会忘记此次活动，那么该如何保持活动的热度呢？

**专家答**：由于用户每天的发博量非常庞大，活动也非常多，如果不能及时进行后期的宣传，一定会很快被大家遗忘，所以做好后期的宣传非常重要。

后期宣传的时候，可以整理一些精美、搞笑、经典的活动图片通过主办方和活动参与人的微博发布，以起到活动结束后对活动的持续宣传，建立良好的口碑。

在后期也有必要将活动中的一些问题反馈给主办方，可以给主办方积累举办微博墙活动的经验，便于以后更好地举办活动，也可以促进以后双方的合作。

## 巩固练习

### 知识梳理

图 3-63　知识结构图

### 随堂练习

一、填空题

1. 用户申请使用微博墙的条件是_____或者_____、_____、_____。
2. 在现场使用微博墙的时候需要的设备有_____、_____、_____等。
3. 在申请微博大屏幕的时候最好提前_____天开始申请。

## 二、简答题

在举办活动的时候，使用微博墙的好处有哪些？

**拓展阅读**

2020年5月1日，微博社区公告，为进一步落实《网络信息内容生态治理规定》，贯彻落实国家和北京市委网信办关于开展网络恶意营销账号专项整治行动的通知要求，微博将开展为期两个月的恶意营销账号专项整治行动。

新冠肺炎疫情发生以来，微博对平台内出现的恶意营销内容和账号采取了严格管控措施。截至4月29日，共有效标记和处置不实信息10 875条，处置账号714个，辟除新增新冠肺炎谣言298例；累计处置挑动地域攻击和歧视的账号359个，微博3977条。

国家网信办启动打击网络恶意营销账号专项整治行动以后，微博随即集中对一批恶意营销内容和账号迅速进行了处置。

现根据属地管理部门要求，将本次恶意营销号专项整治行动的整治措施进行明确公告。

微博本次恶意营销号专项整治行动重在清理以下内容：

1）引战类营销（自身为获取流量和关注，捕风捉影无限上纲，引导不同群体相互攻击的；为获取流量和利益，侵害企业或个人合法权益的）。

2）违规采访类营销（不具备互联网新闻信息采编发布资质的情况下，自采自编原创发布时政新闻类信息的；以"欢迎爆料、提供线索"等方式集纳信息的）。

3）谣言冒充类营销（制造传播虚假信息，扰乱社会秩序的；篡改历史事实，散布所谓"野史、秘闻"的；冒用政府机关、新闻媒体、公众人物等名义发布信息的）。

4）低俗类营销（发布涉黄或低俗文字、图片、视频的）。

对以上恶意营销内容和账号，可直接通过线上投诉至有害信息、涉黄信息、不实信息、垃圾营销等投诉分类。

微博将通过本次专项整治，进一步净化微博社区环境，营造和谐善意的讨论氛围。

# 项目 4

## 微信营销

### 项目概述

本项目紧紧围绕微信多方面做了细致讲解，对微信各功能在操作时需要注意的要点做了详细说明，从微信营销的商业价值和营销方法入手，以微信九大功能作为主要工作任务展开，每项工作任务都从基本理论知识、实际操作技能、营销技能提升三个方面让学生掌握微信各种营销功能的使用方法、操作流程和营销要点，帮助学生了解移动电子商务在微信上的各种模式，树立微信营销的意识，真正做到会用微信做营销。

### 学习目标

#### 知识目标

- 熟悉订阅号、服务号、企业号的申请及相关应用的设置；
- 理解小程序特色功能、运营推广的相关知识；
- 熟知微信支付功能开通、功能特点的相关知识；
- 认识商户开通微信红包功能、创建和发送红包的相关知识；
- 了解微信卡券功能开通、设置门店信息以及管理的相关知识；
- 明确微信小店与其他电商平台的区别及自身特性；
- 了解广告主资格申请、推广广告投放和监控的相关知识。

#### 技能目标

- 能够通过朋友圈进行朋友圈营销；
- 能够使用漂流瓶进行产品营销；
- 掌握微信互动营销的基本原则；
- 能够使用订阅号进行图文消息推送；
- 能够独立完成服务号自定义菜单的设置；
- 掌握企业号应用创建的一般方法；
- 能够借助小程序做企业运营；

项目4 微信营销

- 能够开通商户微信支付功能；
- 能够完成商户的创建以及发送现金红包；
- 能够完成商户微信卡券的创建和管理；
- 能够开通微信小店并进行日常运营；
- 掌握公众平台广告投放的流程。

## 任务1　认知微信营销方法

情境导入

**情境概述**

齐康是一家手机品牌的推广专员，最近公司决定推出新款手机。随着微信的快速发展，利用微信做营销的公司也越来越多，该公司运营总监决定将这次新品宣传放到微信上，并把这个任务交给了齐康，没有做过微信营销的齐康遇到了难题。

**情境分析**

齐康要想完成好营销总监交给他的任务，自己就必须了解清楚下面几个问题：

1. 如何运用微信朋友圈进行营销，微信朋友圈营销的一般步骤是什么？
2. 朋友圈广告是什么？
3. 什么是微信互动营销？

技能学习

**技能支撑**

微信不存在距离的限制，用户注册微信后，可与周围同样注册微信的"朋友"形成一种联系，订阅自己所需的信息，商户通过提供用户需要的信息，推广自己的产品，从而实现微信营销。微信营销的方法主要是通过微信为用户提供的社交功能来实现的，例如我们熟悉的朋友圈营销、互动营销等。

**齐康问：** 我该怎么运用微信朋友圈进行营销呢，能不能给我讲一讲微信朋友圈营销的一般步骤？
**专家答：** 微信朋友圈营销的一般步骤有以下几点。

1) 朋友圈的组建。朋友圈营销自然离不开朋友，添加好友组建朋友圈是第一步，建立朋友圈时需要注意的是，根据所销售的产品，有目的、有方向地去添加好友，不能一味地只追求数量。

99

2）与圈内好友互动。朋友圈组建好后，要积极与圈内的朋友进行交流互动，提高自己在朋友圈中的信任度，因为信任度对营销效果起着重要作用。

3）建立朋友圈好友数据库。在营销中建立用户数据库是非常必要的，因为这些数据可以帮助营销者分析、分类消费用户，实现精准营销。

> 齐康问：最近我在朋友圈中看到了赛格国际购物中心的广告（见图4-1），这是朋友圈广告吗？
>
> 专家答：朋友圈广告是微信官方在2015年初的一次尝试，微信官方将广告添加到你的朋友圈中，你会看到一个陌生的头像和昵称、一个"推广"的标识以及"我不感兴趣"按钮，还有一个可点击的"查看详情"链接。除此之外，它与你能看到的其他朋友圈内容样式并无二致，你还能去点赞和评论，以及看到你朋友们的评论。

微信此次推出的朋友圈广告不同于传统的网络广告，对此腾讯做过如下说明："对于广告主来说，朋友圈广告将提供更多维度的详细广告投放效果分析，帮助广告主实现更好的投放效果。"朋友圈广告采用了更加智能的技术，因此不是所有用户都会看到同样的广告。

图4-1　朋友圈广告

> 齐康问：微信营销互动才是王道，您能给我讲一讲微信的互动营销吗？
>
> 专家答：讲微信的互动营销前，先了解什么是互动营销。"互动营销"是指企业运用与消费者之间的互动进行产品的营销。企业通过与消费者的互动，一方面可以了解消费者对产品的建议或是意见，从而有利于产品的规划和设计，为企业的市场运作服务；另一方面可以帮助企业进行品牌及产品的推广。

如果想要真正做好互动营销，需要在如何与消费者进行"互动"这个环节上下功夫，一般来说与消费者互动要遵循以下两个原则：

1）便捷性。实施互动营销，就是要消费者参与其中，其参与的过程是方便的，而不是复杂的，否则消费者参与互动的概率就会很小。

2）体验度。在互动营销的过程中用户体验是非常重要的，如果用户体验不好，就会严重影响消费者对品牌的认识。

在了解了什么是互动营销后，微信互动营销也就不难理解了，所谓微信互动营销就是用户通过利用微信作为互动营销工具，与微信好友进行互动从而达到营销目的的营销活动。

**案例学习**

娇韵诗是娇韵诗公司旗下一个品牌，成立于1954年，是法国美容界的著名品牌。娇韵诗通过在朋友圈投放H5页面的广告来推广其新产品，如图4-2所示。

娇韵诗此次的营销活动，可以分别从营销的"形式"与"内容"这两个方面进行分析，首先，从形式上讲，娇韵诗的此次营销借助了朋友圈广告作为新产品推广的主要手段；其次，从内容上讲，娇韵诗此次营销内容可谓是一大亮点，通过对模特和实物不同角度的拍摄，加上其后期的画面设计处理使整个广告看起来舒适，整个页面风格柔和，促进消费者的购买欲。

项目4　微信营销

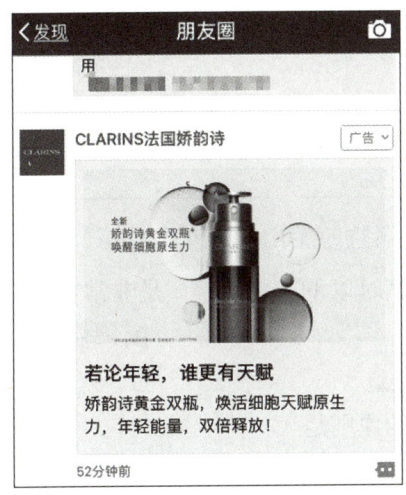

图 4-2　娇韵诗朋友圈广告截图

**技能提升**

齐康问：老师，正如你所讲的娇韵诗这次营销的亮点在于内容，可是我又该如何策划微信营销的内容呢？
专家答：对于微信营销内容的策划，应该注意以下三个方面。

1）创新。创新对于营销而言是非常重要的，它直接关系到营销是否能被受众所注意。

2）互动。互动在微信营销中是非常重要的一个环节，通过与用户互动可以提高营销的趣味性，同时也会让用户产生参与感。

3）趣味。营销活动的趣味性可以增强用户对营销内容的关注度，内容的趣味性越强越好，只有活动好玩有趣，参与的人才会多，活动的气氛才能营造起来。如果活动足够有趣，在没有奖品的情况下，大家也会积极参与进来。

巩固练习

知识梳理

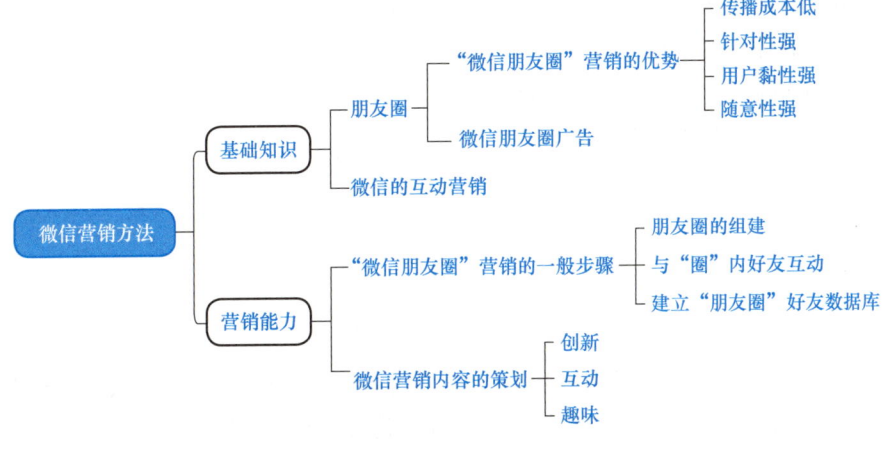

图 4-3　知识结构图

### 随堂练习

**一、填空题**

1. 微信营销的方法有_____、_____等。
2. 朋友圈营销的优势有_____、_____、_____、_____。

**二、多项选择题**（每题的备选答案中，有两个或两个以上符合题意的答案）

1. 在运用朋友圈进行营销时以下（　　）是非常重要的。
   A．好友数量　　　　　　　　　B．与好友彼此的信任
   C．发送营销消息的数量　　　　D．营销内容是否有趣
2. 与消费者互动要遵循的原则是（　　）。
   A．便捷性　　　B．创新　　　C．体验度　　　D．趣味性

## 任务2　订阅号注册与营销

扫码看视频

 情境导入

**情境概述**

周晓聪就职于i博导网站，是一名网络推广专员。目前，博导公司打算推出一个侧重电子商务资讯和教育内容的订阅号，于是就把微信订阅号建设的任务交给了周晓聪，同时也让他学习大V订阅号的运营方法和技巧，并思考如何把i博导网站的订阅号推广出去。没有微信运营经验的周晓聪似乎遇到了难题。

**情境分析**

在微信营销中，微信订阅号的运营推广是一个比较重要的技能，周晓聪要想掌握这个技能，必须了解清楚下面几个问题：

1. 订阅号在注册时应注意什么？微信订阅号的消息是如何推送的？
2. 申请好的订阅号还需要进行哪些运营管理？
3. 大V订阅号运营的方法和技巧有哪些？
4. 如何推广订阅号？有什么途径？

 技能学习

**技能支撑**

微信订阅号的主要功能在于内容服务。所谓内容服务是通过微信提供每日一条图文消息，每条多栏的图片、文本、视频等方式，向用户提供优质的内容。

对于微信订阅号的运营者而言，大部分操作是在PC端"微信公众平台"完成的，所

项目 4　微信营销

以只要周晓聪能够掌握好 PC 端微信公众平台的相关操作，那么创建或者维护一个微信订阅号就毫不费力了。可是想要成为一个大 V 订阅号，就需要花费一番心思去推广和运营订阅号了。

> **周晓聪问**：微信订阅号除了企业能够申请外，个人也可以进行申请，那在注册时应注意什么？
> **专家答**：订阅号可以申请的主体是企业、个人、组织、媒体、政府等，不同的主体在申请的时候需要提供的资料不同，所以一定要提前准备好相关资料，例如对于个人需要准备身份证正反两面的照片或者扫描件、手机号；对于组织需要准备组织机构代码证、许可证等，以及运营者（微信）的相关个人信息。

订阅号的验证类型一般有两种：自动对公打款（由腾讯向公共账户打一分钱进行认证）和人工验证两种。不过需要注意的是，如果选择了第一种，在后面需要对组织订阅号进行认证的时候，只能使用运营者的微信打款认证，现在已经没有银行转账的方式了。但是如果选择人工验证，则需要向腾讯指定账户打款，且必须在三十天以内完成，才可以完成验证。

对于组织订阅号的运营者，只要是微信的负责人就可以了，不一定非要是组织的法人，且运营者可以更换，一个月可以换一次。需要注意的是，微信订阅号同样可以自定义设置菜单。不过这个步骤需要在订阅号申请完成以后开通自定义菜单才可以设置。

> **周晓聪问**：专家，如果已经开通了微信订阅号，接下来我该如何向用户发送每日的内容呢？
> **专家答**：微信订阅号允许运营者每日向用户发送一条群发消息，可以是直接的内容消息，也可以是图文消息。一般来说，订阅号都会采取图文消息的形式进行发送，其中包括了文章标题并配上图片，这样展现在用户面前比较直观，也比较美观。具体操作如下。

1）进入订阅号账号后，单击"首页"→"新的创作"→"图文消息"，当然在这里也可以选择已有图文或者视频消息，如图 4-4 所示。

图 4-4　新建图文消息

103

2）进入图文编辑界面后，需要先填写标题、作者名字，然后就可以编辑文章内容了，可以在文章中插入图片、视频、音频等素材。也可以对文字内容进行格式的调整，比如调节字体、字号、行间距等，如图4-5所示。

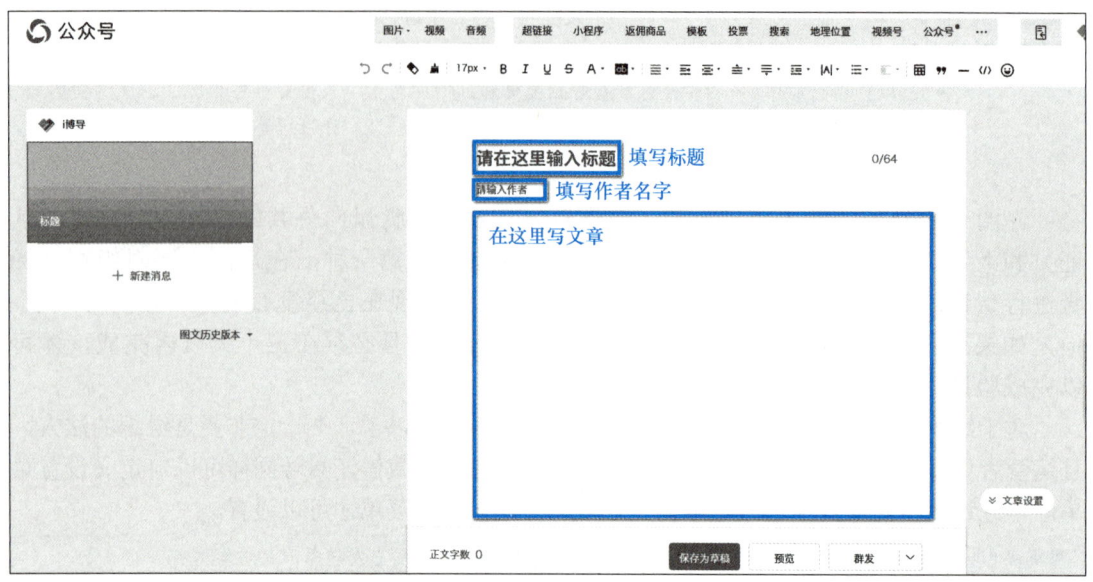

图4-5 填写标题、作者与内容

3）上传封面、摘要，封面图需要自己提前制作好，单击直接上传即可。摘要可写可不写，这个主要看文章是否需要。如果文章是自己原创的，记得单击"声明原创"，可以在一定程度上防止他人搬运抄袭。在"文章设置"中，可以将新写的图文放在已有合集中，或者自己新建一个合集用来放同类型的文章，如图4-6所示。

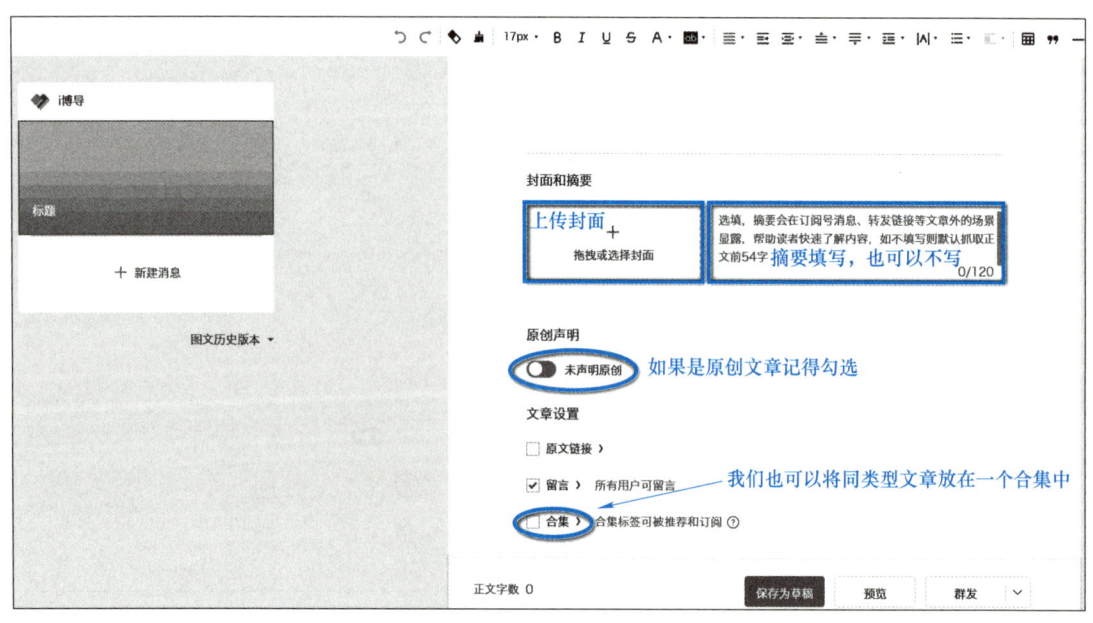

图4-6 发布前准备

4）内容编辑完成以后，单击"预览"按钮可以将图文信息发送给指定的微信账号进行手机端的预览，检查图文的内容、排版、美观等问题，如图4-7所示。如果不理想可以进行再次修改，直到满意为止。最后单击"保存为草稿"按钮，该图文会自动存入草稿箱，发布时单击"从草稿箱中选择"即可，如图4-8所示。

图4-7　发布预览界面

图4-8　保存为草稿

如图4-9所示，存储在草稿箱中的每一条内容右上方都有一个铅笔图标，表示可以再一次进入编辑，垃圾桶图标表示删除该图文。可以在这里对图文消息进行再次修改或删除。如果不需要修改则可以直接单击"群发"或"发布"按钮。需要注意的是公众号文章一天只支持群发一次，超过次数的话需要第二天才能再次群发，每次发送最多能发布8篇文章。当然，也可以选择不群发，仅单击"发布"按钮，文章也能成功上传，只不过就是粉丝收不到推送消息。

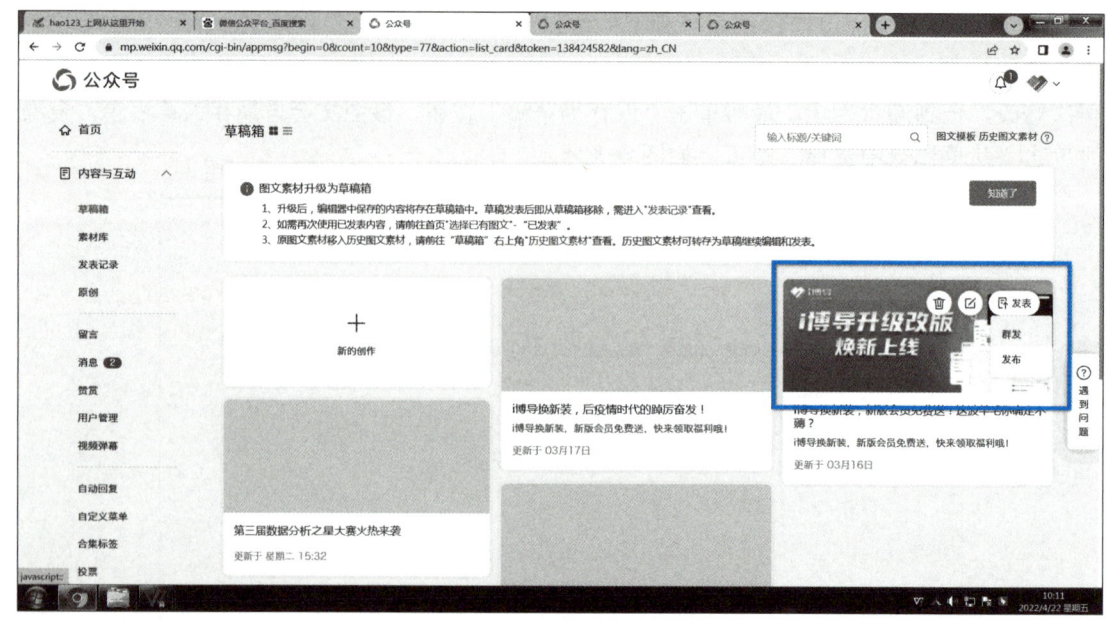

图 4-9  草稿箱图文管理

5）在进行群发消息时，可以选择定时群发与分组群发，单击"定时群发"，并在提示对话框里设置好要预订的时间，该图文消息会在设置好的具体时间推送出去；单击"分组群发"，则该消息只会群发给指定用户，如图 4-10 所示。

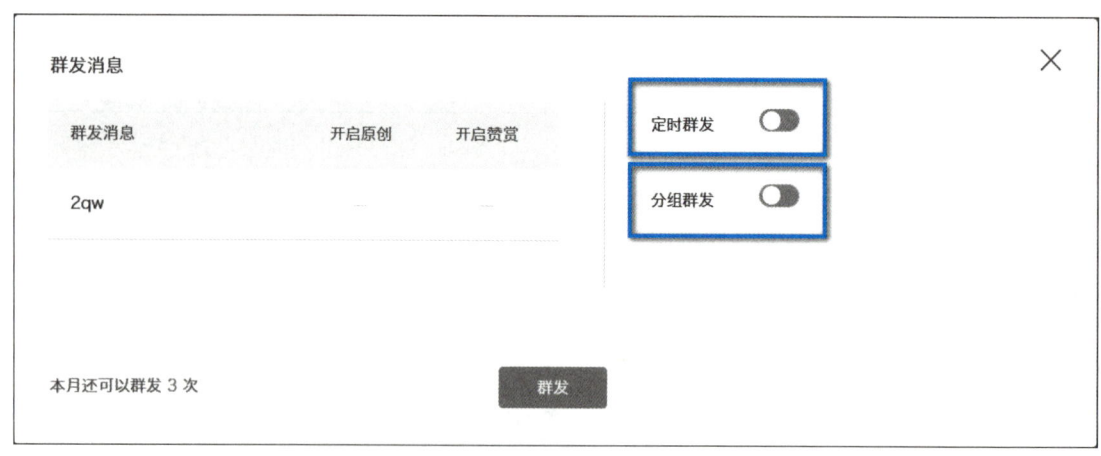

图 4-10  定时群发与分组群发

6）上一步单击"群发"按钮后，会弹出图 4-11 所示的群发消息确认框，单击"继续群发"按钮，之后会弹出图 4-12 所示的管理员验证界面，管理员用该订阅号绑定的微信进行扫码确认之后即可发送该图文消息。

每日向订阅用户发送图文消息是订阅号运营中最基本的一项技能，掌握好这项技能只是掌握了操作的本领，实际对用户最为重要的是消息本身的内容以及内容的质量，所以运营者应该把更多精力投入到内容的设计上。

图 4-11　群发消息确认

图 4-12　管理员验证

> 周晓聪问：我看到微信订阅号拥有自动回复功能，应如何设置自动回复的内容以及自动回复的关键字呢？
> 专 家 答：订阅号的自动回复功能可以通过添加自动回复的内容以及关键词来达到自助服务用户的目的，一定程度上能够减少人工回复的工作量，提高服务的效率。目前微信订阅号的自动回复功能包括了三个内容：关键词回复、收到消息回复还有被关注回复。下面来看看它们分别是如何设置的。

1）进入微信订阅号后台内容与互动界面，单击左侧菜单栏的"自动回复"功能，如图 4-13 所示，可以看到设置自动回复的所有内容。

图 4-13　自动回复界面

2）关键词自动回复：对于已经建立的关键词，用户只要回复关键词或者包含关键词的相关内容，系统就会自动回复已经设置好的回复内容，方便读者快速查找对应的干货内容，也能用来引流涨粉。设置方法如下：

单击"关键词回复"会看到关键词设置的界面，如图 4-14 所示。

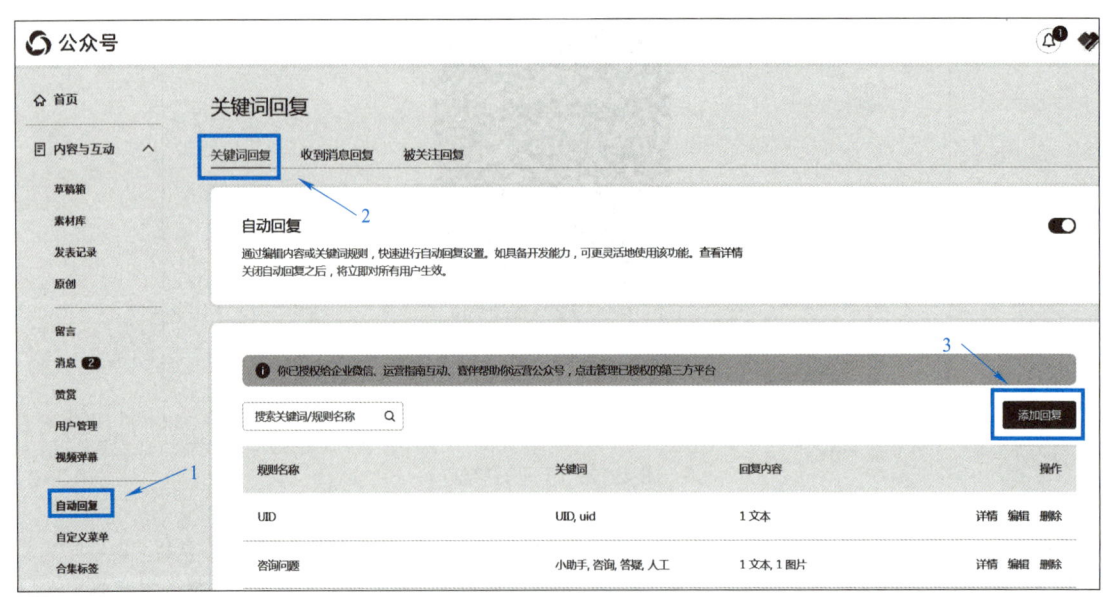

图 4-14　关键词回复界面

对关键词进行添加或者修改的操作。其中单击"添加回复"按钮进行关键词的添加，填写关键词的规则名称、关键词、回复内容。设置回复的内容可以是文字、图片、语音、视频，也可以是图文，由运营者视内容而定，填写完毕后单击"保存"按钮即可，如图 4-15 所示。

图 4-15　添加回复界面

3）收到消息回复：此功能是在用户发送非关键词的文字时，系统发送给用户的消息，其目的是为希望用户翻阅历史消息进行查看，或者遇到问题可以留言或拨打客服电话等。界面详情如图 4-16 所示。

图 4-16　收到消息回复

4）被关注回复：是用户首次关注订阅号后，系统自动发送给用户的图文信息，一般是欢迎类的文字内容。常常使用拟人化的口吻告诉用户订阅号能给用户提供的帮助。此处内容需要运营者进行相关的设计，并在编辑结束之后保存。i 博导小助手设置的被添加的自动回复语如图 4-17 所示。

图 4-17　被关注回复

自动回复设置恰当的话，可以让用户第一时间收到服务性的反馈，提升用户的体验，此外还可以帮助运营者提高效率，减少运营中一些程式化的环节。

> **周晓聪问**：我看到微信订阅号拥有自动回复功能，应如何设置自动回复的内容以及自动回复的关键字呢？
> **专　家　答**：微信订阅号可以对消息的内容和用户分别进行管理，在功能导航栏中有这两个功能模块："消息"和"用户管理"，下面来看看具体的操作。

1）如图 4-18 所示，单击"消息"进入消息管理界面。在这里可以查看全部消息，微信公众平台最多只能为运营者保存最近 30 天的消息，所以一定要对未回复的消息尽快回复，不然很有可能漏掉用户的消息，造成用户的不满，从而取消对订阅号的关注。

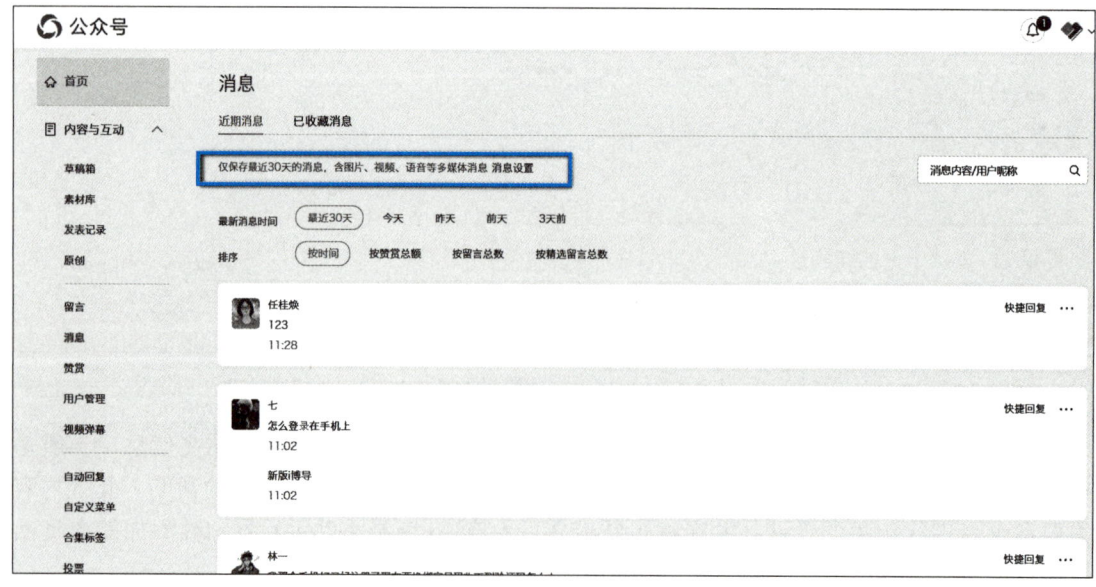

图 4-18　消息管理界面

2)如图4-19所示,单击"用户管理"进入用户管理界面,在这里可以查看已经关注订阅号的所有用户,同时可以通过新建标签的方式对用户进行分类管理,还可以修改用户的备注等,操作较为简单。

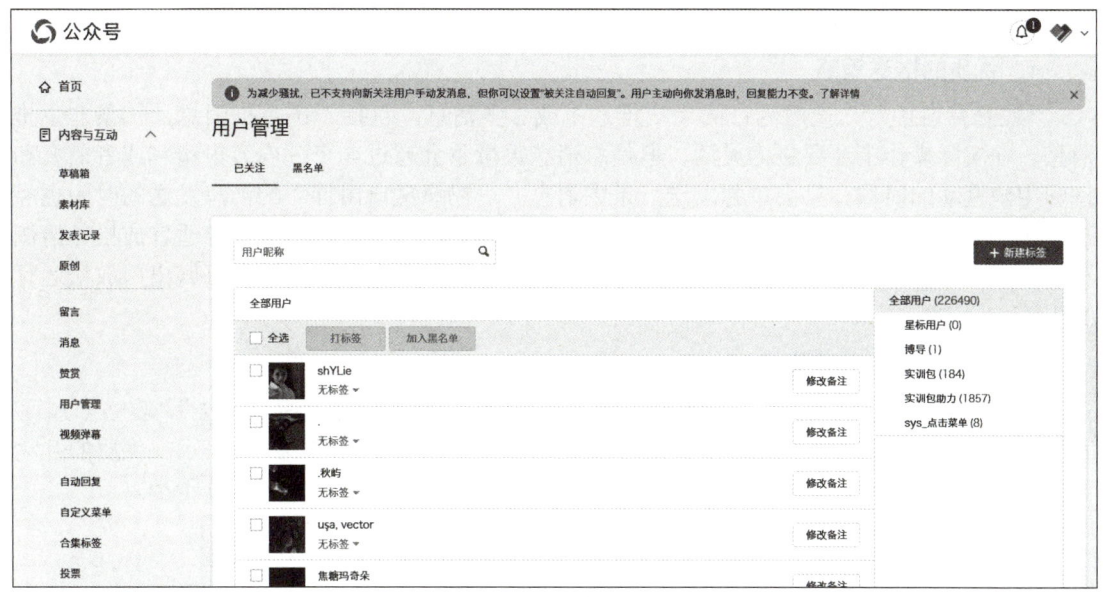

图4-19 用户管理界面

### 案例学习

"蚂蜂窝自由行"是一个颇受自由行游客喜爱的微信订阅号,大约有30万左右的活跃粉丝。它是一个全球旅行消费指南,是我国领先的自由行服务平台,提供全球各地最新、最潮的"玩法",以及酒店、交通、当地游等自由行产品及服务。其吸引用户的原因有以下几点。

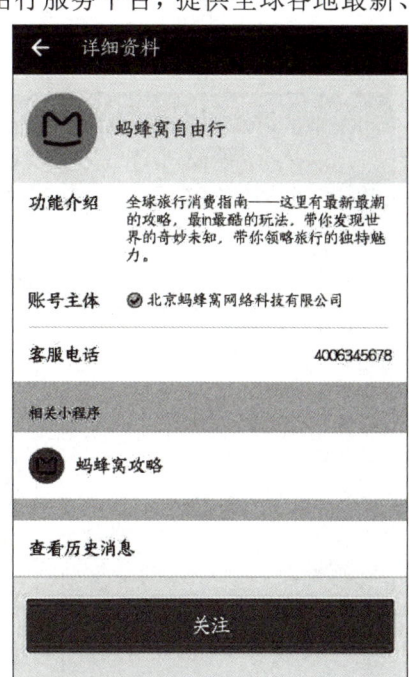

#### 1. 清晰的定位

蚂蜂窝对自己的定位比较准确,它的用户热爱户外旅行,钟情于自由行,拥有专业的摄影技术。因此蚂蜂窝凝聚的是一个高质量的旅游爱好者群体。凭借自身的优势,蚂蜂窝正吸引着更多的网友源源不断地加入蚂蜂窝旅游社区。用蚂蜂窝CEO的话来说,蚂蜂窝的定位是:自助游的游客在出行前寻找信息的聚集地,游客不仅需要直接订机票、直接比价酒店,还会需要目的地关于衣食住行的一些东西,那蚂蜂窝的攻略就是满足用户这部分的需求。蚂蜂窝自由行的微信主页如图4-20所示。

#### 2. 吸引眼球的内容

"蚂蜂窝自由行"推送给用户大量吸引眼球的旅行高清美图,配合堪称完美的出行攻略和住宿推荐,为用户考虑周全的出行计划深得人心。

图4-20 蚂蜂窝自由行微信主页

### 3．稳定的推广渠道

"蚂蜂窝自由行"有独立的官网作为后盾，与微信订阅号互为推广，加上订阅号的自定义菜单推出全球各大景点的旅游攻略以及预订酒店等服务，为用户全方位着想，取得用户的信任和依赖，关注旅行的粉丝自然就会日益增多。

### 4．优质的推送策略

"蚂蜂窝自由行"一般为订阅用户推送1或2条消息，包括一条主推消息，一条非主推消息，在实际操作上还要更为灵活，但是总消息数量不会超过4个；内容很精彩或者需要和订阅用户互动的时候，只会单独发送一条主消息。"蚂蜂窝自由行"的消息发送的时间也经过了精心设计，每天晚间21～22时进行推送，正好是人们下班休闲时刻，适宜放松心情浏览一些旅行美图，提高了文章被阅读的可能性，在一定程度上也激发了上班族出门放松远行的想法。

### 5．互动性的自定义菜单

"蚂蜂窝自由行"的自定义菜单有三部分，分别是"立即出发""最夯玩法""攻略未知"，其中包括了"旅行问答""求结伴"等互动性功能，如图4-21和图4-22所示。优质的互动可以增强粉丝的黏度，这一功能给"蚂蜂窝自由行"订阅号的推广效果加分不少。

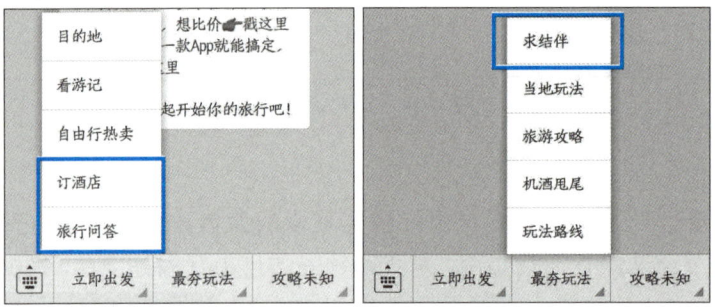

图4-21 "蚂蜂窝自由行"自定义菜单

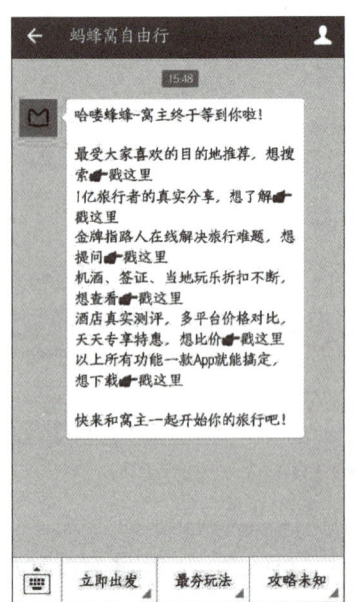  

图4-22 "蚂蜂窝自由行"自定义菜单及界面

### 6. 利用关键词回顾往期文章

"蚂蜂窝自由行"针对每期的内容都设置了许多的关键字，只要用户回复任意旅游景点的关键词都可以看到往期推送的相关文章，如图4-23所示，用户搜索"欧洲"，出现一系列的图文消息推荐，包括了"特惠机票酒店""当地玩乐""酒店预订""签证办理"等一套完整的出行攻略。对于国内国外景点繁多的蚂蜂窝而言，这可是个不小的工作量，运营人员如此用心，订阅号的用户体验也就可想而知了。

扫码看视频

图4-23 "蚂蜂窝自由行"关键词搜索

### 技能提升

**周晓聪问**：订阅号要以内容为王，"蚂蜂窝自由行"的内容做得这么好，那么我如何做订阅号的内容才能吸引用户呢？

**专家答**：关于如何做好订阅号的内容，关键词有4个："新""精""趣""准"。"新"指内容新鲜，即每天发布的内容是否有新鲜感，就如同人们准点看某个电视台一样，它每天带给观众不错的资讯信息。"精"指内容的品质，从微信5.0以后所有用户的订阅号都被折叠收藏在"订阅号"下，如果订阅号的内容没有质量，又怎么会有用户一层层点进去看呢？"趣"指内容的精彩程度和趣味性，"蚂蜂窝自由行"经常使用幽默有趣的语言文字或是趣味动图来增加内容的多样性和趣味性。"准"指对内容的定位要准，对账号用户的定位也要准。运营者要弄清楚用户订阅的目的是什么，是为了具有时效性的内容还是内容上的多样化，是关注新品发布还是希望收集到打折信息等。如果运营者能够做好这四点，相信订阅号成为大V只是时间的问题。

**周晓聪问**："蚂蜂窝自由行"的互动做得很好，许多用户都在自定义菜单一栏的"旅行问答"里进行交流和评论，我该如何在订阅号上与用户互动呢？

**专家答**：在订阅号中互动是必要的，为什么呢？互动一方面是让用户知道运营者是一个活生生的人而不是机器。另一方面，互动可以加深用户对账号的感情，增加用户对账号的黏度，维护好已有的粉丝。

那么，在订阅号中如何做好互动？首先，订阅号的内容要有话题性。无论是发文章还是做活动，都要让用户有想参与讨论的兴趣和欲望，他们才愿意发声。其次，可以在自定义菜单中设置一个醒目的菜单,让用户第一时间找到互动的地方。第三,用户互动内容及时回复,如果运营者没有及时回复用户的内容,用户会觉得不被重视,用户体验很不好,对于忠诚粉丝来说可能还可以理解和接受,但是对于临时订阅者而言,他们很有可能因为服务不周而退订。

巩固练习

知识梳理

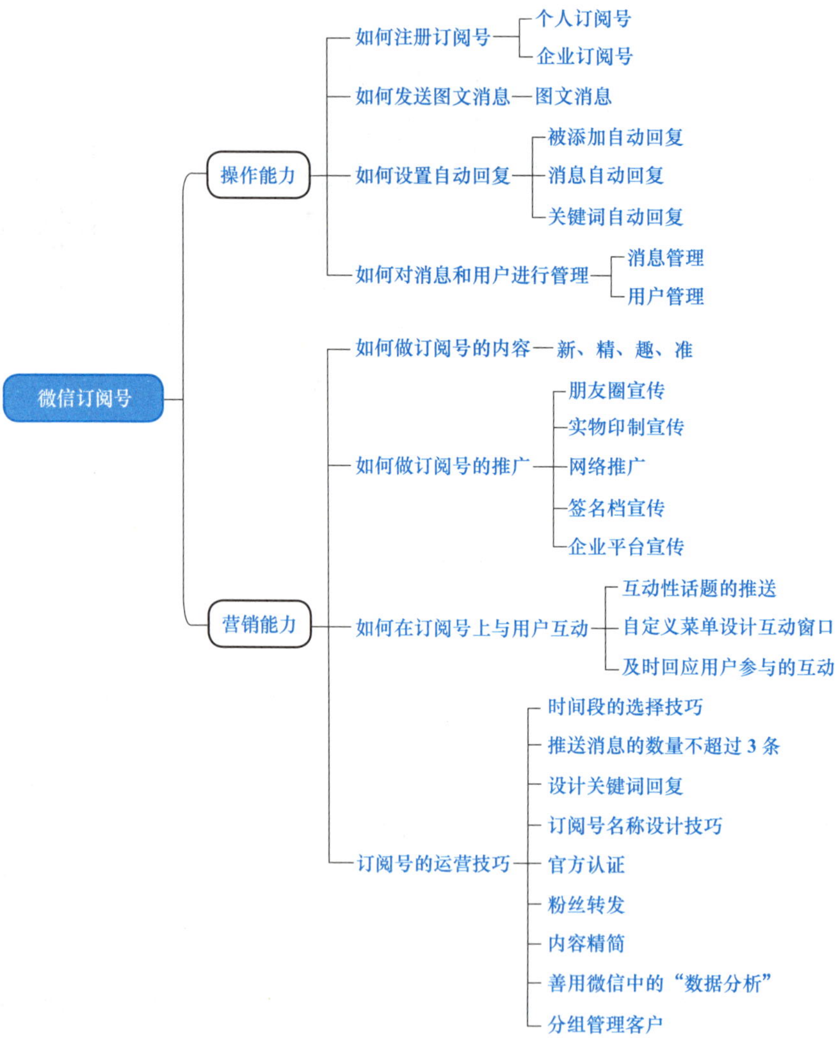

```
微信订阅号
├─ 操作能力
│   ├─ 如何注册订阅号 ─── 个人订阅号
│   │                    企业订阅号
│   ├─ 如何发送图文消息 ─── 图文消息
│   ├─ 如何设置自动回复 ─── 被添加自动回复
│   │                     消息自动回复
│   │                     关键词自动回复
│   └─ 如何对消息和用户进行管理 ─── 消息管理
│                                 用户管理
└─ 营销能力
    ├─ 如何做订阅号的内容 ─── 新、精、趣、准
    ├─ 如何做订阅号的推广 ─── 朋友圈宣传
    │                       实物印制宣传
    │                       网络推广
    │                       签名档宣传
    │                       企业平台宣传
    ├─ 如何在订阅号上与用户互动 ─── 互动性话题的推送
    │                              自定义菜单设计互动窗口
    │                              及时回应用户参与的互动
    └─ 订阅号的运营技巧 ─── 时间段的选择技巧
                           推送消息的数量不超过3条
                           设计关键词回复
                           订阅号名称设计技巧
                           官方认证
                           粉丝转发
                           内容精简
                           善用微信中的"数据分析"
                           分组管理客户
```

图 4-24 知识结构图

随堂练习

一、填空题

1. 微信公众账号分为_____、_____、_____、_____四大类型。
2. 微信订阅号的管理功能包括_____、_____、_____三大管理内容。

3. 订阅号的消息管理可以为运营者保存近_____天的用户消息。

二、**多项选择题**（每题的备选答案中，有两个或两个以上符合题意的答案）
1. 微信订阅号的注册主体可以是（　　　）。
   A．政府　　　　　B．媒体　　　　　C．企业　　　　　D．组织
   E．个人
2. 订阅号自动回复功能可以设置哪几类的自动回复内容？（　　　）
   A．被添加自动回复　B．添加自动回复　C．消息自动回复　D．关键词自动回复
   E．数字自动回复
3. 运营者在做订阅号内容时应该注意哪几个点？（　　　）
   A．新　　　　　B．趣　　　　　C．精　　　　　D．准
   E．量
4. 推广订阅号的渠道有哪些？（　　　）
   A．朋友圈　　　　B．各大网站　　　C．印制品　　　　D．官网
   E．签名档
5. 订阅号的互动性体现在哪些方面？（　　　）
   A．话题内容　　　　　　　　　　　B．用户消息及时回复
   C．关键词回复　　　　　　　　　　D．微社区
   E．互动性的菜单功能

## 任务3　服务号注册与营销

**情境导入**

**情境概述**

叶宁是四川峨眉山景区的网络推广主管，近来微信智慧景区的服务备受欢迎，一些开通智慧景区服务号的景点都受到广大旅游爱好者的关注。为了跟上移动电子商务的浪潮，叶宁也打算为峨眉山景区打造一个服务优良的服务号，但是在策划案中应该如何准确定位服务号，她正为此犯愁。

**情境分析**

微信服务号是微信继订阅号之后推出的一枚重磅炸弹，它不断激起企业对于服务类营销的需求，同时它也是企业提供特色服务的最好渠道。峨眉山景区的叶宁捕捉到了移动端微信服务的趋势，打算做服务号，但是在做之前需要思考清楚几个问题：
1. 服务号的自定义菜单如何设置？
2. 服务号的定位是什么？哪些行业适合做服务号？
3. 服务号是如何实现特色功能的？
4. 推广服务号的方式有哪些？
5. 如何在服务号上举办微信活动？

## 技能学习

**技能支撑**

微信服务号是给企业和组织提供更强大的业务服务与用户管理能力,帮助企业快速实现全新的公众号服务的平台。企业利用微信服务号为客户提供服务,是通过关注用户,进而有针对性地提供服务、满足用户特定的或个性化的需求,从而提高用户满意度和建立用户忠诚度的营销手段,其营销的核心是服务,这也是微信服务号的突出价值所在。

> **叶宁问**:我发现每个服务号都有一个很有服务特色的自定义菜单,在运营服务号的时候该如何设置自定义菜单呢?
> **专家答**:登录已经申请好的服务号,进入服务号运营后台,其首页与订阅号首页基本相同,但在部分功能上要比订阅号丰富。下面来看具体的功能说明。

1)单击"自定义菜单"功能,可以看到自定义菜单的编辑框,单击"+"按钮添加一级子菜单内容,一级菜单的内容栏不能超过三个。如图4-25所示,已建立"追热点""i博导""学技能"三个一级菜单,因此没有出现"+"的图标。

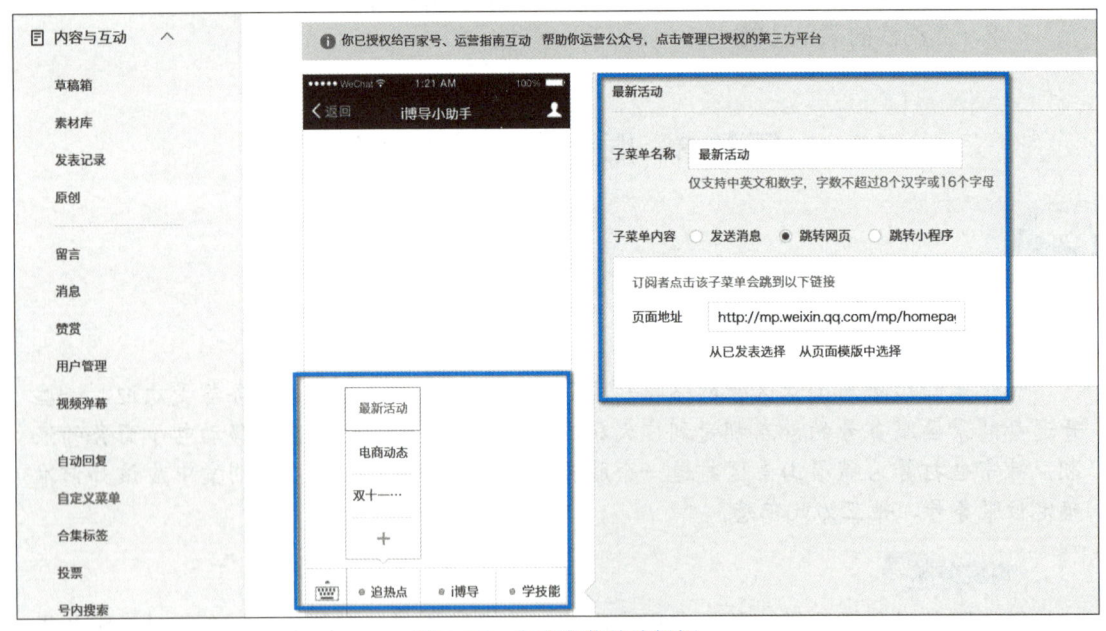

图4-25 自定义菜单编辑框

2)添加完一级菜单内容栏后,单击某个一级菜单,可以直接为一级菜单设置菜单名称,如图4-26所示。需要注意的是,一级菜单的名称字数不超过4个汉字或8个字母。如果需要增加二级菜单栏目,可以单击一级菜单下的"+"按钮,添加二级菜单目录,每个一级菜单下最多可创建5个二级菜单。

3)添加完成二级菜单目录后,需要给二级菜单栏目设置好相应的动作,如果对菜单的名字不满意,可以在右边栏更改名称,字数不超过8个汉字或16个字母。在右侧编辑区,还可以修改子菜单内容，内容形式有"发送消息""跳转页面""跳转小程序"三种，如图 4-27 所示。

图 4-26　自定义菜单一级菜单目录

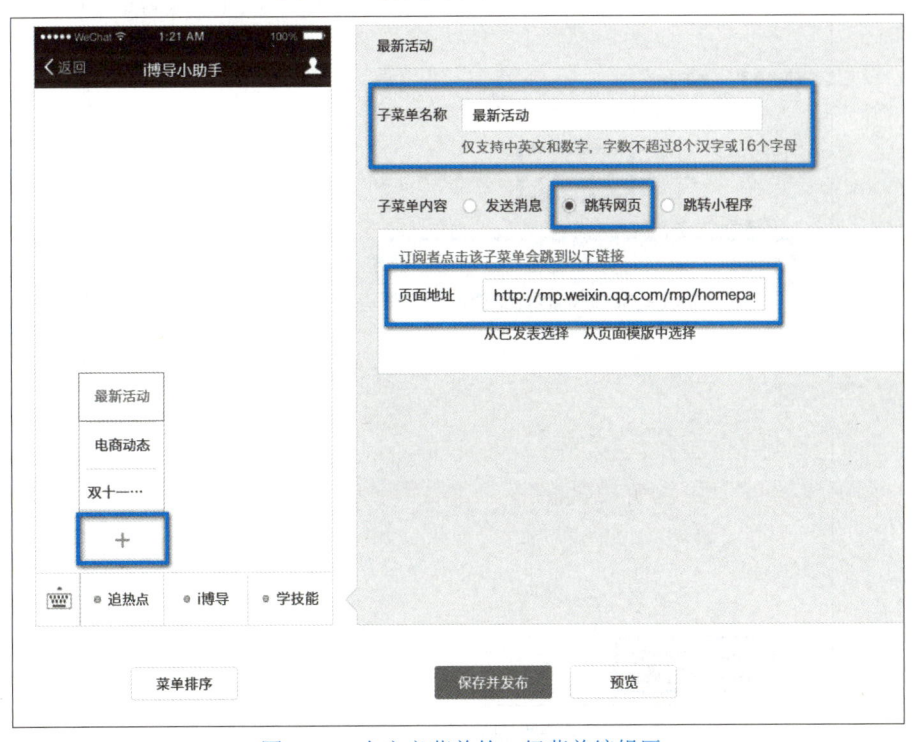

图 4-27　自定义菜单的二级菜单编辑区

4）如果选择"发送消息"的动作，进入消息编辑区，如图 4-28 所示，可以从素材库中选择，也可以从"已发表"选择，还可以"转载文章"。

5）如果选择"跳转网页"的动作后进入编辑区，可以直接输入链接页面网址，确定网址无误后单击"保存并发布"按钮即可发送；也可以从"已发表"或"页面模板"中选择，如图 4-29 和图 4-30 所示。

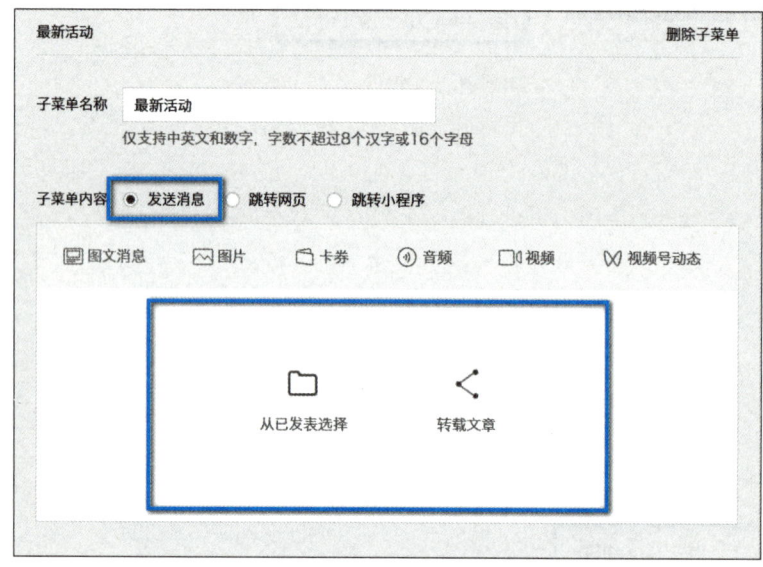

图 4-28　自定义菜单的二级菜单下发送消息的编辑区

图 4-29　自定义菜单的二级菜单下跳转网页的编辑区

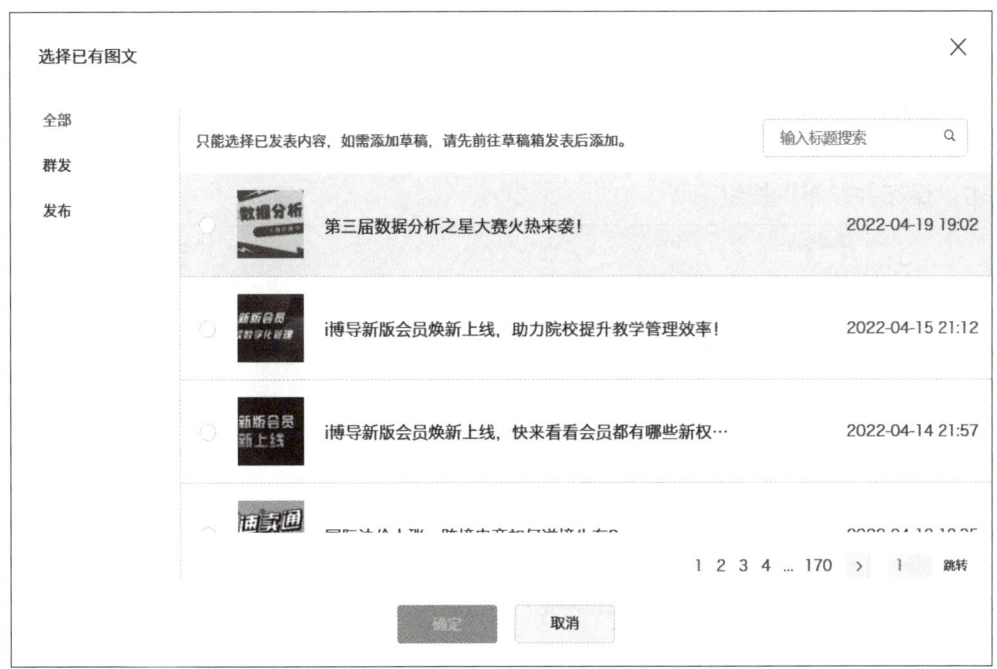

图 4-30　自定义菜单的跳转网页选择素材界面

6）确定之后会跳转到二级菜单编辑页面，单击下面的"预览"按钮，可以对菜单内容进行仿真预览，如图 4-31 所示。

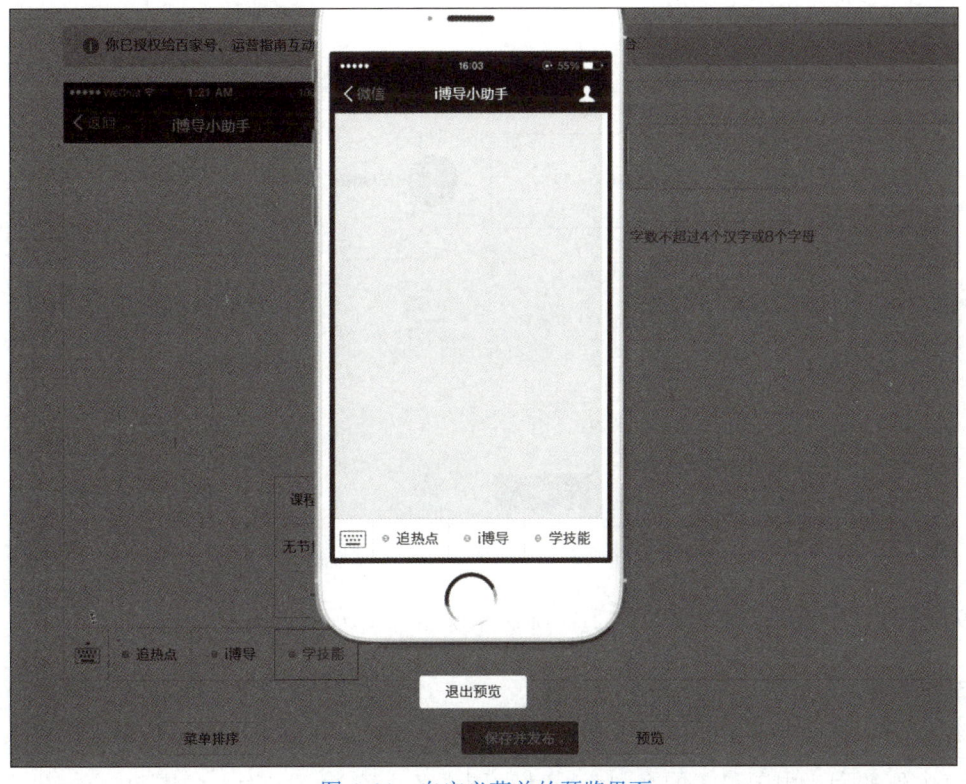

图 4-31　自定义菜单的预览界面

7）预览后如果不再修改就可以退出预览界面，单击"保存并发布"按钮将新的自定义菜单发布到服务号上。

8）如果选择"跳转小程序"，编辑区会有"选择小程序"按钮，如图4-32所示。选择需要的小程序之后如图4-33所示，单击"确定"按钮，页面跳回编辑区，确认内容无误后单击"保存并发布"按钮。

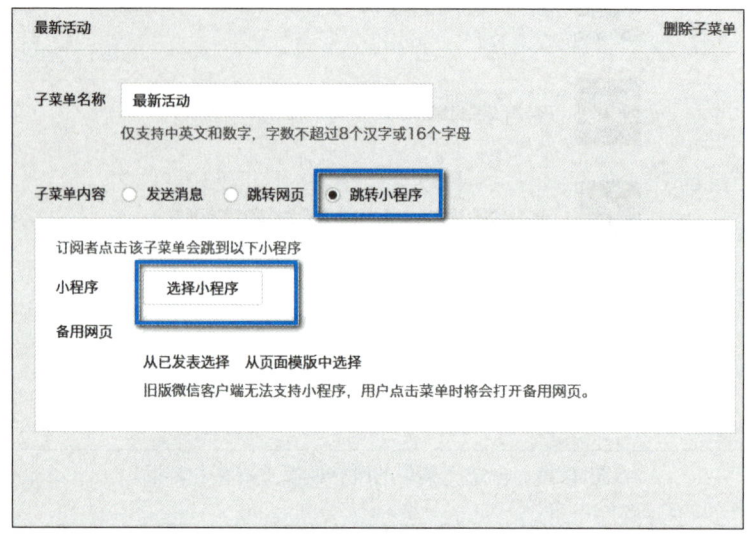

图4-32　自定义菜单的跳转小程序编辑区1

图4-33　自定义菜单的跳转小程序编辑区2

9）编辑好所有的子菜单内容之后，确认无误即可发送至用户。

**案例学习**

婺源风景区是位于江西省上饶市婺源县的国家5A级景区。婺源以其文化和生态的优势被海内外誉为"中国最美的乡村"，并被国内各大网站评定为"中国50个一生中必到的地方"和"中国十大踏青好去处"。这里的景区涵盖了婺源古村文化、田园风光和山水风情,越来越多的游客慕名前往。婺源风景区有一个专门的微信服务号——"婺源风景区"给游客提供食、住、行、玩全方位的服务介绍,让游客对婺源有更加深刻的旅行体验。

目前,此服务号在营销推广上的表现远远超过了 PC 端的官方网站,已经成为该景区重要的宣传渠道。

### 1. 抓住用户需求,提供便捷服务

用户之所以会关注某个微信服务号,一定是因为这个服务号能够提供合适的服务。对于景区用户或者景区潜在用户而言,他们最想了解的信息一定是紧紧围绕景区的。婺源风景区服务号在充分分析用户需求的情况下,对服务号的内容进行设计。服务号的导航菜单共有 3 栏:"心旅行""景点导览""夏季热荐"(随季节变化),如图 4-34 所示,其中"心旅行"下设置有"夏日荷花""预订·门票""便捷·行""舒适·住""健康·食"5 个子菜单,为游客提供不同需求的选择。

### 2. 景点导览,优化用户体验

在图 4-35 中,婺源风景区在一级菜单"景点导览"下,设置了"婺源全景""花海江岭""风水江湾""古村汪口""思溪延村"5 个二级菜单。用户单击不同导航就可以跳转到相应的服务页面,大大方便了用户。

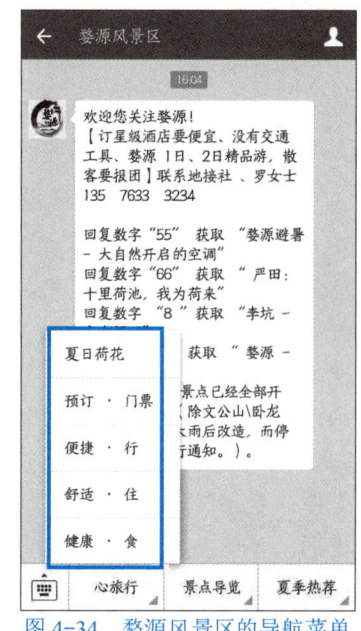

图 4-34 婺源风景区的导航菜单

其中"婺源全景"有全景地图,地图上对主要景点进行了标注,单击这些景点就会出现相应的景点说明框,如图 4-36 所示。在框内单击"语音"按钮就能进入语音系统,用户可以享受到该景点的详细语音介绍。如果单击"图片"按钮就能看到景点的精彩图片,这对在景区游览或者打算前往景区游览的游客来讲,是一个非常实用的功能,用户体验相当不错。

图 4-35 婺源风景区导游图

图 4-36 婺源风景区景点语音讲解服务

### 3. 基于位置服务，周边服务不错过

在图 4-37 中，也就是婺源全景界面下端，用户可以看到景区服务号精心设计的位置服务，其中囊括了景区介绍、餐饮店、购物圈、卫生间、交通站、出入口、休息室、停车场、售票处等一系列服务选项。只要进入景区，游客需要的基本服务都会一一展示，游客再也不用担心由于不熟悉景区而错过一些便捷的服务。

### 4. 打造支付入口，变身移动轻应用

在图 4-38 中，婺源风景区在服务号导航菜单上设置有"门票订票"的功能窗口，在页面的右下角单击 按钮，进入"门票预订"，就能预订景区各种门票、套票，用户凭借订购后的支付信息就可以在现场兑票进入。如图 4-39 所示，此购票功能是与一块去旅行网合作，景点门票支付功能与 PC 端的支付系统相通，使服务号基本具备了 APP 应用的简单功能，这种应用模式也被称为"轻应用"，是一种无需下载、即扫即用的移动应用服务，省去专门开发 APP 应用的麻烦，也满足了用户的基本需求。

图 4-37 婺源风景区详细的周边服务

图 4-38 婺源风景区位置服务

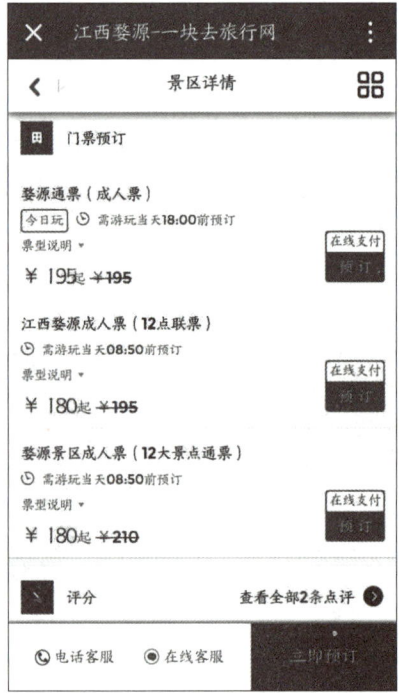

图 4-39 婺源风景区景点购票界面

### 5. 注重网络推广，塑造景区品牌

婺源风景区首先通过设计策划、媒体宣传树立了"婺源风景区"这个景区品牌。然后通过专业策划开发团队的支持，对官方网站进行升级优化，同时开发完成服务号的相关支持技术，并在微信服务端和一块去旅行网合作，开通了在线购买支付功能。随后，大力进行网络推广：在 PC 端提高婺源风景区关键词的搜索权重，增加景区曝光率；加入各大旅游电商网站作为旅游景点或者线路发布；在景区内也粘贴有服务号二维码，到园游客直接扫码享受服务；在官网、服务号上不断推出节假日优惠活动，吸引消费人群进入景区旅游消费等。通过这一系列的推广运营活动，景区的品牌知名度大大增加，营销效果显著。

**技能提升**

**叶宇问：** 婺源风景区的定位是服务号，为什么它会选择服务号，而不是订阅号？哪些行业适合做服务号？

**专家答：** 对于服务号的定位，腾讯官方是这样描述的："服务号是给企业和组织提供更强大的业务服务与用户管理能力，帮助企业快速实现全新的公众号服务平台。"因此，服务需求、服务品质、服务便捷都是运营服务号的关键因素。

既然服务号偏重服务，那么服务号更加适合服务类行业，如电信运营商、航空公司、餐饮企业、银行等，这类企业不用大量推送消息做推广，而是提供好基础服务即可。通过微信平台可以使这些企业的服务多元化，提升用户体验。优质的服务才能树立起好的口碑，产生一种良好的口碑效应，从这一点看婺源风景区选择用服务号做微信公众号是正确的。随着微营销越来越受到重视，许多企业在微信公众号营销上选择了"双号策略"，两号同时申请运营，分工明确。订阅号做品牌传播，服务号做服务。

**叶宇问：** 婺源风景区的服务号感觉做得很有特色，很有自己的服务特点，就像量身定制的一样，服务号是如何实现这些特色功能的呢？

**专家答：** 每一个服务性的企业都有其服务的对象、服务的内容、服务的特点，这些因素不可能一概而论，它们各具特色。所以在运营服务号之前，运营人员要去洞察用户的真实需求，摒弃用户的伪需求，真正做到服务号中的每个功能都是用户需要的。其次，根据用户的真实需求，划定和设计好服务号的服务内容和范围，这个范围就体现在服务号的自定义菜单中。因此自定义菜单的设置也是服务号运营的关键点。最后，为了体现出每一个服务号企业的服务特点和功能，突显出服务号多样化的服务模式，微信官方团队为服务号开放出了多种技术接口（所谓接口就是将第三方开发的程序接入平台系统的入口），有了这些接口，企业可以根据所需设计开发属于自己的服务功能，将其接入平台即可实现类似 APP 应用的效果。这三个方面综合起来，就构成了一个服务号的特色和个性。

**叶宇问：** 婺源风景区会定期举办季节性优惠活动，基于服务号平台，我们如何在微信上举办活动，以此达到营销的目的？

**专家答：** 活动是与用户之间非常重要的沟通方式，在微信上做活动有以下几个运营的要点。

1）市场调研。活动策划前需要先了解微信用户的特性和需求，策划并进行全方位的预热推广，通过微博、线下广告、官网等途径宣传本次微信活动的情况。

2）引导参与。活动运营期间需要有专门的客服在后台记录和解答问题，引导用户积极参与活动，并通过自定义回复接口不断推送活动参与说明，方便用户能够迅速参与其中。

3）有奖问答。基于自定义接口开发有奖问答平台，通过设置多重奖品来刺激用户参与，并且推广渠道不断地宣传来提高用户参与度；通过设置关键词回复功能，让用户只需要输入简单的数字或者字母即可了解活动进展情况，大大提升活跃度。

4）活动总结。活动结束后撰写一篇活动总结性的推送消息，推送给关注用户，让用户了解活动带来的成果，也暗示用户活动已经结束。

知识梳理

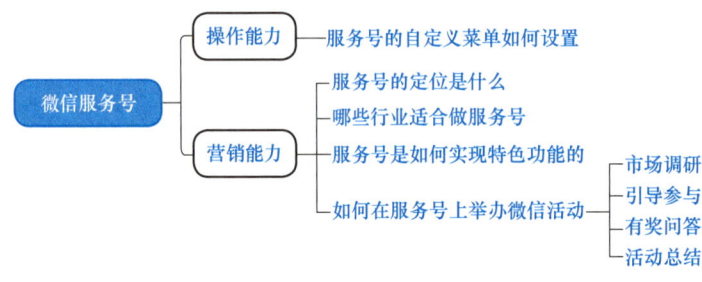

图 4-40　知识结构图

随堂练习

一、填空题

1．微信服务号向任何_____、_____、_____、_____都开放注册。

2．一个邮箱账号能申请_____个微信公众平台账号。

3．服务号的自定义菜单一级菜单的内容栏不能超过_____个，每个一级菜单下最多可创建_____个二级菜单。

4．微信公众账号的认证需要交纳_____元/次的认证审核服务费用。

二、多项选择题（每题的备选答案中，有两个或两个以上符合题意的答案）

1．微信服务号申请过程中"公众号信息"登记的环节，包括哪些方面的信息？（　　）
　　A．账号名称　　　B．功能介绍　　　C．认证信息　　　D．运营信息
　　E．运营范围

2．服务号偏重服务，那么服务号更加适合哪些服务类行业？（　　）
　　A．电信运营商　　B．餐饮企业　　　C．银行服务　　　D．航空公司
　　E．物流配送

3．服务号活动运营的要点包括以下哪些？（　　）
　　A．有奖问答　　　B．市场调研　　　C．节日营销　　　D．引导参与
　　E．活动总结

## 任务 4　企业号注册与营销

### 情境概述

张凯是某商务公司的职员,从事公司多媒体运营工作,张凯每天都要针对不同的客户群体发送有区别性的文章内容,虽然公司已经有了多个针对不同群体的微信订阅号,但是这些订阅号的开放性太强,有些保密性的消息无法通过订阅号渠道送达。某一天,张凯看到了微信企业号的推广宣传,灵机一动,一个念头迸发了出来:"如果用安全性更好的企业号来推送企业文章会不会更便捷呢?"这个念头左右了张凯好几天,他决定下功夫好好研究企业号。

### 情境分析

张凯希望借助企业号解决工作上的问题,可是对企业号一窍不通的他应该从哪些方面下手呢?

1. 认识企业号与订阅号、服务号的区别。
2. 申请注册企业号时要注意什么?企业人员如何关注企业号?
3. 企业号中的"企业应用"有什么功能?
4. 企业号如何向成员推送消息?企业号管理员如何回复成员消息?
5. 利用企业号做营销的思路是什么?

### 技能支撑

说起微信订阅号和服务号,人们都很熟悉,但是清楚企业号功能的人并不多。微信企业号是微信在订阅号和服务号之后推出的公众账号,于 2014 年 9 月正式上线,其版本一直处于不断更新、优化的状态。

什么是微信企业号?微信企业号是微信为企业客户提供的移动服务,旨在提供企业移动应用入口。它可以帮助企业建立员工、上下游供应链与企业 IT 系统间的连接。利用企业号,企业或第三方服务商可以实现低成本、高效率、高质量的企业移动轻应用,实现生产、管理、协作、运营的移动化。

由于各类企业在管理模式、部门设定、运营方式、业务类型等方面的差异,微信企业号为企业提供了丰富的开发接口,企业在第三方的开发帮助下不断丰富企业号的应用方式和领域,同时与企业已有的 IT 系统相对接,实现企业管理协作的移动化。

微信公众号体系如图 4-41 所示。

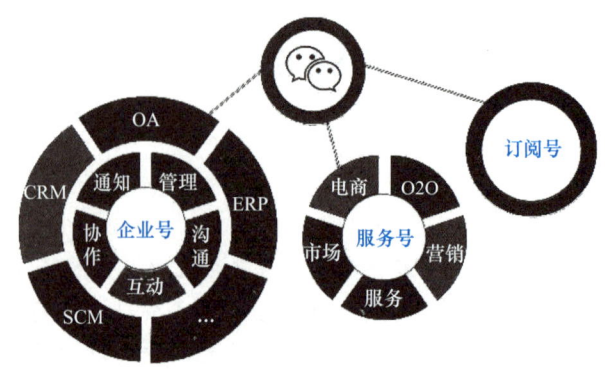

图 4-41　微信公众号体系

> 张凯问：公司已经有了多个针对不同服务方向的服务号，还需要企业号吗？企业号和服务号的区别是什么？
>
> 专家答：企业号和服务号的服务对象和内容是不一样的，服务号针对外部营销服务，服务信息和内容是开放的，微信上的任何用户只要关注了该服务号就可以享受这种服务。企业号是为企业内部员工和业务合作伙伴提供管理支撑的，使用企业号的员工需要进行身份审核，而且企业号中的信息是非公开的，只有授权的内部人员才能看到，甚至有些企业文件都需要员工通过身份密码的验证才能读取，与服务号相比企业号的安全性更加严密。
>
> 　　此外，企业号发送消息的数量空间有了明显提升。服务号只允许运营者每月推送 4 次消息内容，而企业号没有次数限制，满足了企业与员工、合作伙伴之间进行频繁业务沟通的需要。在功能的多样性上，企业号比服务号的定制能力更强。管理员可以为企业号开发一整套的定制应用，来方便企业移动办公的需求以及提升管理效率的需求。

微信服务号和企业号的不同见表 4-1。

表 4-1　微信服务号和企业号不同点对照

| 相辅相成 | 微信服务号 | 微信企业号 |
| --- | --- | --- |
| 服务对象 | 外部客户 | 员工及企业上下游合作伙伴 |
| 消息能力 | 每月 4 次 | 不限定 |
| 安全性能 | 面向所有客户，允许所有用户关注 | 企业内部信息更安全，只有企业通讯录名单的用户允许关注 |
| 定制能力 | 提供客户所需服务，拥有自定义菜单 | 针对企业内部所有系统建立多个定制应用，每个应用相当于一个服务号 |

> 张凯问：企业号很强大，那么怎么样才能申请注册到企业号呢？
>
> 专家答：企业号向政府、企业、组织都免费开放注册，其申请注册与订阅号、服务号相同，下面来看看如何申请注册企业号。

1) 进入企业微信注册页面。

方法一：在 PC 端打开企业微信网页：http://work.weixin.qq.com/，如图 4-42 所示，单击"立即注册"按钮，页面会直接跳转到"登记主体信息"页面。

项目 4　微信营销

图 4-42　微信企业号登录界面

方法二：在微信公众平台网页进行注册，单击"立即注册"按钮，进入"请选择注册的账号类型"环节，如图 4-43 所示，选择单击"企业微信"（原企业号）即可进入下一步。

图 4-43　选择注册的账号类型

2）进入"登记主体信息"环节，选择主体类型，分别有"企业""政府""组织"3 种，默认的设置是"企业"；上传企业营业执照，填写企业执照注册号、企业全称、企业简称等真实信息，单击"下一步"按钮，如图 4-44 所示。在设置企业简称时，设置有代表性、辨识度高的名称，也便于用户搜索查找。

3）进入"绑定管理员微信"环节，确定管理员之后，管理员使用个人微信扫码绑定，即可对企业号后台进行管理，二维码如图 4-45 所示。

4）如图 4-46 所示，企业号注册进入"管理员信息登记"环节，主要填写管理员身份证姓名、身份证号码、手机号与工作邮箱等信息。务必真实填写，便于此后的后台管理操作。填写完之后勾选"我同意并遵守《腾讯企业微信服务协议》"，最后单击"提交"按钮。

图 4-44　登记主体信息界面

图 4-45　使用微信扫码绑定管理员

图 4-46 管理员信息填写界面

5）信息填写完毕就可以登录。企业号的后台管理和运营同样是通过 PC 端完成。

> 张凯问：企业号的安全性这么好，企业员工如何关注到自己企业的企业号呢？
> 专家答：企业号规定只有企业通讯录中的成员才能成功关注到企业号，非企业通讯录中的成员除了可以接收到企业号小助手的消息外，无法接收和回复企业号发来的其他消息，所以建立通讯录是企业员工成功关注到企业号的关键。

1）运营者绑定企业号后，就成为企业号的管理员，管理员登录企业号，首页如图 4-47 所示。单击导航栏里的"通讯录"按钮，管理员要做的第一件事就是为企业添加组织架构，如图 4-48 所示，单击企业名称旁的下拉菜单图标，弹出组织架构管理菜单，单击"添加子部门"，按照公司的实际情况完成组织架构的建设。

2）完成企业组织架构后，添加部门成员，设置成员属性，如图 4-49 和图 4-50 所示。

说明："设置成员属性"包括成员的姓名、账号、职务、手机、邮箱。这些属性是企业号必填的属性。

3）企业成员属性设置完毕以后，如图 4-51 所示，子菜单栏有"批量导入/导出"功能，如果单击"文件导入",管理员需要按照微信给出的通讯录模板文件完成表格,然后以文件的形式进行批量导入,这个功能对员工数量庞大的企业来说比较便捷。管理者可以选择一种方式,按照企业的组织架构在通讯录中添加完成所有员工的信息,至此企业通讯录建设已经完成。

4)单击子菜单栏中的"微信邀请"按钮,会出现企业号二维码,让企业员工扫描二维码完成企业号的关注,如图4-52所示。

图4-47　企业号首页

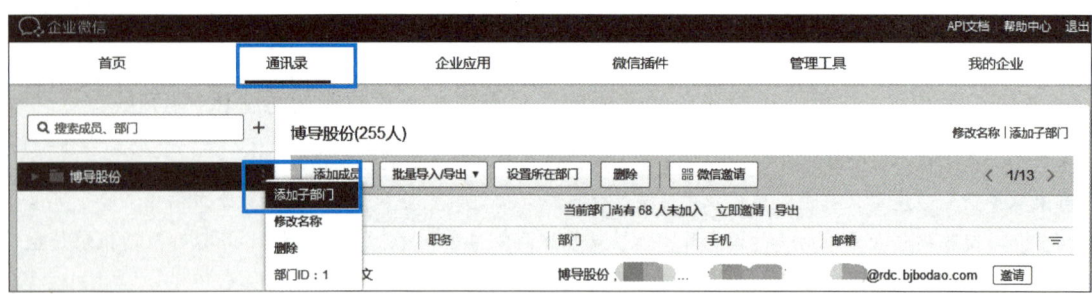

图4-48　添加子部门

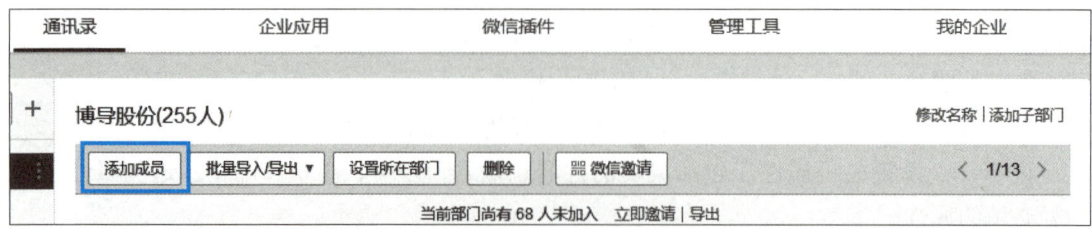

图4-49　添加成员

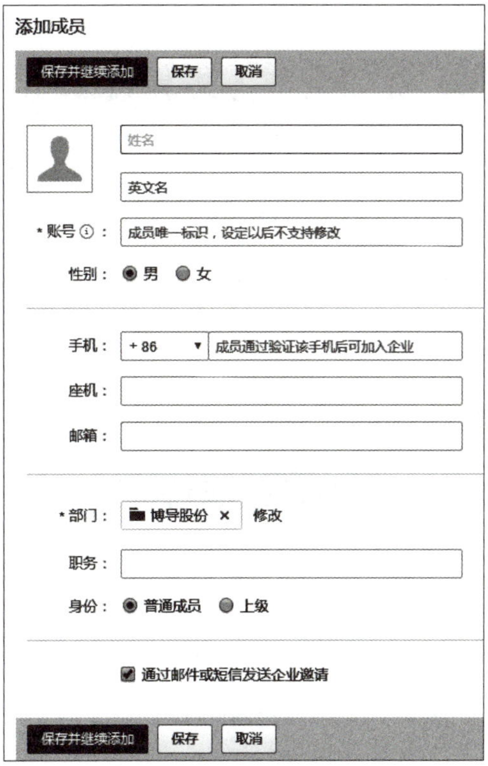

图 4-50　设置成员属性

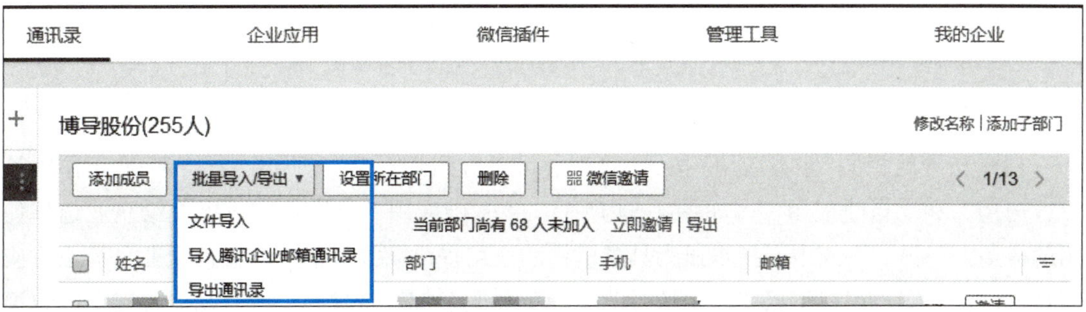

图 4-51　批量添加企业号成员

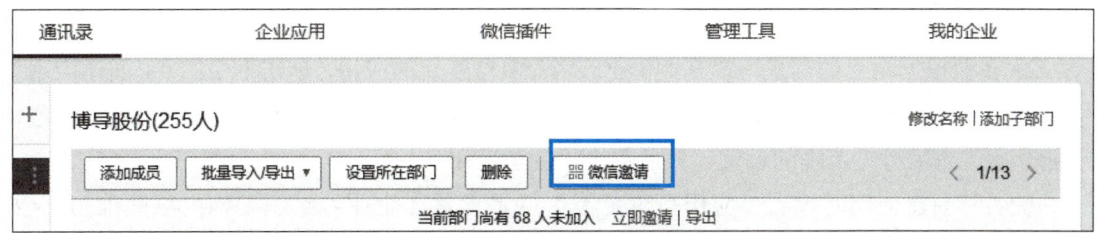

图 4-52　企业号微信邀请

说明：已在企业通讯录中的成员扫描二维码后即可顺利完成企业号的关注。如果用户是非通讯录内的成员，如图 4-53 所示，扫描二维码后，输入真实姓名、手机号/邮箱，单击"申请加入"按钮。只有通过企业号后台管理员的审核，才能够成功关注该企业号。

图 4-53　非企业号通讯录成员申请流程

> 张凯问：我在企业号的导航栏中看到了"企业应用"功能，这个功能有什么用？
> 专家答："企业应用"是企业号后台功能中最重要的一个功能模块。企业根据自己的管理需要或者业务需要，往往会建立多个 IT 系统以支撑企业不同的服务内容。为了适应企业的此类需求，企业号管理员可以定制企业号中的应用。一个应用类似于一个服务号，实现与不同企业成员的沟通、交互与协作。

1）单击导航栏的"企业应用"按钮，管理员可以看到其中 3 种应用分别是"基础应用""第三方应用"和"自建应用"，如图 4-54 所示。"基础应用"是微信官方提供给企业选择使用的应用，"第三方应用"指腾讯为具备资格的应用提供商提供的一套微信企业号第三方应用技术解决方案，用户可以将其微信企业号的部分或全部管理权限、账号功能等运营内容授权至应用提供商，应用提供商将在用户授权范围内代用户进行管理权限、账号功能等运营操作。"自建应用"是企业为自己定制的应用。

2）企业根据自己的需求可以在"企业应用"中自建新的应用，单击框中的"+创建应用"按钮，如图 4-55 所示，进入新应用设置界面，如图 4-56 所示，在该界面完成应用图标、名称、功能介绍、应用可见范围的设置，然后单击"创建应用"按钮。

说明：创建应用时设置"应用可见范围"就是设置在企业号组织架构内哪些部门、成员可以看到该应用，接收到该应用推送的消息，使用该应用。

3）新应用创建完毕后，界面返回"企业应用"，再次单击刚刚创建的应用，就会进入该应用的设置界面，如图 4-57 所示，在这里可以修改应用的名称、功能描述、可见范围等信息。

图 4-54　企业应用中心界面

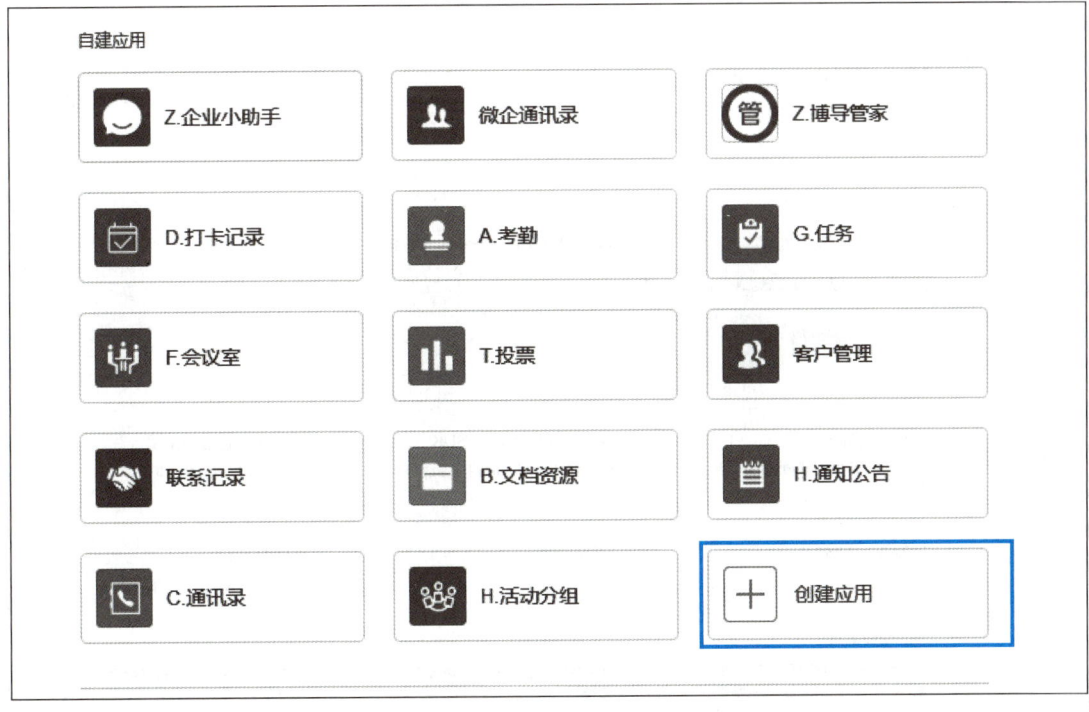

图 4-55　企业号自建应用

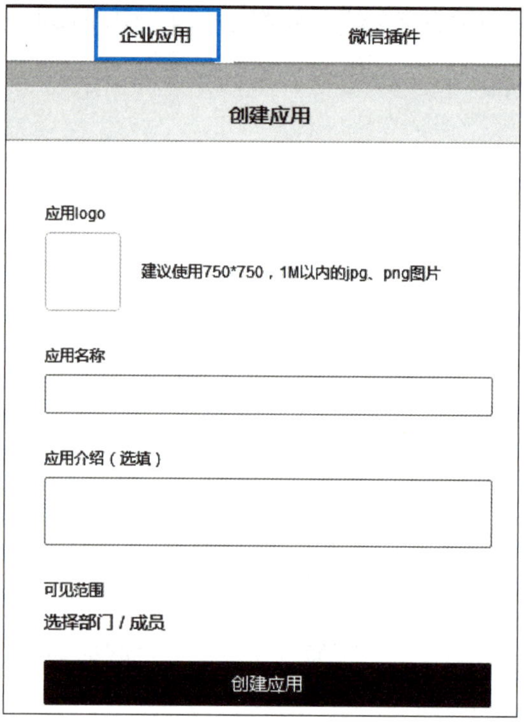

图 4-56　创建应用设置

图 4-57　应用设置界面

说明：一般来说，自建应用有 7 个小功能，可以针对不同功能进行编辑、管理。

① 发送消息：使用管理工具中的"消息群发"或 API 发送消息，如图 4-58 所示。

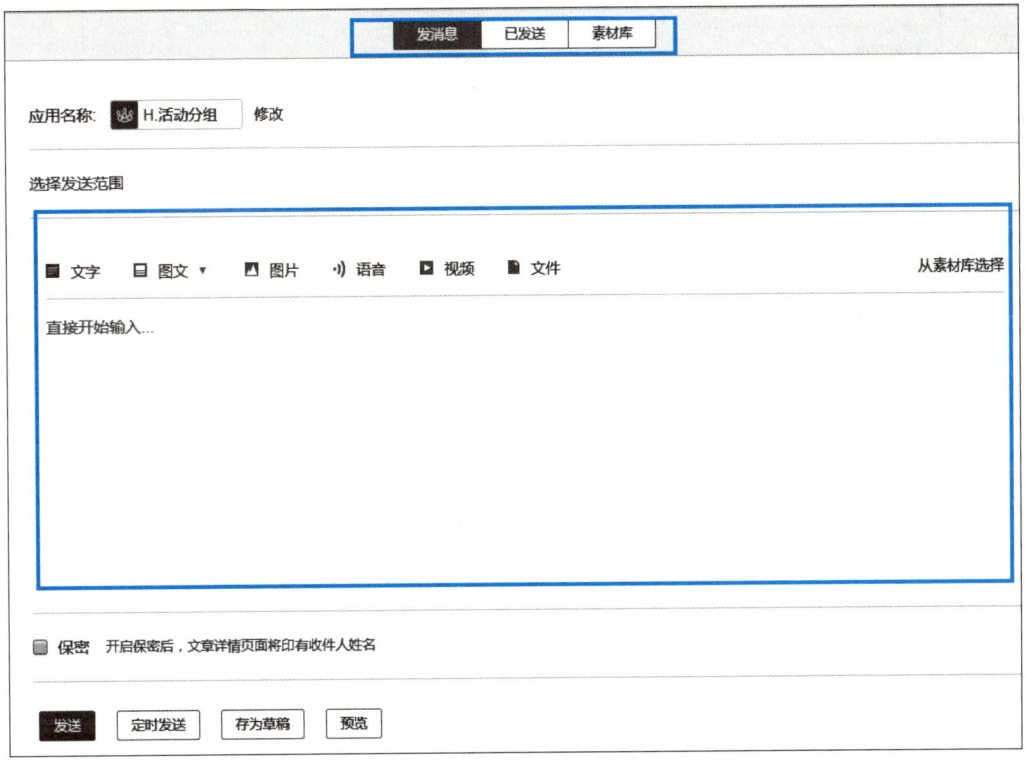

图 4-58　发送消息功能编辑区

② 网页授权及 JS-SDK：可信域名下的网页可使用网页授权及 JS-SDK。

③ 工作台应用主页：从工作台单击进入的网页。

④ 接收消息：接收用户发送的普通消息以及菜单操作、进入应用、上报地理位置等事件信息。

⑤ 自动回复：通过接收用户的消息，可配置规则进行自动回复、关键字回复等功能。

⑥ 自定义菜单：可在应用会话的底部配置 7 种类型的快捷操作菜单。

⑦ 企业微信授权登录：使用企业微信账号登录已有的 Web 网页或移动 APP。

设置好应用模式下的相关功能后，该应用创建完毕，就可以正式使用了。

> 张凯问：企业成员已经成功关注了企业号，企业号管理员也设置好了应用，那么该如何向企业成员推送消息呢？
>
> 专家答：向企业成员推送消息与订阅号、服务号的推送方法基本是相同的，差异不大，唯一的区别是需要管理员在推送前选取需要被推送的应用，因为每个应用针对不同的企业成员，推送的消息因告知对象的不同也存在差异，所以选取被推送的应用是十分重要的一步。

1）首先单击导航栏中的"管理工具"→"消息群发"，会出现消息群发的编辑区，如图 4-59 和图 4-60 所示。管理员根据消息应推送的对象选择好成员所在的应用，这里选择的应用是"企业小助手"，如图 4-61 所示。

图 4-59　企业号管理工具

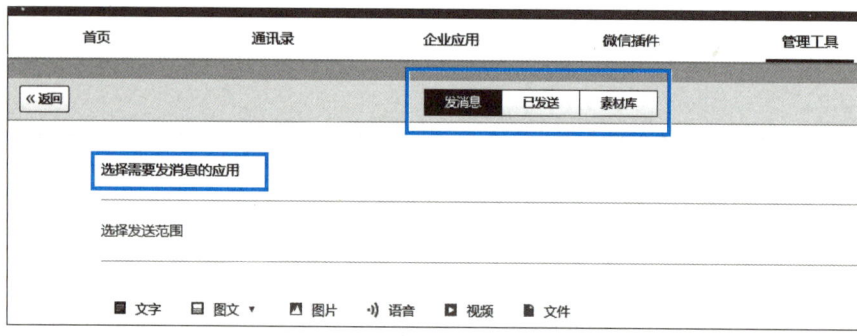

图 4-60　企业号消息群发编辑区 1

图 4-61　企业号消息群发编辑区 2

2）在图4-62中，管理员可以在"素材库"增加新的消息内容，分别有图文、语音、视频、文件等形式，管理员根据推送消息的内容选择一种素材添加的类型。如果素材库中也没有，可以单击"+添加××"按钮，丰富素材库里的内容。

图4-62　企业号消息素材库

3）选择好素材库的内容之后，再次进入消息编辑环节，如图4-63所示。首先需要管理员选择消息发送的范围（也称消息发送对象），接着从素材库中选择刚添加好的素材在编辑区进行二次编辑，并且单击下方的"预览"按钮查看消息的内容是否正确，是否排版有误，如图4-64所示。如果发现错误可以返回修改，确认消息内容无误后，可以单击"发送"按钮将消息发送出去。

说明：

1）由于有些消息不需要发送给应用下的所有成员，或者有些消息的发送范围大于应用内的成员范围，甚至需要发送给多个部门下的成员，所以此环节很重要的一步就是发送对象的范围，管理员要谨慎选择。

2）在图4-63中"发送"按钮上方有一个勾选选项——"保密"，开启保密后，文章详情页面将印有收件人姓名。对于定向发送不希望被传播的消息，企业可选择"保密"发送，它有如下特点：仅允许接收者访问该条消息，即便该消息进行转发，其他人也无法阅读（提示无权限查看）。该消息的展示页面会加上阅读者姓名的水印，避免阅读者截屏泄密。文本、图片、图文、语音、视频、文件等消息类型均支持保密消息。

> 张凯问：如果企业号成员在应用中发送了消息，管理员该如何回复呢？
> 专家答：企业号应用中的消息是点对点的接收与回复，即成员在应用中发送的消息只有企业号管理员可以看到与回复，应用下的其他成员无法看到，所以说企业号里的应用并不是微信群的概念，更像是服务号。

1）单击导航栏中"管理工具"下的"用户消息"按钮，可查看成员通过应用发送的消息，管理员可以对其进行回复，如图4-65所示。

图 4-63　企业号消息内容编辑界面

图 4-64　企业号消息预览界面　　　图 4-65　企业号管理工具

2）选择好用户消息的具体应用，单击界面左侧的应用栏，管理员在此选择需要查看消息的应用，这里选择了"企业小助手"，如图4-66所示。单击该条消息之后，会出现回复的对话框，如图 4-67 所示。在对话输入栏进行消息编辑，单击"发送"按钮即可回复。单击对话框右上角的"隐藏"按钮，可以隐藏所有的对话内容。

3）选择好应用后，如果管理员需要对应用下的消息进行筛选，可以在应用名称下方的下拉菜单中选择消息发送的时间来进行筛选，或者查看所有的消息，这里选择的是"全部"，如图 4-68 所示。

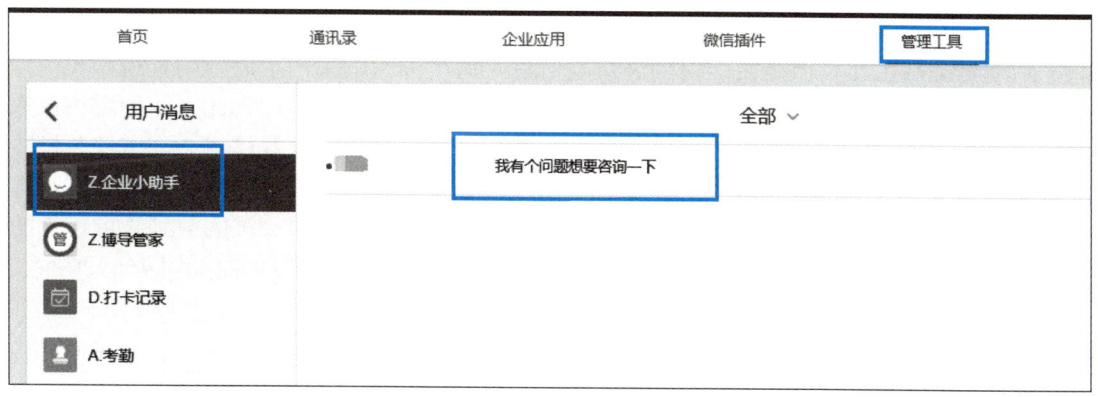

图 4-66　企业号查看用户消息界面

图 4-67　企业号回复用户消息界面　　　图 4-68　企业号用户消息筛选界面

> 案例学习

上海通用汽车是一家善于开拓管理思维、寻找新型管理方式的车企,借助微信企业号这种新的移动端管理辅助工具,将企业的营销与管理做得有声有色,成为企业号运营中具有代表性的企业。

### 1. 创建品牌媒体应用,成为媒体公关的新据点

之前,上海通用汽车官方公众号和三个品牌的媒体中心一直担负着信息下发、媒体沟通、活动管理等工作,但是由于受到公众号信息发送次数的限制,上海通用觉得做起活动来往往捉襟见肘。企业号推出"无限群发"的功能着实具有吸引力,为此上海通用将原来的服务内容搬迁到了企业号中,创建了多个应用:文章中心、别克媒体中心、雪佛兰媒体中心和凯迪拉克媒体中心,服务于核心媒体以及公关市场内部的同事,创造性地将文章媒体纳入企业成员的范畴,只要企业一有风吹草动,这些媒体将会第一时间得到官方可靠的信息,快速对外发布,帮助企业扩散消息。上海通用汽车企业号应用界面如图 4-69 所示。

### 2. 部署企业文章应用,企业员工成为主力扩散渠道

在上海通用汽车企业号的众多应用中,"文章中心"主要负责向内部人员推送企业的重要文章和通知信息,不仅文章媒体的成员能够看到推送内容,而且公司及子公司企业号中的成员也能够看到。上海通用汽车企业号文章中心如图 4-70 所示。在某月的推送中,企业号中一万名经销商人员的点击量已经和拥有两万多名用户的订阅号相当,昂科威的上市信息阅读数更是在 24h 内突破 30 万次。相对于普通关注的用户,内部员工和相关上下游产业链的员工认同感要更强,他们会不自觉地进行分享与转发,成为扩散渠道上的主力军,当然这种效果的基础是企业号内部较高的使用率。

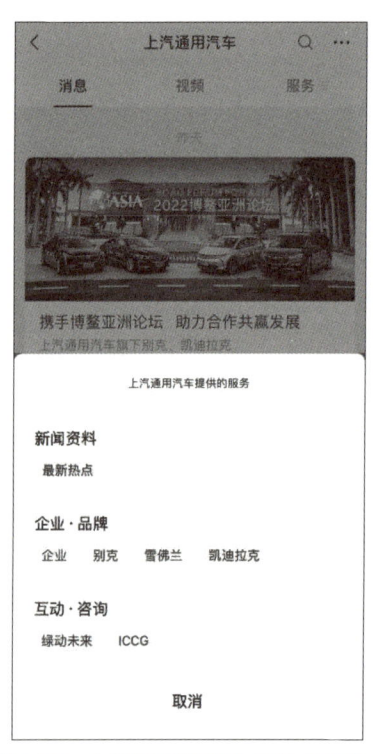

图 4-69 上海通用汽车企业号应用界面　　图 4-70 上海通用汽车企业号文章中心

### 3. 潜在客户资源共享，销售效率显著提高

对于销售部门，企业通过各个渠道收集的潜在客户信息可以直接通过企业号分配到对应的销售手里，销售再将跟踪的结果反馈到企业号中，甚至可以通过将企业号和服务号打通，完成直接微信的沟通和联系，并帮助企业直接实现销售监管。这种客户资源第一时间内直达销售个人的效率是企业从未有过的，对于销售成功率的影响也是显著的。

### 4. 经销商信息及时更新，企业轻松管理线下经销圈

上海通用汽车的经销商与其他汽车品牌的经销商一样，散点式分布，经销商的4S店遍布了全国各地，如果经销商的信息更改、4S店的相关信息发生变化或者有新的经销商加入等，一旦企业信息更新不及时，就会很难对线下经销商进行到位的管理。上海通用利用企业号对原有的企业系统进行了补充，完善了原有LMS系统无法及时更新经销商资料的不足，使得资料库中经销商的信息更为准确，企业对线下的经销圈管理更轻松便捷。

### 5. 在线培训应用，让培训不再流于形式

产品和业务的复杂程度一直是困扰汽车行业的一个重要难题，每个企业都将员工和经销商的相关培训作为企业的一个重要事务进行管理。上海通用汽车网络发展及管理部主要负责经销商的相关工作，也是在汽车企业中最早利用微信公众号进行在线培训的企业部门。随后，网发部将汽车的上市培训引入，使用企业号开始对销售人员进行新车型的线上培训工作，从新爱唯欧、新科鲁兹到昂科威都通过线上培训取得了不错的效果。下一步，网发部将会把一些常规培训引入企业号中，逐步完善培训考核功能，使企业培训通过一个企业号即可轻松搞定。上海通用汽车企业号培训应用界面如图4-71所示。

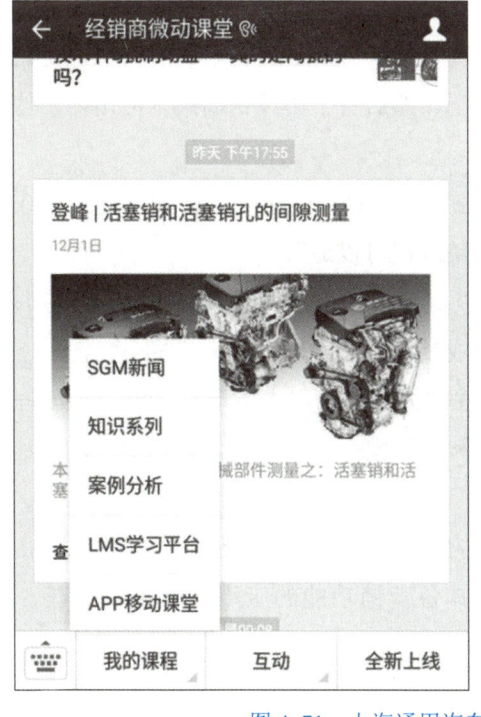

图4-71　上海通用汽车企业号培训应用界面

## 技能提升

**张凯问**：从上海通用的案例中可以看出，企业号并非只应用于企业内部管理，事实证明企业号也可以应用于移动端的营销，甚至这种营销的作用不亚于订阅号与服务号，具体来说用企业号做营销的思路有哪些？

**专家答**：企业号不只应用于企业内部管理，还可以应用于营销，但是这种营销的对象不是普通的大众用户，出于安全性的考虑企业号没有公众号那么广泛的用户基础，用企业号做营销时，其对象更加侧重于与企业业务有直接关系的上下游合作商、企业的媒体朋友、企业员工等诸如此类的企业成员。

目前，大部分企业对于利用企业号做营销根本没有意识，此外介于各个企业运营管理的实际情况不同，很难形成统一的营销方法，这里通过归纳，对于企业号如何做营销的思路进行罗列：

1）企业文章扩散：因为微信用户有很强的黏性，将媒体人士和企业员工纳入企业文章应用中，只要企业发布官方文章他们会第一时间分享扩散，成为企业第一批文章信息的扩散者，这种第一时间的扩散效果不可小视。

2）上下游合作商管理：可以通过企业号对企业上下游的合作商直接进行管理，在企业号中创建活动应用，通过消息推送向合作商推荐活动信息。

3）产品资料推荐：可以在企业号中创建一个类似于企业产品期刊的应用，将企业最新的产品、已有产品最新的资料全部放入此应用下，然后将下游经销商纳入应用内，他们通过应用获得最新产品信息。

4）客户资料分享：将企业搜集得到的潜在客户信息通过企业号分配给经销商或者销售人员，将客户直接对接到销售人员处，整个营销过程可以追踪。

5）销售、客服培训：通过微信企业号可以对销售人员、客服人员进行业务培训，利用碎片化的时间随时随地的提升业务水平，提升成员营销能力。

6）大型活动组织：有些企业要组织全国性的大型活动，由于活动举办起来流程复杂、组织难度大，这时企业就可以利用企业号跟进和协调整个活动过程，让活动不再混乱，活动的顺利举行从侧面也在为活动营销加分。

以上只是利用企业号做营销、做好营销的一些思路，此外还需要营销人员根据企业的实际情况为企业量身打造属于企业自己的具备营销功能的应用，让企业管理、营销两不误。

# 项目 4 微信营销

## 巩固练习

### 知识梳理

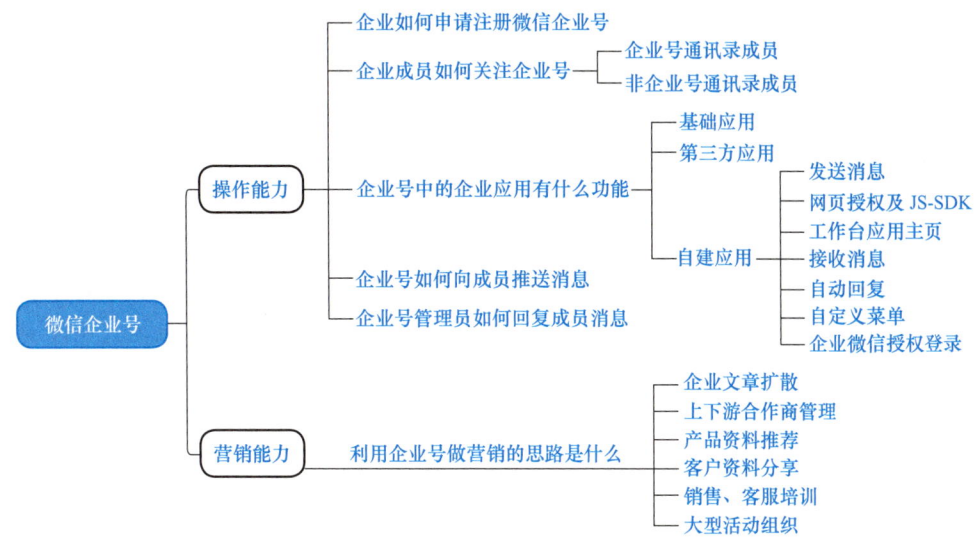

图 4-72 知识结构图

### 随堂练习

**一、填空题**

1. 微信企业号的服务对象是_____。
2. 企业号规定只有_____中的成员才能成功关注到企业号。
3. 企业号"应用中心"中包括 3 种应用模式：分别是_____、_____、_____。

**二、多项选择题**（每题的备选答案中，有两个或两个以上符合题意的答案）

1. 企业号通讯录设置成员属性中的普通字段包括了（  　　）。
   A．姓名　　　　　B．所在部门　　　　C．职位　　　　D．微信号
   E．手机
2. 企业号素材库目前提供的可以选择的素材类型有（  　　）。
   A．文字　　　　　B．图片　　　　　　C．语音　　　　D．图文
   E．文件
3. 利用企业号做营销的思路有哪些？（  　　）
   A．企业文章扩散　　　　　　　　　B．上下游合作商管理
   C．产品资料推荐　　　　　　　　　D．客户资料分享
   E．大型活动组织

## 任务5　小程序运营

**情境导入**

**情境概述**

小程序功能的不断开放已经掀起了一阵开发热潮,更多的商户将会快速开发自己的小程序,涌入这个市场。王小凯是一家餐厅的网络推广专员,他觉得小程序将给店铺经营带来巨大的机遇,所以他希望借助小程序来优化店内服务。对于一家小餐厅来说,开发一个APP是不现实的,而借助小程序,消费者只需扫描二维码就可以接入,马上可以浏览菜单,从而完成点菜、购物等交易。不仅如此,消费过后还会留存用户信息,相当于微信直接给商户对接了会员体系,然后通过微信轻松地了解用户的消费习惯、偏好,针对性地做推荐、诱导购买、会员优惠等。于是,王小凯开始了有关小程序的研究学习。

**情境分析**

微信小程序的出现,进一步深化了中小企业的营销布局,有了小程序加上企业之前注册的订阅号和服务号,微信端的三驾马车将会相互形成互补之势,如果企业结合这三种微信营销的方式,就能合力发挥更大的营销作用,并将会以更加个性化的服务形式,进一步增强用户的黏性。

王小凯希望借助小程序完善餐厅的服务体系,但是在做之前需要搞清楚几个问题:

1. 小程序有哪些入口?
2. 小程序有哪些功能?
3. 小程序是如何实现特色功能的?
4. 企业如何借助小程序做运营?
5. 小程序的价值是什么?
6. 小程序未来将带来的机遇有哪些?

**技能学习**

**技能支撑**

微信小程序是一种不需要下载安装即可使用的应用,它实现了应用"触手可及"的梦想,用户扫一扫或者搜一下即可打开应用。完美体现了"用完即走"的理念,使用户不用关心是否安装太多应用的问题。

微信将"小程序"定义为"一种新的应用形态"。微信方面强调,小程序、订阅号、服务号、企业号是目前并行的体系。小程序的推出是给一些优质服务提供一个开放的平台。另一方面,小程序可以借助微信联合登录,和开发者已有的APP后台用户数据进行打通,但不会支持小程序和APP直接的跳转。

项目 4　微信营销

> 王小凯问：哪里可以找到小程序？
> 专 家 答：小程序可以从线下扫码、微信搜索、公众号关联、好友推荐、小程序使用历史记录及附近的小程序中获得，具体如下。

（1）线下扫码

小程序最基础的获取方式是二维码。大家可以打开扫一扫，通过微信扫描线下二维码的方式进入小程序，如图 4-73 所示。

（2）微信搜索

在微信客户端最上方有一个搜索栏，可以通过搜索来获取小程序，如图 4-74 所示。

图 4-73　线下扫码

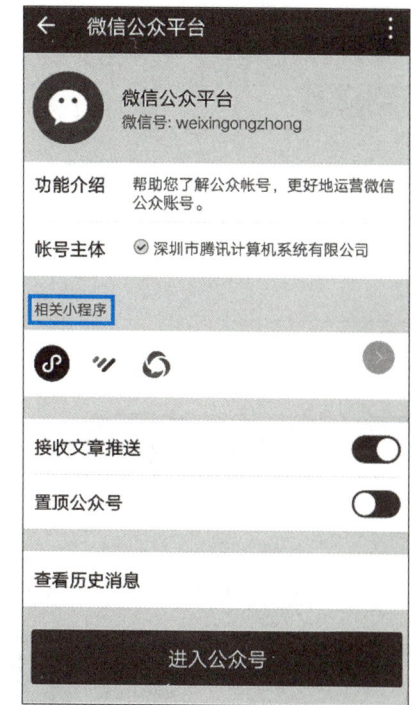

图 4-74　微信搜索

（3）公众号关联

同一主体的小程序和公众号可以进行关联，并相互跳转，该功能需要经开发者自主设置后使用。公众号关联小程序后，可在图文消息、自定义菜单、模板消息等功能中使用小程序，登录公众号后台→小程序→小程序管理→添加→关联小程序，如图 4-75 所示。

公众号里可以有这些方式找到已关联的小程序：

1）公众号介绍页：相关小程序（见图 4-76）。

2）公众号自定义菜单：可设置为一级菜单或二级菜单。

3）公众号模板消息：关联时下发。

4）公众号图文消息中的小程序卡片、文字链接和图片链接。

注意：已关联的小程序可被使用在图文消息、自定义菜单、模板消息和附近的小程序

145

等场景中。公众号可关联同主体的 10 个小程序及不同主体的 3 个小程序，同一个小程序可关联最多 50 个公众号。

（4）好友推荐

当你发现一个好玩的或者实用的小程序，可以将这个小程序或者它的某一个页面转发给好友或群聊，如图 4-77 所示。

注意：小程序无法在朋友圈中发布分享。

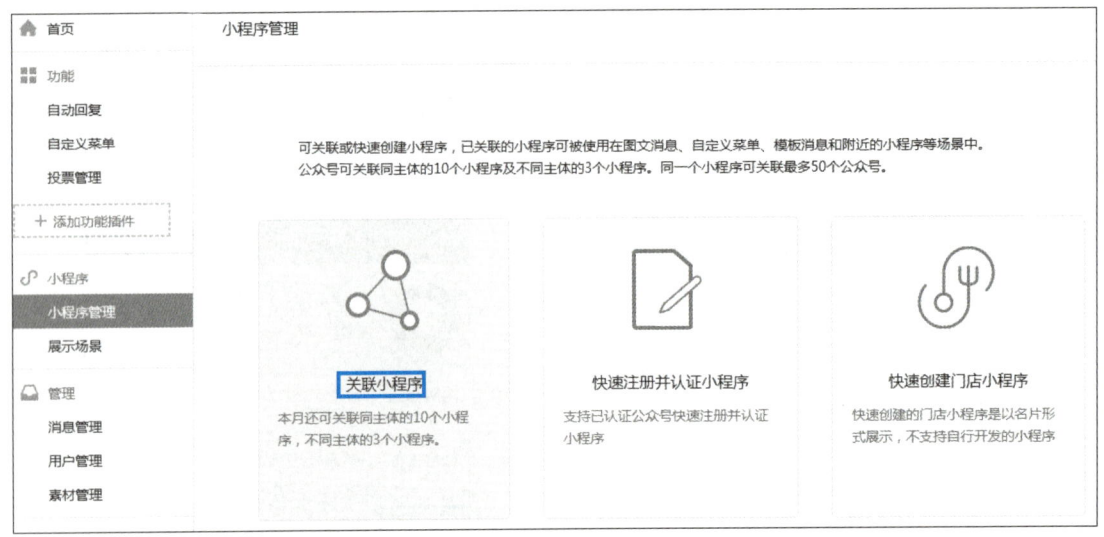

图 4-75  小程序管理

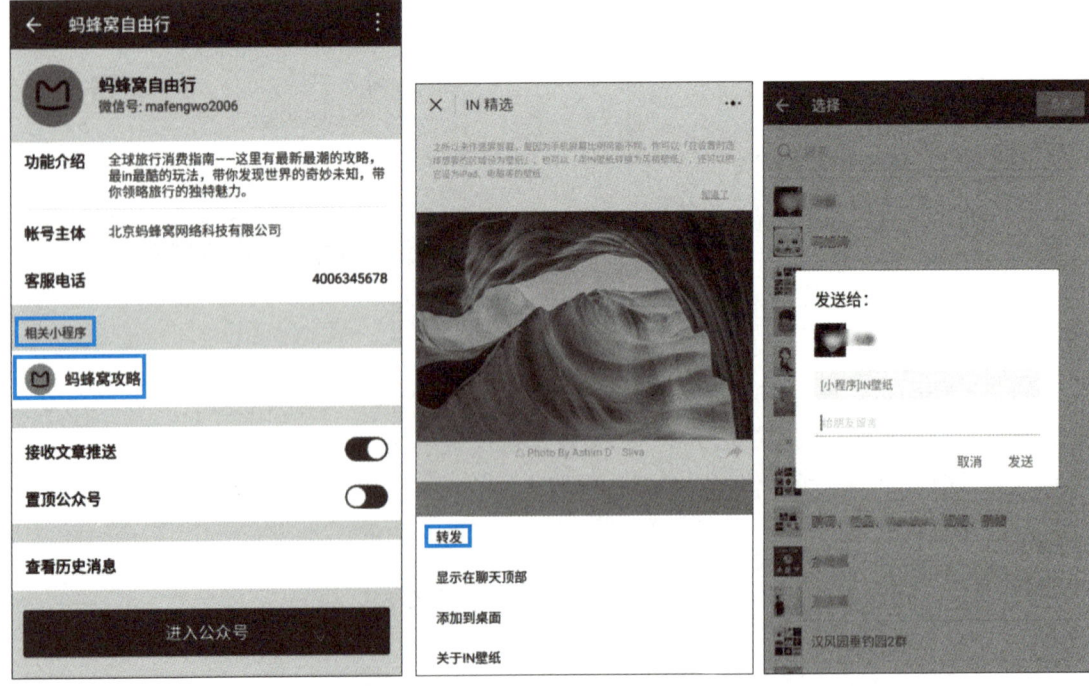

图 4-76  公众号相关小程序　　　　　　　　　图 4-77  好友推荐

(5) 历史记录

当你使用过某个小程序后，在微信客户端的"发现"→"小程序"里的列表就可以看到该小程序，如图 4-78 所示。想要再次使用它时，通过列表中的历史记录就可以进入。

(6) 附近的小程序

在"发现"→"小程序"中，可以通过搜索进入小程序，也可以通过"附近的小程序"进入小程序，如图 4-79 所示。通过"附近的小程序"，线下商户可以更直接地触达用户，使线下消费场景和线上营销将被完全打通。

图 4-78　发现——小程序

图 4-79　附近的小程序

**王小凯问**：关于小程序，主要有哪些功能啊？
**专家答**：目前微信小程序提供的功能主要有以下几个方面。

1）支持分享当前信息：例如分享 00700 股票页面，好友打开时看到的是 00700 股票的实时信息，而无需再次启动小程序。

2）对话分享：可以分享对话，支持分享给单个好友及微信群。

3）搜索查找：小程序可以被搜索，但微信会限制搜索能力，目前提供的搜索功能是用户可直接根据名称或品牌搜索小程序。

4）公众号关联：在小程序与公众号为同一开发主体的前提下，提供小程序与微信公众号之间的关联。

5）线下扫码：提供线下提示用户附近有哪些小程序存在的功能。用户可以通过线下扫码使用，这也是微信提倡的接入方式。

6）小程序切换：小程序支持挂起状态，即多窗口概念，用户可以把小程序先挂起，然后做别的事情，在需要这个小程序的时候可以快速调用，回到最开始的状态。

7）消息通知：商户可以发送模板消息给接受过服务的用户，用户可以在小程序内联系客服，解决用户与小程序的沟通问题。

8）历史列表：用户使用过的小程序会被放入列表，方便下次使用。

注意，微信小程序不提供以下功能：小程序在微信没有集中入口；微信不会推出小程序商店，也不会向用户推荐小程序；小程序没有订阅关系，没有粉丝，只有访问量；小程序不能推送消息。

王小凯问：小程序到底长啥样？又是如何实现特色功能的？
专家答：以腾讯视频为例，在小程序搜索栏搜索已有的小程序，比如可以搜索"腾讯视频"或"腾讯"，结果如图4-80所示。

图4-80 搜索小程序

打开"腾讯视频"小程序，首先要对用户信息、地理位置等授权进行选择，如图4-81所示。

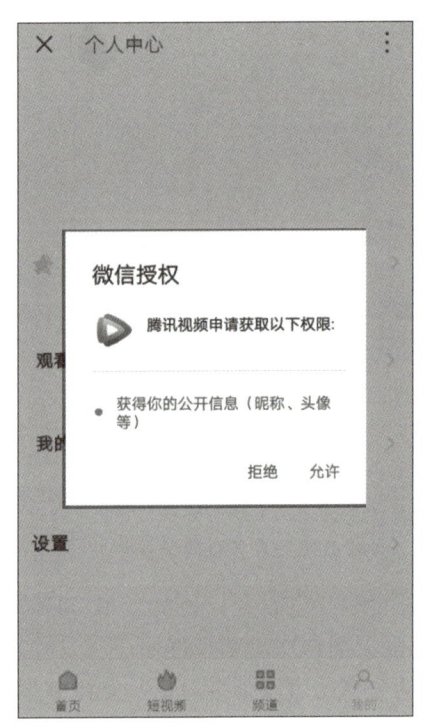

图4-81 打开"腾讯视频"小程序

单击右上角的弹出菜单，以安卓为例，共有"转发""显示在聊天顶部""添加到桌面""关于腾讯视频"四个部分，如图4-82所示。

注意："转发"支持将小程序分享到私人对话及聊天群，不支持分享到朋友圈。单个视频、单支股票、吃喝玩乐等都可以分享给微信好友，好友单击进入后可以查看所分享的信息并进行操作，比如播放视频、将股票添加为自己的关注股票、订餐、购买团购等。

"显示在聊天顶部"即可在聊天顶部置顶显示。

"添加到桌面"是针对安卓用户的，在iOS中，打开小程序需要打开"微信"→"发现"→"小程序"→"特定小程序"4个步骤；而安卓可以将小程序放到桌面，"打开特定小程序"只需要一步，如图4-83所示。

项目4　微信营销

 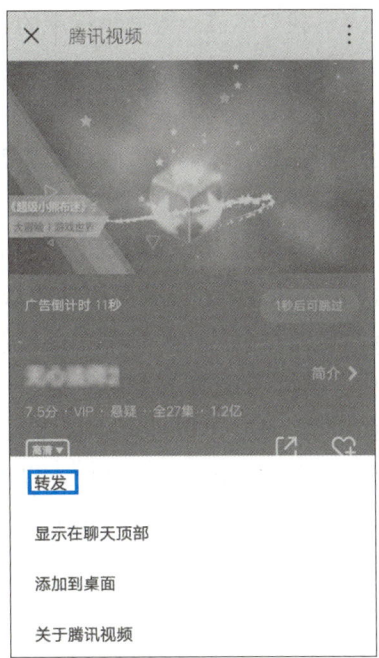

图4-82　"腾讯视频"小程序右上角弹出菜单

图4-83　将小程序"添加到桌面"

在图4-83中，3个图标都不是APP，而是微信小程序，打开即可直接使用，不需要安装、不占用内存。

王小凯问：了解了这些小程序的功能，那我们该如何借助微信小程序来做好品牌营销推广？
专家答：作为营销工作者必须要思考如何借助小程序来做好品牌营销，我有以下两点建议。

（1）场景化功能引导，提升服务体验

上线后的小程序可以以二维码作为主要入口，用户通过微信扫一扫功能"即时"享受

149

服务，省去"下载"环节。根据小程序的这一特性，企业便可根据线下服务的用户历程和不同服务场景来设计多种微信小程序，让用户在线下体验的过程中享受到线上服务的便捷。

通过场景化功能引导用户使用小程序服务，可以大大提升线下服务效率和服务体验。贯穿线上线下提升服务体验的同时，用完即走的便捷操作方式，也减少了用户下载→升级→卸载的困扰。

（2）与公众号结合，增加用户黏性

对企业/品牌来说，通过长时间的公众号运营，微信已经作为接触用户的重要渠道之一，积累了大量的粉丝和会员，此时将公众号作为消息推送的平台与小程序服务相结合，能在增加用户黏性的同时，创造更多商业价值。

一方面在公众号中可以设置小程序入口，把大量的粉丝引导到电商、线上服务预览、粉丝独享等交互更加复杂的小程序中，提供更多增值服务，提高用户黏性并增加销售转化。例如，在公众号文章的开始或结束附上自己的小程序入口。

另一方面通过用户在小程序中的行为来辨别用户价值和产品购买倾向，对于有价值的用户则在小程序中利用优惠手段吸引其关注公众号，并利用公众号提供有针对性的服务内容和折扣券推送。

### 案例学习

爱鲜蜂是一家以众包微物流配送为核心模式，基于移动终端定位的技术解决方案提供O2O运营服务的公司，专注于社区生鲜最后一公里配送，主打一小时闪电送达。平台强势产品以生鲜为主，定位人群为年轻白领。

也许有人会奇怪，爱鲜蜂有自己的APP，也有自己的微信公众号，还与各家外卖平台合作，但为什么还要做小程序？答案是，小程序给爱鲜蜂带来了很多不一样的体验，它抓住了吃货的心，打出了"小零食，想吃就吃"的口号。

#### 1. 微信平台：规模效应+超高频次

在是否上小程序这个问题上，爱鲜蜂内部其实有一定的分歧：一派是观望派，公司除了自有的APP外，还和其他的外卖平台合作，每一个平台的运营策略都不同，如果再上一个小程序，公司投入的人力、物力和各种资源调配到底到什么程度，都是未知。

直到4月份，小程序多种能力开放——包括转发和公众号关联，爱鲜蜂决定加速进程，大力推广小程序。对于小程序这条通路，爱鲜蜂的设定就是四个字：拉新、交易，具体来说是线下拉新，线上交易。小程序首先是基于微信平台，是一个超高频次的应用，规模效应显著，毕竟爱鲜蜂的APP主要是为了购物，交互性并不是很强，所以小程序这条通路获客更加便捷、成本也更合适。

现在零售行业通过APP拉新的成本已经高达百元，线下成本反而略低。第一次做线下推广，爱鲜蜂选择在小程序的基础功能已经完善的时候，在20多家门店投放二维码。

爱鲜蜂处在一个竞争激烈的行业领域，无论从时间成本、操作还是流量成本考虑，小程序都是性价比最高的。消费者在门店支付时，看到二维码，还有秒货的活动，已经形成了顺手扫一扫的习惯，这样的推广也不费力。

虽然爱鲜蜂在 O2O 最后一公里上有优势，但爱鲜蜂还需要更多入口。这个入口不仅包括找到线上的通路，还有线下的场景，应更加注重线上与线下的精细化运作。

在引导用户上，爱鲜蜂营造了以下几个场景：

1）去购物，发现有个二维码，有优惠活动又不用下载 APP，还能半小时送货到家。

2）想吃点零食了，自己不想下楼买，想从网上下单。从选购、下单到送达，30min 解决，满足用户的需求。

3）下班比较晚，附近的市场关门了，去超市挑不到新鲜的菜，爱鲜蜂能满足你基本的食材需求，而且能在下班之前送达。

### 2. 小程序不仅是小，还要适度做减法

小程序之所以被大众喜爱，就是因为小程序实则是极简版的 APP，把 APP 中的重要的几个功能摘取放在小程序当中来。最终，爱鲜蜂把 APP 上的排行榜中使用频次较低的模块全部去掉，只保留用户最需要、点击频次最高的模块，形成最直接的购物通路——首页、分类物品、选购、购物车结算、配送。一通减法做下来，形成了现在的"爱鲜蜂闪送超市"，如图 4-84 所示。

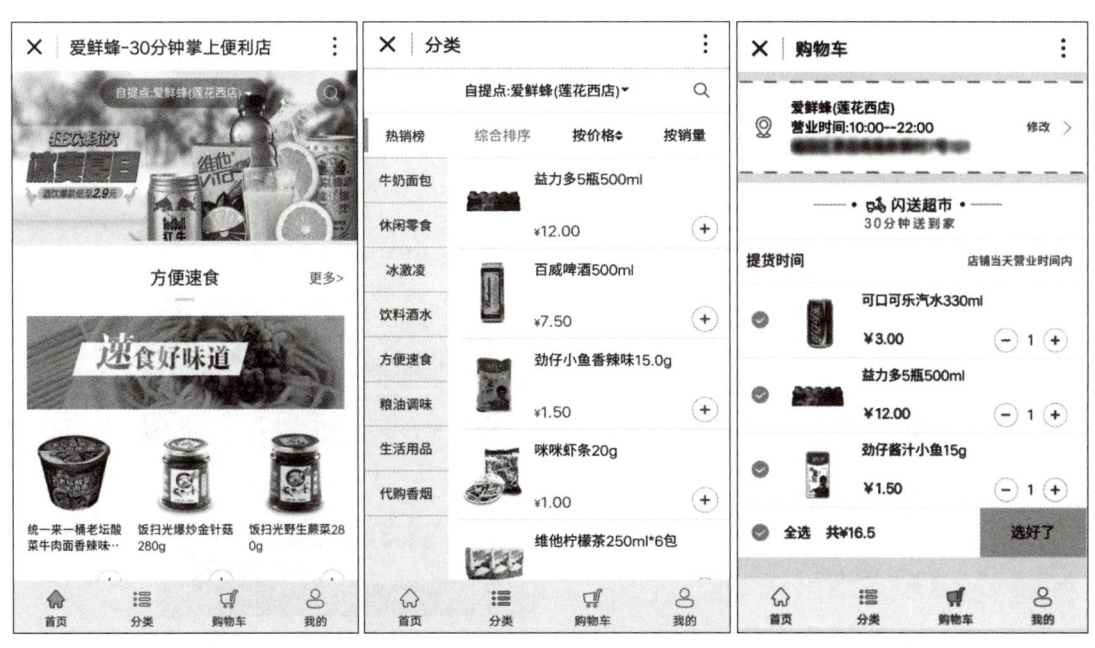

图 4-84 "爱鲜蜂闪送超市"页面

小程序的"模板消息"侧重于订单和表单相关的触达；"卡券"相对来说，则更适合唤醒沉默用户。

在留存用户的策略上，主要通过不同的营销策略拉新。比如优惠活动，小程序上有"一元秒购"以及不同渠道不同商品价格等策略，如图 4-85 所示。

图 4-85 爱鲜蜂优惠活动页面

### 3. 借助小程序，实现日均订单交易量增长 10 倍

在小程序开放"附近的小程序"（见图 4-86）能力后，爱鲜蜂及时上线，每天通过"附近的小程序"进入"爱鲜蜂闪送超市"的达到几千次，最终达成交易的为 15%，转化率已经高于其他的新产品形态。

图 4-86 附近的小程序

5月25日小程序上线了"附近的小程序"功能，这直接增加了用户使用附近搜索进入爱鲜蜂小程序的频率，而在6月3日，爱鲜蜂团队紧急上线了线下扫码拉新的促销活动，把APP上的买赠、特价、满减等活动都同步到小程序，这直接刺激了新用户的转化。具体来看爱鲜蜂小程序亮眼的数据表现，从数据表来看，小程序明显带来了更多拉新和交易。如图4-87所示，从5月25日到6月3日，爱鲜蜂小程序上的日活跃用户增长了11倍。

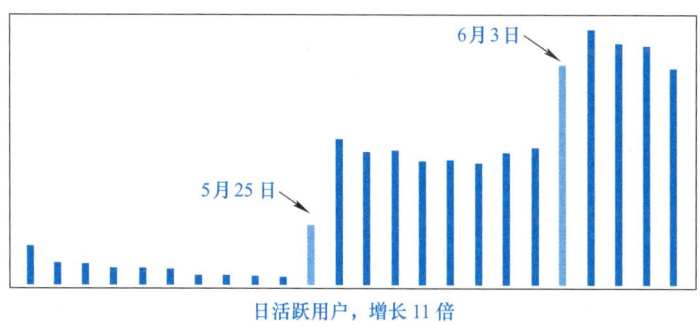

图4-87　爱鲜蜂日活跃用户数据图表

如图4-88所示，从5月25日到6月3日，小程序上注册用户量增长超过了10倍以上。

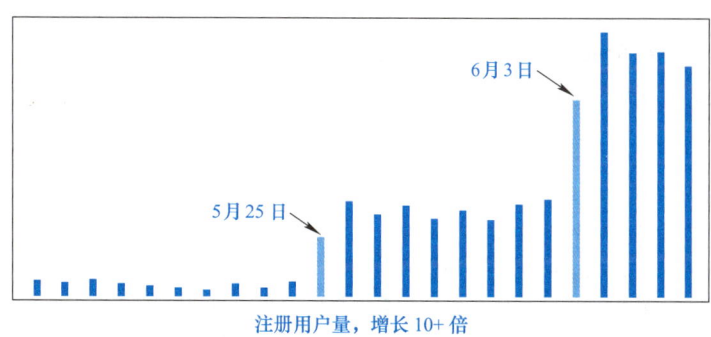

图4-88　爱鲜蜂注册用户量数据图表

如图4-89所示，从5月25日到6月3日，小程序上成交单量增长超过了10倍以上。

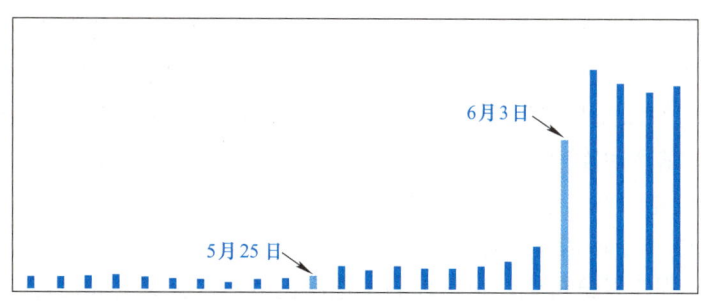

图4-89　爱鲜蜂成交单量数据图表

**技能提升**

> 王小凯问：爱鲜蜂有了APP，为什么还要接入小程序？
> 
> 专家答：对于生活中的一项服务来讲，以一个什么样的姿态出现在用户的面前不是很重要，重要的是提供服务的企业或者个人能够为用户带来什么样的价值，用户最在乎的其实是这个服务能够给用户带来一个什么样的体验。小程序的二维码做得非常有个性、非常有辨识度，用户也愿意尝试这些新鲜的东西。总结来说，爱鲜蜂在有了APP之后，继续接入小程序，其实背后的原因有三点。

1）从企业自身的角度讲，首先现在线上拉新的成本是比较高的，而从线下获客的成本相对来讲会比较低一些。微信是超高频应用，小程序是基于微信的，所以可以借助微信成规模地获取用户，爱鲜蜂的APP并不像游戏那样有非常强的交互需求，所以小程序是完全可以满足用户需求的。

2）从线下门店的商户角度讲，现在商户的竞争压力也非常大，移动互联网兴起之后他们的生存空间受到了挤压，他们急迫地想要自己的用户留在自己的经营范畴里面，但是他们在线下受制于经营时间、空间。想更多地从线上获取一些用户，但把用户留在合作平台比如爱鲜蜂或其他外卖平台的APP上可能不太现实。但用小程序是非常方便的，扫个码或者支付之后就可以接入，用户也接受这一点，不会有时间成本、操作成本甚至流量成本的考虑。

从用户角度来讲，小程序上线以后，用户在小程序里面安装了一些应用之后就可以把这个应用对应的APP卸载。如果一个APP是功能比较单一的或者打开频次比较低的，用户就会选择用另外一种对个人来讲更好的方式去实现。所以爱鲜蜂对自己的小程序定位是线下纳新的工具，从线下获取大量用户之后把用户通过线上的策略留存下来，做一些线上交易的场景。

> 王小凯问：对于爱鲜蜂这样具备O2O基因的公司来说，小程序能起到拓展客源、增加活跃度的作用，但对于已经具备多种分销渠道的品牌，小程序又能做些什么？
> 
> 专家答：对品牌商而言，微信既是品牌的宣传阵地，又是有效的销售通道，无缝打通不仅让用户的体验更顺畅，更在于每一个环节的缩短都能极大地提高转化效率及复购率。品牌商一直在摸索小程序能给消费者带来哪些区别其他方式的感受。网购有3个关键词：价格区间、款式选择、礼物传情。

以施华洛世奇为例来说，其中，"价格区间"是指如何在网络销售的前提下，不破坏线下门店的价格体系；"款式选择"是指网络消费者和线下消费者对于款式的选择开始出现不同；而"礼物传情"则表示送礼一定要有传情达意的功能，也就是说，小程序除了在撮合交易上有直接贡献以外，还能提升消费者的购物体验。施华洛世奇是一个精品品牌，非常关注品牌的调性以及与消费者的互动。因此，施华洛世奇决定将它们的小程序放在母亲节前四天上线，在利用线上渠道引流的同时，让顾客通过送礼传情达到情感上的连接。对于施华洛世奇来说，小程序的定位首先是一定不能脱离微信社交属性，它一定是区别于任何的电商平台的。由于微信"全民APP"的属性，顾客可以在母亲节这天将选中的施华洛世奇商品利用小程序发给母亲，也可以利用这次机会，教会家人如何使用微信和小程序，在购物的同时侧面增进了沟通。

相比短期在功能上的优化，大的实体商业品牌更看重在小程序使用背后，是否能获得更宝贵的数字资产。进店、逛店、进行消费、离店……线下和线上的购物行为是完全一样的，而实体商业没有很好地把这样一个行为轨迹给记录下来，因为缺乏一个很好的连接，缺乏一个用户身份的标识。

以万达为例，在万达的理想规划中，用户从使用小程序停车进入商城时，后台就可以识别出这位消费者的画像，并根据他此前的消费经历与喜好，利用公众号推送优惠券或者抢购信息，即使该用户离开万达广场，万达也可以利用公众号的分享能力、信息推送能力把会员从远场线上再拉回到线下。目前，万达旗下已有200家广场投入了小程序的使用，而作为承载品牌的商业综合体，万达也在逐步从小程序的消费者，转化为小程序服务商模式。

> 王小凯问：小程序是一个比较新的东西，作为微信生态的核心应用，就投资和创业而言，它可能的机会在哪里？
> 专家答：小程序就投资和创业而言，机会具体在于"三新"——新交互、新人群、新场景，如图4-90所示。

图4-90　小程序带来的机遇

（1）新交互

所谓的新交互，是指跟原来不一样的玩法，比如说基于群的互动和娱乐。它不仅是用群的方式获取群的流量红利，更多的是基于这种群的关系去开发更多适合群场景的玩法，它将会是最新且变异量最大的一种。例如，几个喜欢看球的男生建了一个微信群，小程序的窗口可以浮在群聊之上，在小程序里面播放视频并实时显示比分，在群里大家则讨论得热火朝天。又比如女生一起拉个群看综艺，或者一起拉个群线上K歌等。互联网最有吸引力的地方就在于能在线还原生活中的场景，并且门槛更低，体验更好。

（2）新人群

小程序极大地降低了生产门槛。以前对大量的没有媒体能力的人来讲，是不可能生成公众号的，但是现在如果让他们去利用小程序做一个小店铺是可行的。专注到中老年市场、农村市场的有服务能力的人群，比如果农，可以很方便地生成自己的店铺并上架商品，这个就是新人群的一种。甚至更简单的，每天为中老年的女性用户推送一条养生相关的视频或者音频，也能快速地实现用户增长。

（3）新场景

小程序上线初始，主推的就是"location"属性，赋能线下商户在线触达其用户。把小程序比作网站或者APP的话，二维码就像他们的网址或者APP链接。在此之前，从来没有如此低门槛、低成本的解决方案，比如对一个包子店的老板，可以通过"个人号＋群＋小程序"的形式，持续耕耘好自己的一亩三分地。在这个形态中，可以帮助线下商户更好地用好"微信能量"。

巩固练习

知识梳理

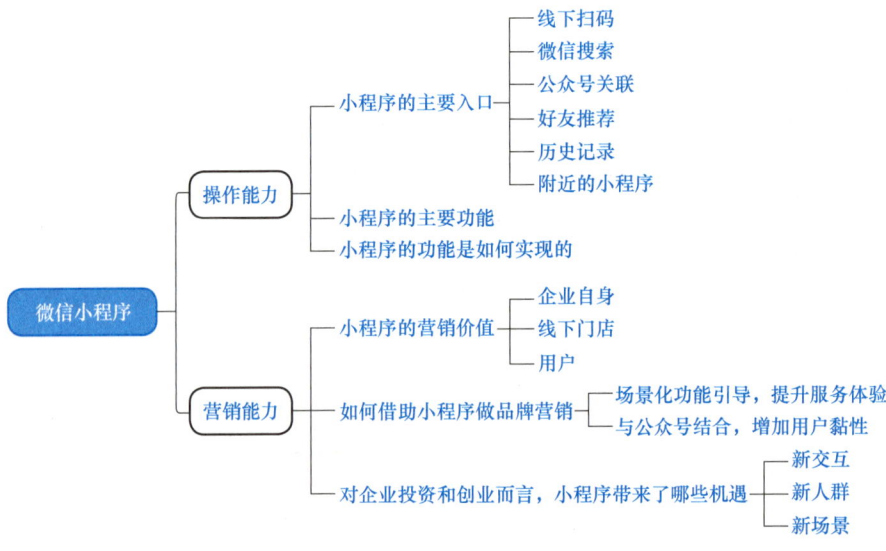

图 4-91　知识结构图

随堂练习

一、填空题

1. 微信小程序可以从_____、_____、_____、_____、_____、_____中获得。

2. 以安卓为例，微信小程序支持"转发""显示在聊天顶部"和_____的特色功能。

3. 上线后的小程序可以以二维码作为主要入口，用户通过微信扫一扫功能"即时"享受服务，省去_____环节。

4. 小程序就投资和创业而言，机会具体在于"三新"：_____、_____、_____。

二、多项选择题（每题的备选答案中，有两个或两个以上符合题意的答案）

1. 关于小程序，以下哪些都是与它并行的体系？（　　）

　　A．朋友圈　　　　B．订阅号　　　　C．服务号　　　　D．企业号

2. 公众号里可以有这些方式找到已关联的小程序：（　　）

　　A．公众号介绍页：相关小程序。

　　B．公众号模板消息：关联时下发。

　　C．公众号自定义菜单：可设置为一级菜单或二级菜单。

　　D．公众号图文消息中的小程序卡片、文字链接和图片链接。

3. 以下关于小程序的说法哪些是对的？（　　　）
   A．微信小程序，打开即可直接使用，不需要安装、不占用内存。
   B．微信小程序是一个应用市场。
   C．可以分享对话，支持分享给单个好友及微信群。
   D．微信小程序可以推送消息。
4. 以下关于微信小程序功能的描述哪些是错的？（　　　）
   A．小程序在微信上没有集中入口。
   B．小程序还可以做游戏。
   C．微信后台可以向用户推荐小程序。
   D．小程序没有订阅关系，没有粉丝，只有访问量。

## 任务 6　开通微信支付

### 情境概述

王晶晶是纤丽秀服装公司的移动端营销专员，公司打算通过微信支付的方式拓展自己的女装移动端销售渠道，公司目前有网络店铺、APP 应用、微信服务以及服装实体店，由于对微信支付的支付方式不是很了解，所以公司指派王晶晶对微信支付进行调研，完成一份说明性报告。王晶晶欣然接受了任务，她认为只要搞清楚一些问题，这个任务基本上就解决了。

### 情境分析

微信支付是继支付宝钱包之后时下比较流行的移动端支付手段，王晶晶想要完成此任务首先需要弄明白以下几个问题：
1．微信用户如何开通微信支付功能？
2．微信商户如何在公众账号中开通微信支付功能？
3．公众号微信支付包含哪些功能？
4．微信支付能够应用于哪些领域？
5．做推广时如何利用好微信支付功能？

### 技能支撑

微信支付是由微信和第三方支付平台财付通联合推出的移动支付创新产品，旨在为广大微信用户及商户提供更优质的支付服务。

> 王晶晶问：用户如何开通微信收付款功能？如何绑定银行卡？
> 专家答：从微信 5.0 版本开始，微信就开通了支付功能，之后又对其支付功能和内容进行了优化，具体开通、绑定步骤和方法如下。

开通支付功能：单击"钱包"→"收付款"→"立即开启"，界面中有收款页和付款页，方便快捷，如图 4-92 所示。

 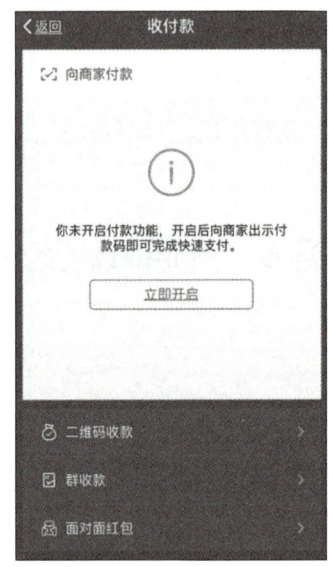 

图 4-92　开通微信收付款功能

添加银行卡：进入"添加银行卡"界面，输入用户支付密码→卡号→手机号→验证码即可添加成功，如图 4-93 和图 4-94 所示。

图 4-93　添加银行卡（1）

## 项目 4　微信营销

图 4-94　添加银行卡（2）

> **王晶晶问：** 商户如何在公众账号中开通微信支付功能？
> **专家答：** 目前商户可以通过公众号支付、APP 支付、扫码支付、刷卡支付、微信买单 5 种方式接入微信支付，如图 4-95 所示。其中，公众号支付是比较普遍的接入方式。

图 4-95　5 种接入微信支付的方式

利用微信公众账号接入微信支付的商户必须满足两个条件：一是商户拥有公众账号，且为服务号（政府或媒体订阅号）；二是公众账号必须通过微信认证，具体申请微信支付功能的操作流程如图 4-96 所示。

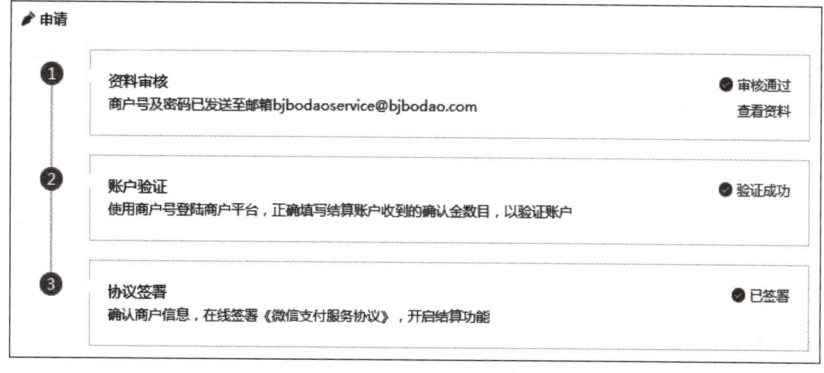

图 4-96　申请微信支付功能的流程

(1) 资料填写

1) 登录微信公众平台 https://mp.weixin.qq.com，进入已经认证成功的服务号，单击"微信支付"功能。

2) 申请开通微信支付功能，进入审核资料填写阶段，参照页面指引依次填写资料，分别填写经营资料、商户信息、账户信息，填写完成等待审核。

(2) 资料审核

1) 商户申请资料提交成功后等待审核，审核时间为 1～5 个工作日内。

2) 审核结果将以电子邮件的形式告知商户，商户也可登录微信公众平台，单击页面右上角小铃铛图标查看，如图 4-97 所示。

图 4-97　资料审核后公众平台邮件提示界面

3) 审核通过的通知邮件中包含非常重要的开发参数。商户登录邮箱查收邮件，获得微信支付商户号、商户平台登录账户密码。

(3) 账户验证

1) 登录"公众平台（或开放平台）"→"微信支付"→"账户验证"，如图 4-98 所示。

图 4-98　账户验证

2）验证跳转到"商户平台"，如图 4-99 所示。

图 4-99　商户登录界面

3）找到商户平台登录账号（账号已发送至申请支付时填写的常用邮箱中），如图 4-100 所示。

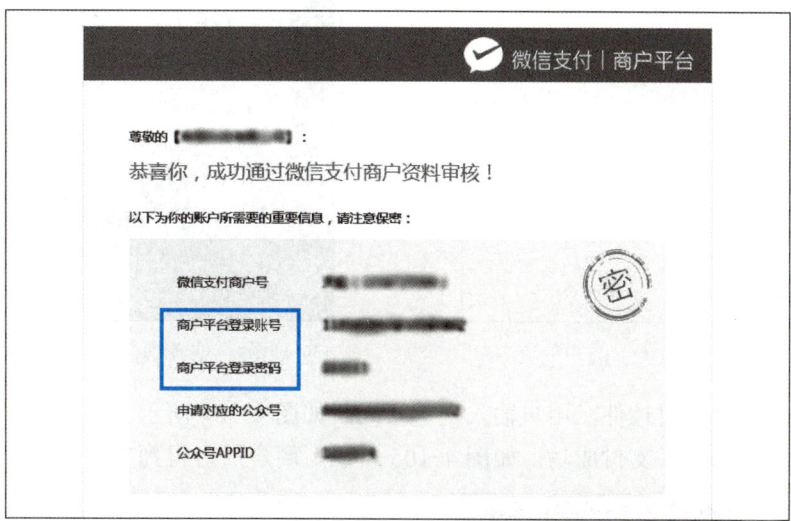

图 4-100　商户登录资料

4）输入支付给公司账户的转款金额，单击"确认"按钮即可完成验证，如图 4-101 所示。

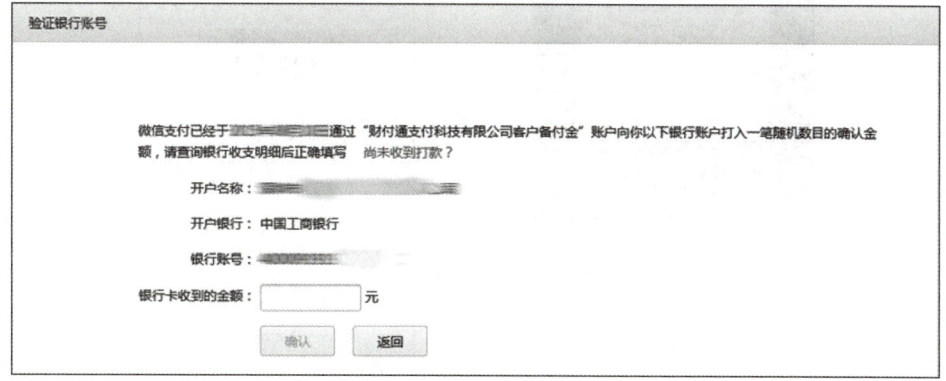

图 4-101　验证银行账号

（4）协议签署

1）账户验证通过后，即可在线上签署协议。

2）确认相关商户信息是否正确。

3）阅读并签署合作协议。

> 王晶晶问：商户已有H5商城网站，用户通过消息或扫描二维码在微信内打开网页时，调用微信支付完成下单购买的流程是怎样的？
>
> 专家答：主要有以下几步。

1）商户下发图文消息或者通过自定义菜单吸引用户单击进入商户网页，如图4-102所示。

2）用户进入商户网页选择购买，完成选购流程，如图4-103所示。

图4-102　商户网页下单　　　　图4-103　请求微信支付

3）跳转到微信支付控件，用户输入支付密码，如图4-104所示。

4）密码验证通过，支付成功，如图4-105所示。商户后台得到支付成功的通知。

图4-104　用户确认支付，输入密码　　　　图4-105　用户支付成功提示

5）返回商户页面，显示购买成功，如图 4-106 所示。

6）微信支付公众号下发支付凭证，如图 4-107 所示。

7）商户公众号发消息提示发货成功，该步骤可选。

注意：商户也可以把商品网页的链接生成二维码，用户扫一扫打开后即可完成购买支付。

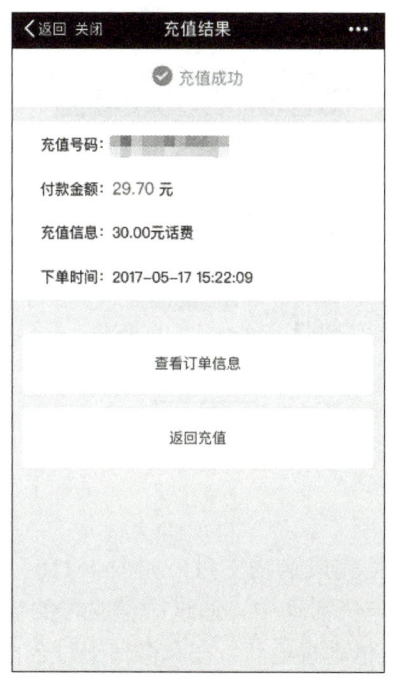

图 4-106　返回商户页面

图 4-107　用户收到微信通知

**案例学习**

蘑菇街作为目前国内较火的女性分享导购社区之一，在微信支付开放内测期就已接入，用户在蘑菇街挑选心仪的衣服、包包、鞋子，在付款环节选择微信支付，就能快速跳转到微信支付页面完成付款，给用户提供了更加便捷时尚的购物体验。

**1．与微信平台全面合作，扩大潜在客户群**

接入微信支付对蘑菇街来说是必须尝试的一步。蘑菇街的用户群定位是年轻时尚、爱美、爱分享、追求性价比的女性群体，而微信支付除移动端的优势外，其用户大多是年轻用户。接入微信支付，既能为双方用户带来更加时尚、便捷的购物体验，也为蘑菇街发力移动端提供帮助。

蘑菇街与微信平台达成全面合作，成为微信第三方服务商家，如图 4-108 所示。借助微信上亿人群的社交平台，蘑菇街不用通过自己的 APP 导入流量，可直接通过"我的钱包"→"第三方服务"中的"蘑菇街女装"即可直接跳转到"蘑菇街 - 微信官方合作商城"，如图 4-109 所示，这意味着亿级用户流量将直接注入，且能直接借助微信支付完成交易闭环，轻松坐拥微信用户中有购物需求的用户，扩大了自己的用户渠道。

图 4-108　微信"我的钱包"界面　　　　图 4-109　蘑菇街－微信官方合作商城

**2. 依托微信支付，支付方式方便快捷**

蘑菇街在接入微信支付后，用户可以通过微信完成购物支付，如图 4-110 所示。蘑菇街公布的最新数据显示，在刚刚结束的蘑菇街周年庆活动中，通过微信支付的订单量和订单总额与此前相比有很大提升，合作效果远高于其他垂直电商。在和微信支付合作过程中，从微信的扫码支付到 APP 支付都有非常好的用户体验。

图 4-110　蘑菇街－微信支付页面

## 技能提升

> **王晶晶问**：蘑菇街是将微信支付功能应用在了商品付款上，除此之外微信支付还能在哪些领域应用？
>
> **专家答**：目前可以直接从微信钱包进入的微信支付服务项目有四大类：移动金融服务、生活便捷服务、娱乐购物服务以及其他服务，其中移动金融服务包括转账、刷卡、理财通、信用卡还款等；生活便捷服务包括手机话费充值、彩票、蘑菇街、机票火车票等；娱乐购物服务包括京东精选、吃喝玩乐、电影票等；剩下的Q币充值、微信红包、腾讯公益、AA收款等都属于其他服务。这些都是微信内直接嵌入的支付服务，除此以外，微信支付还支持线下扫码支付、Web扫码支付、公众号支付、APP支付。

> **王晶晶问**：蘑菇街与微信的合作不仅打开了它的用户渠道，增加了支付方式，而且也给自己做了推广营销，那么我们在做推广的时候如何利用好微信支付功能呢？
>
> **专家答**：对于交易类型的商户而言，微信支付已经成为不得不开通的商品交易渠道，申请微信服务号并且通过认证就可以开通微信支付功能，商户可以直接在服务号下做商品推广，也可以利用已经认证好的服务号开通微信小店功能，在微信上利用微信支付经营自己的小店。

对于商品的推广，商户可以利用订阅号或者服务号中的群发、实时回复、自动回复等方式推广商品信息，也可以通过图文消息、自定义菜单、关键字回复等方式向订阅用户推送商品消息，还可以把商品网页生成二维码，发布在线下和线上的媒体，如车站广告牌、楼宇广告、宣传单、朋友圈、微博、QQ等，推广方式与推广微信订阅号和服务号二维码是一致的，用户只需要用微信扫一扫二维码即可打开商品详情，在微信中直接完成购买和支付流程。

> **王晶晶问**：蘑菇街营销如此成功，那它能够带给我们哪些品牌营销方面的启示呢？
>
> **专家答**：蘑菇街以强大的资金流量来制造营销效应，这是一般企业模仿不了的，但是它在营销方面却给我们不少可以借鉴的思路和方法。

1）借助微信社交平台增加或者导入用户。微信是最大的移动端社交平台，利用好这个平台的用户资源，对于没有用户流量的商户或者企业来讲，绝对是首要的选择。

2）注重用户使用习惯的培养。用户的习惯是多元化的，有些用户就习惯在PC端购物、聊天，移动端的使用习惯是缺失的，因此在推广营销的时候一定要注意培养用户的某种习惯，用习惯增加用户的黏性。

3）注重社交分享，刷存在感。充分利用好微信的社交功能，采用一些诱导技巧增加用户转发推广内容的次数，让品牌不会消失在人们的视野之外，这对于品牌知名度的提升有很大作用。

4）节日庆典不错过。对于消费者而言，节日或者庆典就意味着是商品的打折促销日，所以商户或者企业也抓住这个时机，不能错过消费者有消费意愿的每一个机会。

## 巩固练习

### 知识梳理

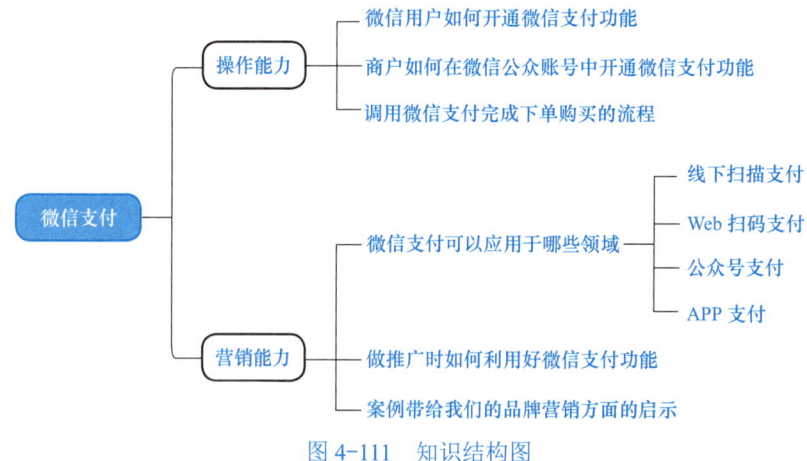

图 4-111　知识结构图

### 随堂练习

**一、填空题**

1. 微信用户开通微信支付功能添加银行卡既可以添加_____卡，也可以添加_____卡。

2. 微信商户可以申请_____支付和_____支付两种方式接入微信支付。

3. 商户申请公众号微信支付的两个前提条件是：一是公众号必须为_____号，二是公众号必须通过_____。

4. 商户在提交完微信审核资料后，微信官方将在_____个工作日内进行资格审核。

5. 商户在测试完成支付功能后，只有在_____后，该支付功能才能对外正式启用。

**二、多项选择题**（每题的备选答案中，有两个或两个以上符合题意的答案）

1. 商户申请公众号微信支付的时候需要填写哪几类审核资料？（　　　）

　　A．商户基本资料　　B．业务审核资料　　C．资质审核资料　　D．人员审核资料

　　E．财务审核资料

2. 商户在公众号开通微信支付功能后，商户功能模块启用，包含以下哪些功能？（　　　）

　　A．商品信息推广　　B．交易统计数据　　C．查看订单流水　　D．退款

　　E．下载对账单

3. 微信支付功能在开通后能够支持哪些领域的移动端在线支付？（　　　）

　　A．线下扫码支付　　　　　　　　B．Web 扫码支付

　　C．公众号支付　　　　　　　　　D．APP 支付

　　E．密码支付

# 任务7　微信红包营销

### 情境概述

杨彬是一家知名快递公司网络营销部的营销专员，公司打算借着元旦跨年贺岁的时机开展"迎新年，送红包"的营销活动，目前公司还没有成形的营销方案，特别是送红包，怎么送？通过什么渠道送？成了营销方案中最核心的问题。当看到微信营销如火如荼的场面，杨彬脑子里第一反应就是"微信红包"，可是"怎么利用微信红包做好营销"成了杨彬目前最需要弄清楚的问题。

### 情境分析

杨彬要想做好这次营销推广活动，必须弄清楚以下几个问题：
1. 商户如何向用户发放现金红包？
2. 商户做红包营销的时候应该注意什么问题？

### 技能支撑

微信红包是微信于2014年1月27日推出的全新功能，此功能基于微信5.2及以上版本运行，可以实现发红包、查询红包记录和红包提现等功能。微信红包在成功运营近一年以后，2014年12月24日，微信团队正式宣布面向商户开放微信现金红包申请，只要商户开通了微信支付，就可以申请接入现金红包。此消息一出，人们都认为微信红包已经成为微信营销的新工具。

> **杨彬问**：一般用户是怎么发微信红包的？具体步骤是什么？
> **专家答**：微信红包功能放在了微信聊天页面的"添加"中，用户只要开通了微信支付功能就可以向微信好友、微信群发放红包，具体流程如图4-112所示。

1) 找到"红包"。单击微信聊天页面右下角的"添加"按钮，进入界面后选择"红包"。微信群里的拼手气红包可选择红包个数，一对一发红包则不能选择红包个数。

2) 填写红包信息。无论是拼手气群红包还是普通红包，需要填写的信息基本一致。需要注意：一是拼手气群红包的每个红包金额在0.01～200元之间随机产生，最大不超过200元；二是普通红包可以发送给不同好友，每人只能领取一次，而且好友之间不会看到对方信息。

3) 充钱进红包。微信支付可以绑定多张银行卡。在微信"我"的功能界面单击"我的银行卡"，然后添加银行卡，每个微信账号可绑定多张银行卡、信用卡。

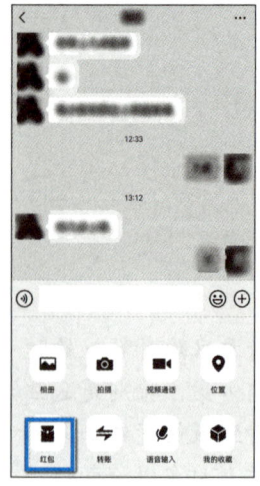

图 4-112　用户发微信红包具体流程

4）开始发红包。充完钱就可以开始发红包了。

注意：红包只能在朋友群里发或者单发给个人。如果红包 24 小时后无人打开，金额则返还到发红包者的账户中。

> 杨彬问：既然微信已经向商户开放了微信红包的功能接口，那么商户该如何开通此功能呢？
> 
> 专家答：根据微信官方的要求，微信红包功能向商户开放的前提条件是商户必须有已经开通微信支付功能的服务号，如果满足这个条件，那么无需申请即可开通。

下面以已经开通微信支付功能的服务号为例，来说说商户的微信红包该如何操作。

1）开通现金红包权限。在使用现金红包之前，需要开通现金红包功能。操作方法为"登录微信支付商户平台"→"产品中心"→"现金红包"→"开通"，如图 4-113 所示。

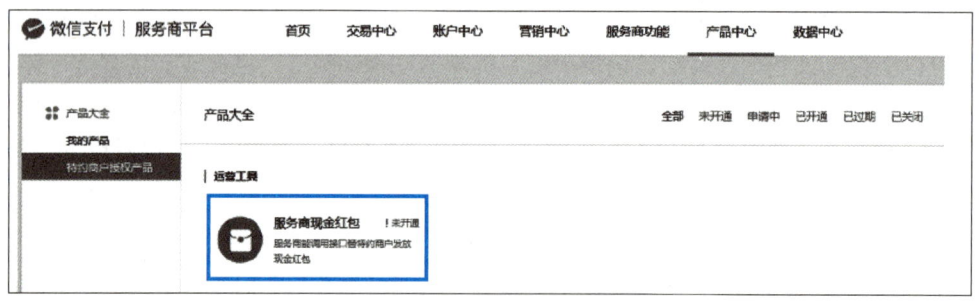

图 4-113　开通现金红包权限

说明：在开通时请如实选择使用场景，且在红包的发放过程中如实上报场景，如有作假，微信支付将有权根据《微信支付商户平台使用协议》对商户号做出处理。

2）下载 API 证书。商户调用微信红包接口时，服务器会进行证书验证，需在商户平台下载证书，如图 4-114 所示。

3）充值。在发放现金红包之前，需要确保资金充足。如果不足，则需要先充值。操作方法为"登录商户平台"→"账户中心"→"资金管理"→"充值"，如图 4-115 所示。

4）获取 openid。目前支持向指定微信用户的 openid 发放指定金额红包。

图 4-114　下载 API 证书

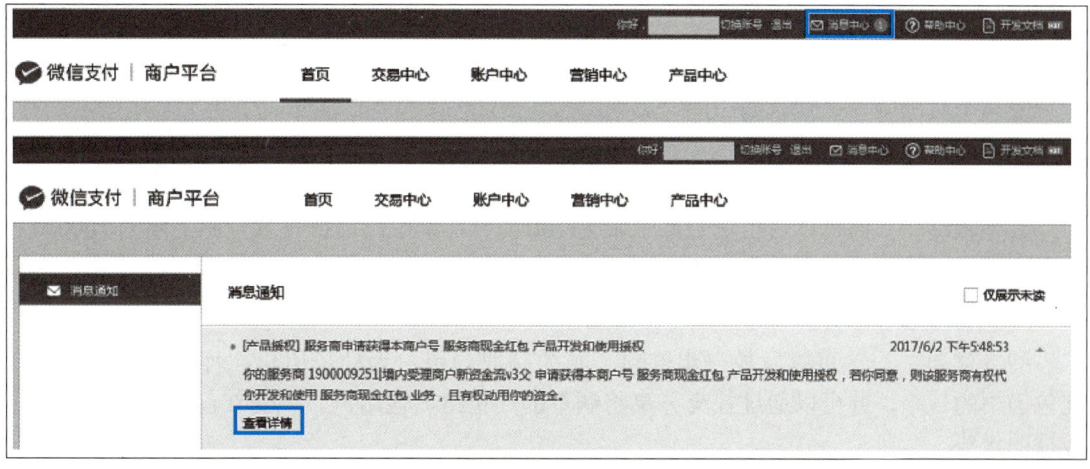

图 4-115　充值

5）相关参数设置。和红包相关的参数可以在页面上自主设置和更改。操作方法为"登录商户平台"→"产品中心"→"现金红包"→"产品设置"（注意：开通现金红包功能之后才会出现"产品设置"操作按钮），如图 4-116 所示。

说明：

1）调用 IP 地址：设置之后，仅有已设置的 IP 地址可以调用，其余的 IP 调用会报错。

2）用户领取上限：限制同一 openid 同一日领取的个数。

3）防刷等级：防刷是指微信风控针对微信小号、僵尸号、机器号等的拦截，可以通过更改防刷等级控制防刷的强度。

4）同时也可以申请更改红包额度。但是需要经过微信支付的审核，审核通过之后才会生效。

图 4-116　相关参数设置

> **杨彬问**：能否具体讲讲商户在发放现金红包时，主要有哪些类型的红包可以选择，发放规则是怎样的？
> **专家答**：现金红包的发放包括"发放普通红包"和"发放裂变红包"，具体发放规则如下。

### 1. 发放普通红包

发送频率限制——默认为 30 个 /s。

发送个数上限——默认为 30 个 /s。

场景金额限制——默认红包金额为 1～200 元，如有需要，可前往商户平台进行设置和申请。

其他限制——商户单日出资金额上限为 100 万元；单用户单日收款金额上限为 1000 元；单用户单日可领取红包个数上限为 10 个。

### 2. 发放裂变红包

裂变红包：一次可以发放一组红包。首先领取的用户为种子用户，种子用户领取一组红包当中的一个，并可以通过社交分享将剩下的红包给其他用户。裂变红包充分利用了人际传播的优势。

> **杨彬问**：到这里好像只完成了现金红包的创建，创建后的红包又该如何发送出去？
> **专家答**：公众号发红包的渠道有两种，其一：直接通过微信支付商户平台→产品中心→产品大全→运营工具→现金红包，运营者可调用接口根据开发文档进行开发或收集要发送红包对象的 openid，将 openid 编辑成 txt 文件，使用上传文件功能发放，这两种方式都要求运营者具备开发能力，否则无法获取用户的 openid 进行红包发放，此种方式较为烦琐。其二：通过第三方功能平台来实现，直接授权公众号绑定到第三方功能平台，套用模板，参照详细的操作指南，借用第三方平台实现公众号发红包，此种方法是用户普遍的选择，免除了高额的开发成本，而且玩法多样。详细地说，公众号发红包主要有以下几种玩法：

### 1. 关注领红包

玩法介绍：新用户关注公众号后自动回复红包活动超链接或单击自定义菜单活动入口等，如图 4-117 所示。用户参与的方式有很多种，可以自由发挥，红包功能含强制关注公众号的设置，红包金额可设定为固定或随机。

功能特点：可以设置强制关注公众号，红包领取详情活动页面中可展示并且支持 Excel 导出。

图 4-117　关注领红包

## 2. 口令红包

玩法介绍：系统批量生成口令，每一个口令由 5 位含字母和数字的字符随机组成，口令使用一次立即失效，红包金额可设置为固定/随机，如图 4-118 所示。用户关注公众号之后，回复口令即可领取红包。当然也可以个性化自定义口令，这种玩法广泛适用于"淘宝返现""提升图文阅读量及公众号用户活跃度"等。

功能特点：操作简单，5 分钟即可完成功能设置，实现发红包。

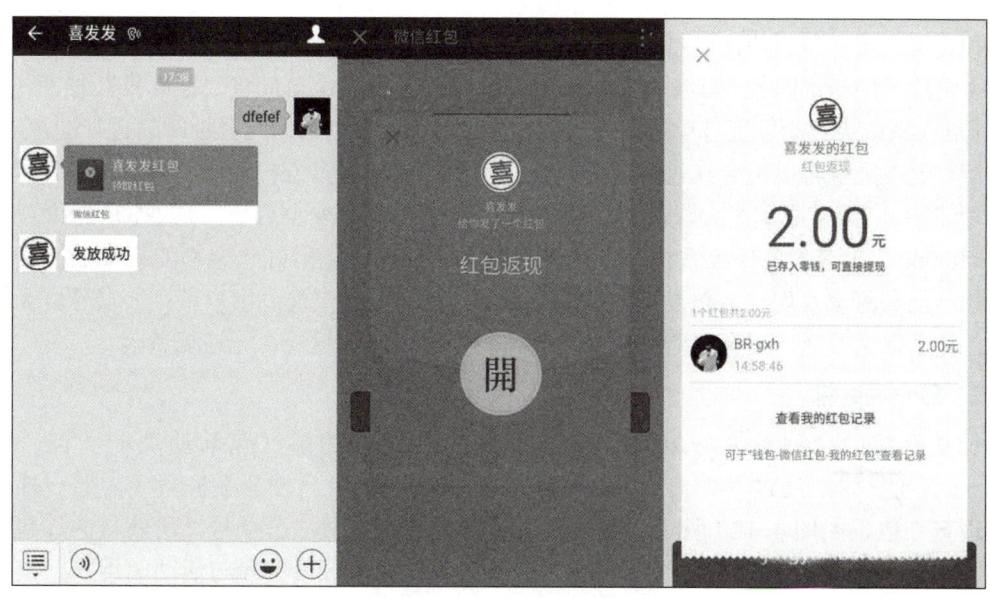

图 4-118　口令红包

### 3. 关键词红包

玩法介绍：自定义关键词（例如恭喜发财），可设定活动时间，内置活动开关，红包金额支持 1 元以上（满 1 元提现），支持同步推送图文消息、超链接、祝福语等相关设置，用户关注公众号回复"关键词"即可领取现金红包，如图 4-119 所示。同一个"关键词"不同微信 ID 用户仅限领取一次，非常适合节假日开展福利活动。

图 4-119　关键词红包

### 4. 好评返现微信红包

玩法介绍：电商平台严禁好评返现，脱离电商平台结合微信公众号发放微信红包不失为一种良策，卖家印刷并在包裹里放置"好评返现"指引卡片，买家收到包裹后通过微信扫描指引卡片上的二维码关注卖家微信公众号，按指引提示买家自助将"订单号"与"好评截图"上传（系统会自动验证订单号是否正确），卖家每天只需抽出几分钟时间进行图片审核，通过后，返现金额将以现金红包的形式从公众号中发出，买家直接领取即可。

功能特点：人工成本大大降低，买家按指引全自助操作，安全可靠，高效提升 DSR（Detail Seller Rating，卖家服务评级系统）；返现成本大大降低，微信红包金额随机发放；资金安全可控，交易流水及现金红包发放详情都可以用 Excel 导出查询；用户留存公众号，无任何限制，便于促销推送，提升复购率；脱离电商平台进行好评返现，无违规风险。

### 5. 摇一摇红包

玩法介绍：这种玩法与 2016 年春节微信官方举办的摇红包活动功能一样，采用 ibeacon 蓝牙技术，通过"微信摇一摇"入口参与活动，用户打开手机蓝牙，摇一摇即可领取现金红包，如图 4-120 所示。这种方法可以强制用户关注公众号，所获得的红包金额直接转入用户零钱包，支持设置固定或随机金额的红包，可限定参与活动的用户，支持领取红包后自定义广告跳转，还可设定中奖概率。

功能特点：优化了用户操作层级，红包金额直接转入用户零钱包；默认勾选关注公众号，进行粉丝沉淀。

图 4-120　摇一摇红包

**6．摇一摇抽奖**

玩法介绍：在摇周边"抽奖模板"的基础上进行了功能性的全面升级，奖项设置增加了红包和自定义页面，商家可同时设置红包和卡券作为奖项，并且可以控制用户领取红包或卡券的次数，灵活调整奖品的发放概率，还能实时增加奖品数量，自带开关按钮（随时开启/暂停活动），沿用"抽奖模板"的页面设计，交互顺畅自然，页面赏心悦目，如图 4-121 所示。

功能特点：

1）操作简单，只需 5min 即可设置活动。

2）丰富了奖项，红包、卡券、HTML5 都可设置活动。

3）功能规则更符合用户需求，可设置奖项类别、用户领取次数，降低活动成本。

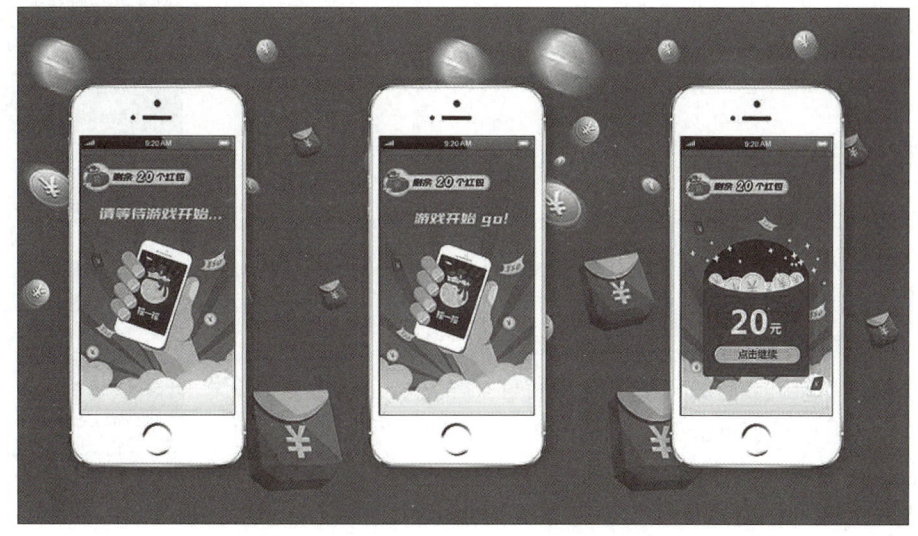

图 4-121　摇一摇抽奖

### 7. 大屏幕摇红包

玩法介绍：基于微信摇一摇周边功能，用户在活动现场打开手机微信，通过微信摇一摇，摇出的红包数据可以实时同步大屏幕，实现双屏互动，让活动气氛更浓重，如图4-122所示。

功能特点：直接调用全部符合时效设置的公众号红包活动，随时切换显示；可自定义活动页面背景，支持个性化定制。

图4-122　大屏幕摇红包

### 8. 订阅号摇红包

玩法介绍：订阅号无法开通微信支付，可以发红包吗？相信有很多用户都会有这个疑问，本质上订阅号所开放的相关接口权限不具备发红包的能力，但通过技术手段与开通了微信支付的服务号结合则可以让订阅号也获得发红包的功能，如此一来则可以满足众多企业或商户订阅号吸粉的需要。订阅号摇红包可以强制用户关注订阅号，活动页面中显示订阅号的相关信息（公众号名称及Logo），可设置固定或随机金额，支持查询用户数据及Excel导出，活动内设开关按钮（灵活控制活动开启/暂停）。

功能特点：既不影响活动的互动效果，且又增加了订阅号的用户量。

摇一摇互动的内容包括红包、卡券、抽奖、HTML5、签到等，其中摇红包最受用户喜爱，瞬间可引爆现场气氛，适用于企业年会、婚庆、产品发布会、各种答谢宴、大型演唱会、开业庆典等场景。

> **案例学习**

2020年元宵节，红牛旗下分公司进行了新饮品品牌拓客营销活动"战马&红牛元宵红包"，如图4-123所示。本次活动使用了企业微信基于地理位置的精准裂变红包功能，指定只有在广东省东莞市的人才能领取红包，达到了区域性精准拓客的效果。

用户扫描二维码，添加红牛活动福利官小马哥的企业微信后（见图4-124），根据提示单击链接（见图4-125）即可拆取本次活动的现金红包。用户还可将本活动相关信息分享至朋友圈，邀请自己的亲朋好友一起参与，每邀请三人参与本次活动可再次拆取现金红包（见图4-126），且红包内金额可即时到账。

图4-123　战马&红牛元宵红包宣传海报

项目 4　微信营销

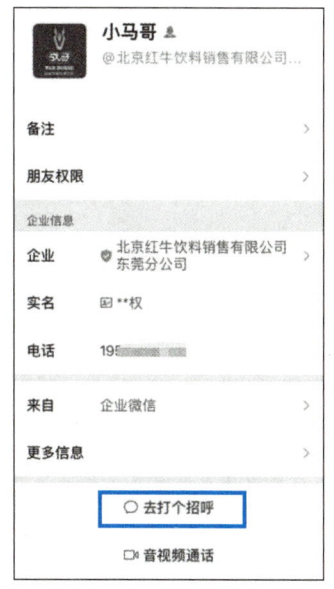 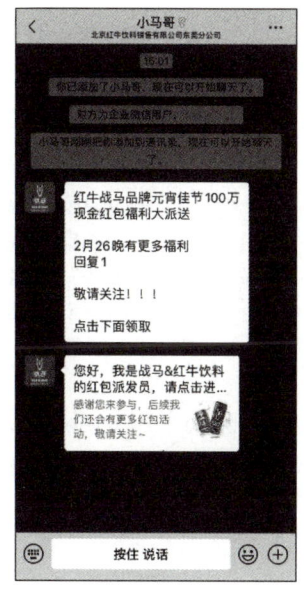 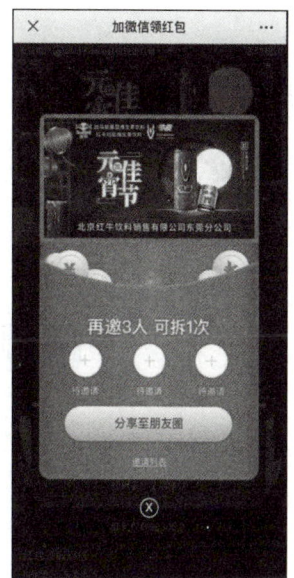

图 4-124　添加活动企业微信　　图 4-125　引导参与红包活动　　图 4-126　引导分享裂变

红牛的本次活动拓客效果非常好（见图 4-127），短短半小时活动点击 20000 余次，引发全城朋友圈转发曝光 200 万次，成功拓客近 5000 人，百万红包覆盖全城，持续品牌曝光，广告性价比提升 100 倍，成功建立红牛东莞分公司私域流量池，为后续营销活动积累了大量流量。

**技能提升**

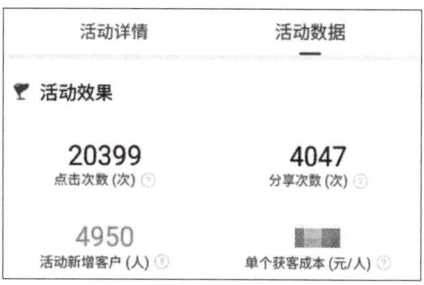

图 4-127　活动效果

杨彬问：看了红牛的成功案例，我觉得红包营销是一种不错的营销手段，那么我们在做红包营销的时候应该注意什么？

专家答：红包营销不是随便做的，做之前我们要考虑的问题有以下几点。

1）时机，给用户发红包一定要讲究时机，红包不是随便什么时候都可以领的，企业在发放红包的时候一定要注意时机的挑选，可以在春节、元宵节、中秋节这样的节日里发放，也可以在企业周年庆、促销活动的时候发放，总之要有一个好兆头作为发红包的理由。

2）人气，发红包或者抢红包就是要热闹，要有人玩才有氛围，所以企业在发红包之前一定要采用多种方式，线上网络宣传、线下广告、实物宣传相结合，在抢红包之前聚集一定的人气，并且预先将抢红包的时间点告知用户，到点准时开抢，效果就不会差。

3）简单，一定要降低用户的参与门槛，流程简单，这样用户能够主动参与进来，提升参与度。

4）实用，用户抢到的红包一定要有用处，要么支持提现，要么可以支持购买企业的产品或者服务，如果红包不实用或者没有什么用处，用户体验就会很差，这样反倒给企业造成了不好的影响。

### 知识梳理

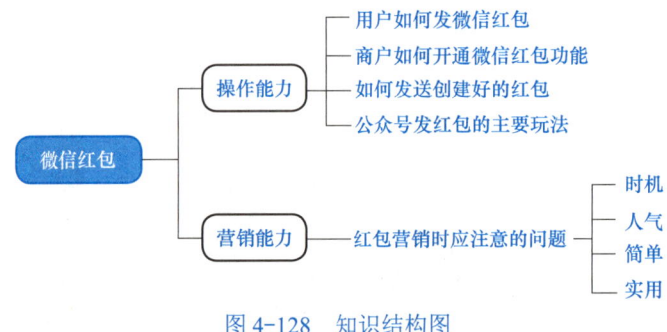

图 4-128　知识结构图

### 随堂练习

**一、填空题**

1. 对于微信用户而言，微信红包有两种类型：一是_____，二是_____。
2. 微信红包功能向商户开放的前提条件是：商户必须有已经开通_____的服务号。
3. 对于微信商户来讲，微信现金红包有_____和_____两种类型。
4. 微信商户的现金红包需要在微信支付_____平台上创建和发送。

**二、多项选择题**（每题的备选答案中，有两个或两个以上符合题意的答案）

1. 微信商户在创建现金红包时需要哪 4 步？（　　　）
   A．选择红包类型　　　　　　　　B．配置红包消息
   C．配置红包内消息　　　　　　　D．配置完成
   E．上传用户 openid 文件
2. 商户在进行红包营销的时候需要注意哪 4 个方面的问题？（　　　）
   A．时机　　　　B．金额　　　　C．人气　　　　D．简单
   E．实用

## 任务 8　开通与管理微信卡券

#### 情境概述

银泰百货面对即将到来的十五周年庆典，决定大手笔推出"店庆同喜，你买我减"的活动，活动策划已基本完成。这次活动以微信优惠券的形式推出，用户只要在活动期

间关注"银泰百货"官方微信号,即可在微信号中领取"满199减100"的优惠券,在结账时出示给收银员进行核销。至于优惠券的制作和推广任务交由活动实施部的宋惠茜负责,宋惠茜之前也只是见过微信卡券,作为商户如何制作微信卡券,如何进行推送等问题,她都不甚了解,此刻的她打算请教专家弄懂一些困惑自己的问题。

### 情境分析

宋惠茜要想完成这次店庆微信优惠活动,必须弄清楚下面这几个问题:
1. 用户如何使用微信卡券?
2. 商户如何申请开通卡券功能?
3. 商户如何对卡券进行管理?

### 技能学习

#### 技能支撑

微信 6.0 版本标志着商户期待已久的微信卡券正式亮相,微信客户端将这个功能命名为"卡包"。商户只要在自己的微信公众号运营后台自助申请开通微信"卡券功能",即可通过微信公众平台或开放接口使用此功能。从此,传统的代金券、折扣券、团购券、礼品券、优惠券、机票、电影票、门票、会员卡……可以统统收入微信用户的卡包之下,统一管理。用户不用再担心卡太多、太乱不方便管理,以致过期了都还没用;商户也不用担心给用户派发完优惠券就与用户失去了联系。微信卡券系统结构图如图4-129所示。

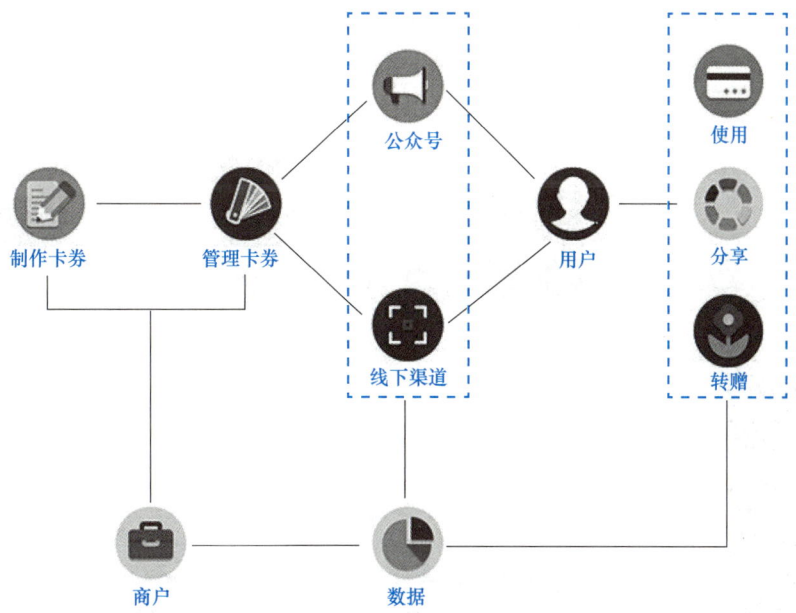

图 4-129 微信卡券系统结构图

宋惠茜问:用户怎么建立自己的卡包?如何使用卡包内的优惠券或者会员卡呢?
专 家 答:微信卡券享有微信固定二级入口,如图4-130所示,用户可便捷收纳各类型卡券于"卡包"中,主要包括"会员卡"和"优惠券"两个类目。

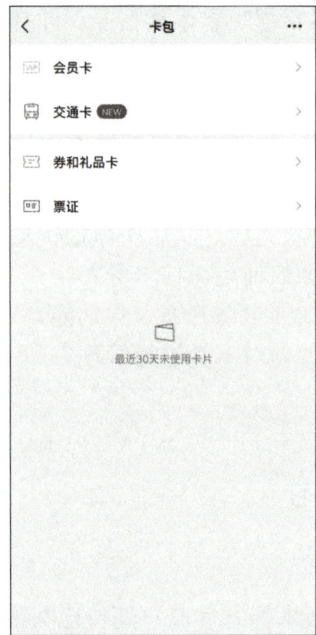

图 4-130　微信卡包页面

### 1. 会员卡

微信会员卡包含线上开卡、积分查询、线上买单、积分使用等功能。通过电子化，帮助用户提升会员卡使用和管理的效率。领取会员卡的流程如图 4-131 所示。

微信会员卡会将用户使用会员卡时的相关数据向商家推送，帮助商家更好地进行会员管理和运营。

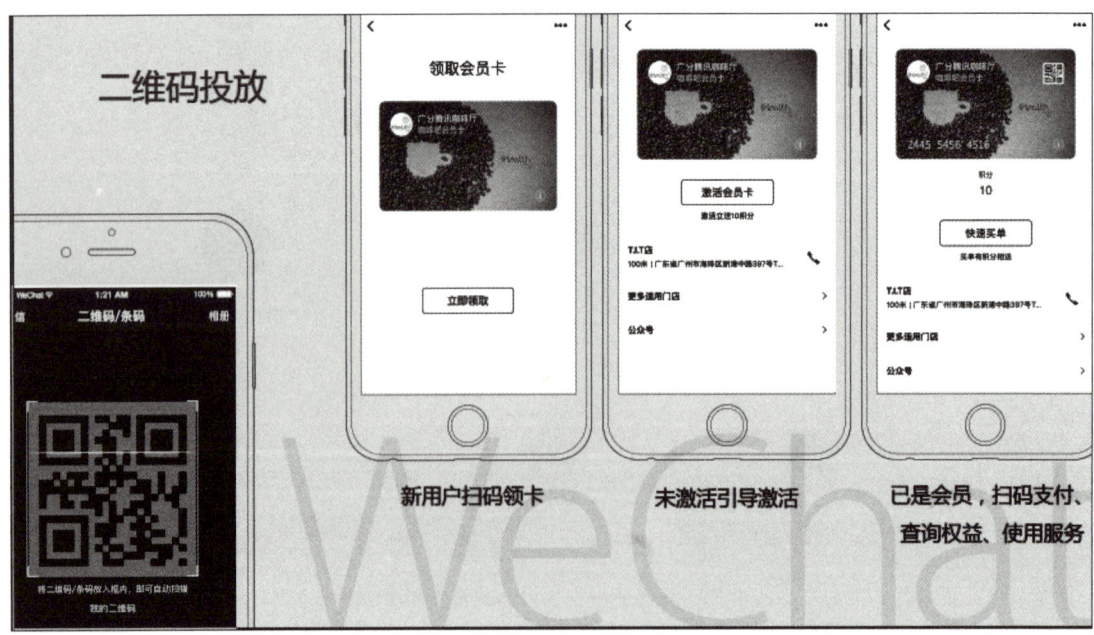

图 4-131　领取会员卡流程

## 2. 优惠券

优惠券有"朋友的优惠券"和"我的票券"两个分类。

1) "朋友的优惠券"被用户领取后，将自动展示在领取者及其朋友的优惠券列表中，用户和其朋友均可使用。领取及使用流程如图 4-132 所示。

图 4-132 "朋友的优惠券"领取及使用流程

商户可选择赠送配置，当朋友的券被使用后，根据商户配置的赠送内容，向使用者立即赠送一张朋友的券，继续与朋友共享。

2) "我的票券"里面放置着领取成功的优惠券，以领取公众账号的优惠券为例，具体流程如下：

① 首先关注一个公众账号，且此公众号有卡券发放权限，这里以"麦当劳"为例。

② 进入该公众号，单击自定义菜单下的"领优惠券"，进入优惠券领取界面，如图 4-133 所示。

图 4-133 麦当劳公众号界面

③ 选择一种优惠券，单击"领取"按钮，然后进入优惠券的详情页面，再次单击"立即领取"，如图 4-134 所示。

图 4-134　微信优惠券领取界面

④ 领取后，系统提示用户"优惠券成功领取并放入微信卡包"，用户返回微信主界面，单击菜单栏中的"我"，进入"卡包"功能。

⑤ 在卡包功能下，用户可以看到自己领取到的所有微信卡券，单击某个优惠券进入优惠券详情界面。

⑥ 进入详情界面后用户可以看到关于该优惠券的所有详细信息，借助"赠送给朋友"按钮，如图 4-135 所示，用户可以把这张优惠券赠送给微信的任意好友，与朋友分享该优惠券。

图 4-135　卡包优惠券的详情界面

⑦ 用户到店消费时,将上面的优惠券详情页面展示给店员即可享受优惠,有些商户的优惠券中会附上一个优惠二维码,用户到店后店员通过扫码完成优惠结算。

以上这个例子只是展示了优惠券的使用,微信卡包除了可以管理优惠券以外,还可以管理通过微信卡券功能获得的代金券、折扣券、团购券、礼品券、机票、电影票、门票、会员卡等多种类的卡券,获取方式和使用方式大致与优惠券相同。

此外,如果用户的卡券过多,就会导致连用户自己都不清楚哪些卡券使用了、哪些卡券快到期了、哪些卡券还没用。因此微信卡包提供多种消息提醒功能,例如过期提醒、使用通知,加强用户对卡券的管理,如图 4-136 和图 4-137 所示。

图 4-136　微信卡包消息通知界面

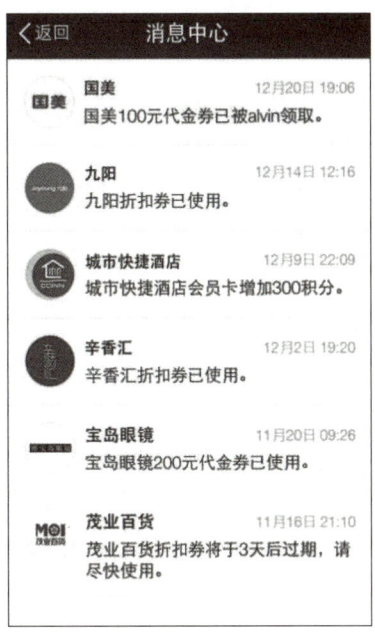

图 4-137　微信卡包内的其他卡券

> **宋惠茜问**:作为商户,如何申请开通微信卡券功能呢?
> **专家答**:已经开通微信公众号(订阅号和服务号)的商户都可以申请微信卡券功能,但是申请的前提条件是所申请的公众号必须通过微信认证,下面以服务号卡券功能的申请为例,讲讲商户如何开通卡券功能。

1)进入微信公众平台 https://mp.weixin.qq.com,登录已经注册好并且通过微信认证的服务号,单击左侧"添加功能插件"按钮。

2)进入功能插件选择界面,如图 4-138 所示,单击"卡券功能",进入下一步。

3)进入卡券功能申请开通界面,单击"开通"按钮,如图 4-139 所示。

4)选择角色,如图 4-140 所示,有"我是普通商户""我是第三方"两种角色可以选择。

5)按照提示内容逐步完成申请资料的填写,最终提交资料,等待审核,如图 4-141 所示。

图 4-138　服务号功能插件选择界面

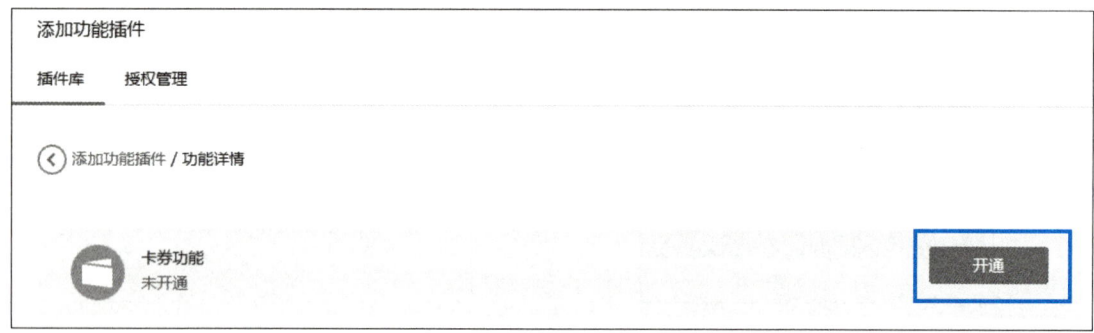

图 4-139　服务号卡券功能开通界面

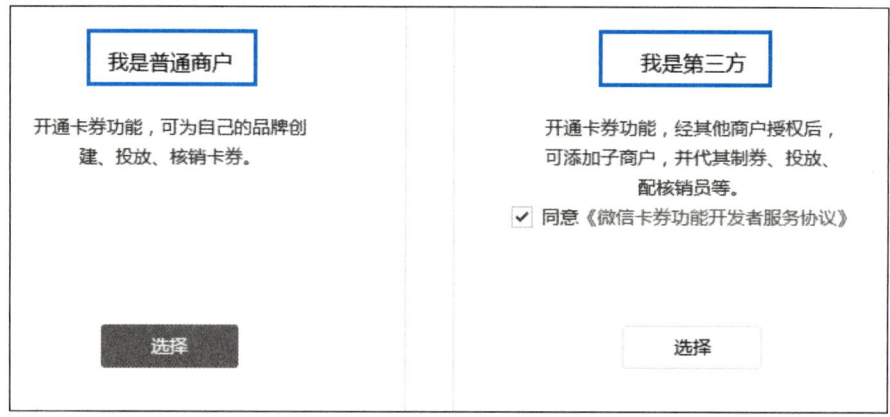

图 4-140　角色选择界面

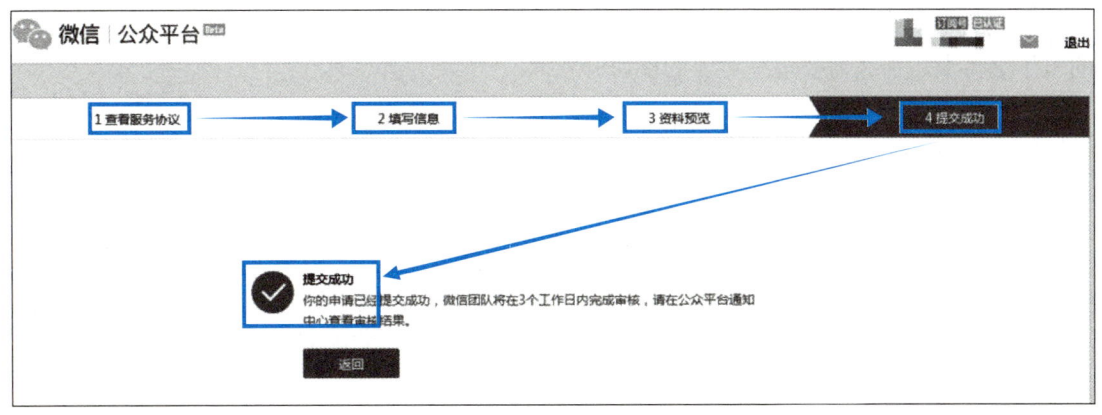

图 4-141　服务号卡券功能申请流程界面

注意：

首先"查看服务协议"环节，申请商户认真阅读《微信公众平台卡券功能服务协议》，并且同意此协议的内容。

然后进入"填写信息"环节，商户要注意以下几点填写要点：

① 正确选择类目：商户应按照其选择的类目使用微信卡券功能，生成、发放在选择类目范围内的电子卡券，不得超出腾讯审批的类目范围使用微信卡券功能。

② 清晰说明服务或商品：审核申请时需要了解商户在经营什么商品或服务，一般会从公众号名称、备注、近期运营内容等信息去综合判断。为了快速通过审核，请在"商品或服务说明"中详细描述：商户正在经营什么商品或服务（或介绍业务模式）；商户通过审核后，计划发行的卡券可以为领取者提供什么样的优惠。

③ 按要求提交资质文件：根据所选类目，商户需要提交相应的企业资质文件；请注意上传文件的公司名称与公众号认证公司名称保持一致，若非本公司所有，请务必上传两者间的合作协议或关系说明函，可与资质文件拍摄于同一张内上传，要求字体清晰。

说明：

微信公众平台并不是商户申请卡券功能的唯一渠道，有开发能力的商户也可以通过微信开放平台进行申请，此外也可以通过第三方移动应用领券进行申请。通过申请后可获取的功能权限、可创建的卡券类型如图 4-142 所示。

| 获得权限 | | 可创建的卡券类型 | 申请渠道 |
| --- | --- | --- | --- |
| 公众平台卡券功能<br>（免开发） | 创建卡券、卡券投放、<br>卡券管理、卡券核销、对账 | 普通券 | 公众平台 |
| 公众号卡券功能<br>（API接口开发） | 创建卡券、卡券投放、<br>卡券管理、卡券核销、对账 | 普通券<br>特殊券<br>会员卡 | 公众平台 |
| 第三方移动应用领券加入微信卡包 | 第三方移动应用领券加入微信卡包、<br>创建卡券、卡券投放、卡券管理、<br>卡券核销、对账 | 普通券<br>特殊券<br>会员卡 | 开放平台 |

图 4-142　微信卡券功能分类

所以借助微信公众平台的商户只能发放免费的电子券,如果商户想通过微信推广自己的电子会员卡,那么需要进行对应的接口开发。

> **宋惠茹问**:随着商户投放卡券的数量越来越多,商户能否通过公众平台对卡券进行管理?
> **专 家 答**:商户可以在"卡券功能"→"卡券管理"页面中完成卡券的生成、查看详情、编辑、删除、投放、查看报表操作。

卡券的状态一共有 5 种:

1)审核中:未超过失效时间,并且仍在审核中。

2)未通过:未超过失效时间,并且审核未通过。

3)待投放:未超过失效时间,并且审核已通过。

4)已投放:未超过失效时间,审核已通过并且至少投放过一次。

5)已过期:已经超过失效时间。

对不同状态的卡券,可进行的操作如图 4-143 所示。

| 操作<br>卡券状态 | 编辑 | 删除 | 投放 | 查看进度 |
|---|---|---|---|---|
| 审核中 | × | ✓ | × | × |
| 未通过 | × | ✓ | × | × |
| 待投放 | × | ✓ | ✓ | × |
| 已投放 | × | × | ✓ | ✓ |
| 已过期 | × | ✓ | × | ✓ |

图 4-143  不同状态卡券操作对照

此外,商户可以在"卡券功能"→"免费券"→"免费券数据"页面查看卡券运营数据概况、卡券详表和用户渠道分析,支持下载所有数据报表。

**案例学习**

屈臣氏是屈臣氏集团旗下的旗舰品牌,在亚洲及欧洲经营约 8000 家店铺,在我国内地 490 多个城市拥有超过 4100 家店铺和 6300 万名会员,是国内为大众所熟知的保健及美妆产品零售连锁店。同时,屈臣氏还是第一家推出微信会员卡包服务的大型零售连锁企业。

使用者只需关注"屈臣氏服务助手"公众号,便可在其指引下单击"菜单"按钮,选择"会员卡 | 激活绑定"领取微信手机版会员卡,并将已有会员卡与微信号绑定,如图 4-144 所示。绑定成功后凭借生成的会员卡二维码,就可以在微信卡包中查看或使用,如图 4-145 所示。

项目 4　微信营销

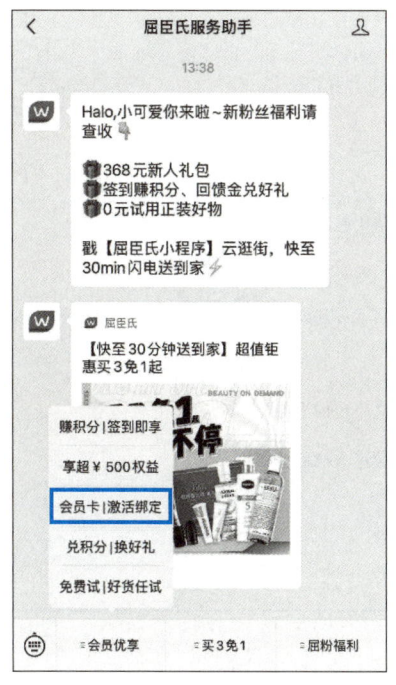

图 4-144　会员卡激活绑定

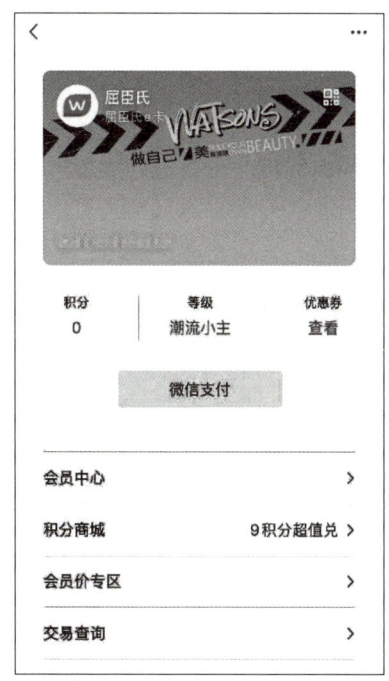

图 4-145　屈臣氏微信会员卡

屈臣氏微信会员卡使消费者能在微信平台上查询会员卡信息，对个人优惠一目了然，并且清楚显示积分变动。使用积分兑换时无需带实体卡，并可随时随地领取优惠，在购物后抽奖、领奖。具体来看，会员可直接通过微信或登录微信手机版会员网站查询个人特选优惠，具体优惠更可一键添加至个人卡包，并享受三天前优惠到期提醒；获取或使用积分时无需携带实体卡，轻轻单击微信手机版会员卡上的二维码，就能自动放大以验证身份；每次消费后，积分变动情况会推送，信息透明直接；单击消费信息还有机会参与 100% 中奖的抽奖，奖品包含积分、现金券、立减券及人气实物礼品等，让购物更便捷之余还充满惊喜。对于作为屈臣氏主要消费群体的年轻女性而言，微信会员卡十分切合其个人化需求，既方便快捷，省去了携带实体会员卡的麻烦，又符合其日常使用微信的社交习惯。

微信手机版会员卡的推出，让消费者无需携带实体会员卡，只需安装微信卡包即可享受最贴心细致的会员服务，感受更简便的会员服务流程，体验新升级的潮流购物模式，令消费者对屈臣氏信任升级，满意加倍。

**技能提升**

宋惠茜问：在做微信卡券的投放时用户可以通过哪些方式领取到优惠券？

专　家　答：微信卡券制作好后如何投放，用户如何领取也是商户在进行卡券营销时十分关注的问题。前面曾经提到微信给出了 4 种投放的形式：直接群发卡券、嵌入图文消息、自动回复（这 3 种都属于公众号领取）、线下二维码领取，除了以上这 4 种方式以外还有 3 种领取方式：线上商户领取、扫描商品进入详情界面领取以及微信附近的人领取。

巩固练习

知识梳理

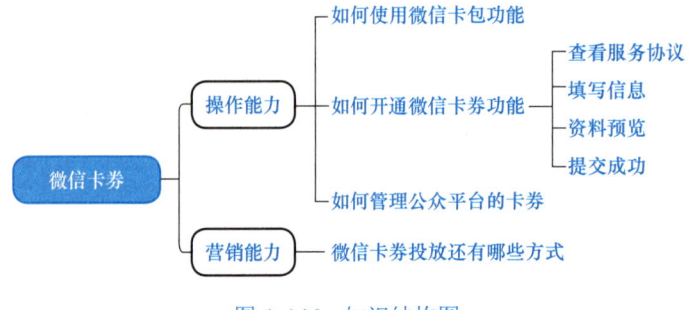

图 4-146　知识结构图

### 随堂练习

**一、填空题**

1. 微信公众号申请开通卡券功能的前提条件是所申请的公众号必须通过_____。

2. 商户在公众平台后台可以通过两种方式设置自己的门店信息：_____和_____。

3. 商户在提交门店信息成功后则进入到审核流程，审核结果将会在_____个工作日内反馈。

4. 商户在设置卡券有效时间时，公众平台提供了两种设置有效期的方式：一种是_____，另一种是_____。

5. 目前微信支持两种卡券核销方式：_____和_____。

**二、多项选择题**（每题的备选答案中，有两个或两个以上符合题意的答案）

1. 微信卡包功能能够对以下哪些卡券进行管理？（　　　）
   A．优惠券　　　　B．折扣券　　　　C．机票　　　　D．电影票
   E．会员卡

2. 目前微信支持生成以下哪几种类型的免费券？（　　　）
   A．折扣券　　　　B．代金券　　　　C．礼品券　　　　D．团购券
   E．优惠券

3. 商户在生成微信优惠券的时候需要设置哪几类卡券信息？（　　　）
   A．基本信息　　　B．详情信息　　　C．优惠信息　　　D．适用门店
   E．核销信息

4. 微信公众平台为商户提供以下哪些卡券投放的方式？（　　　）
   A．直接群发卡券　　　　　　　　B．公众号自动回复
   C．嵌入图文消息　　　　　　　　D．微社区
   E．下载二维码

5. 微信卡券生成后有以下哪几种状态类型？（　　　）
   A．审核中　　　B．未通过　　　C．待投放　　　D．已投放
   E．已过期

## 任务 9　开设微信小店

**情境概述**

吕青在电子商务时代之初就踏进了这个行业，现在，他的女装店铺已经遍布了各大电子商务平台，取得了可喜的业绩。移动电子商务的快速发展让他看到了新的契机。于是他决定创建一个属于自己的服务号，并在服务号上开设微信小店，全方位地服务顾客。为了开好一个微信小店，吕青开始了学习。

**情境分析**

吕青想要开设一个属于自己的微信小店，那么他需要解决下面几个问题：
1．如何开设一家微信小店？
2．开设好微信小店后，又应该如何经营这个店铺？
3．微信小店与粉丝经济的关系是什么？

**技能支撑**

2014 年 5 月 29 日，微信公众平台正式推出了"微信小店"，在微信也能够开设店铺了。这对于很多商户来说，就意味着又一个机遇。

> 吕青问：如果我想开一个微信小店，我应该怎么做呢？
> 专家答：对于微信小店申请与货物的上架等操作，有着一套严格的操作流程。

1）进入公共平台，申请一个服务号，并且这个服务号需要通过微信认证和开通微信支付功能。在具备这一系列条件后，登录该服务号可以在左侧的"添加功能插件"中找到"微信小店"，如图 4-147 所示。
2）单击进入，再单击"开通"按钮就可以进行微信小店的申请了，如图 4-148 所示。
3）在申请完毕后，需要填写商户号和密钥，如图 4-149 所示。
4）单击"提交审核"按钮后，经过 1～3 天就可以查询结果，查看是否注册成功。
5）注册结束后，登入服务号并单击微信小店，就可以对微信小店进行管理了。
下面具体介绍微信小店的管理方法。
1）添加商品。进入微信公众平台，选择"功能"→"微信小店"→"添加商品"，选择商品分类，如图 4-150 所示。

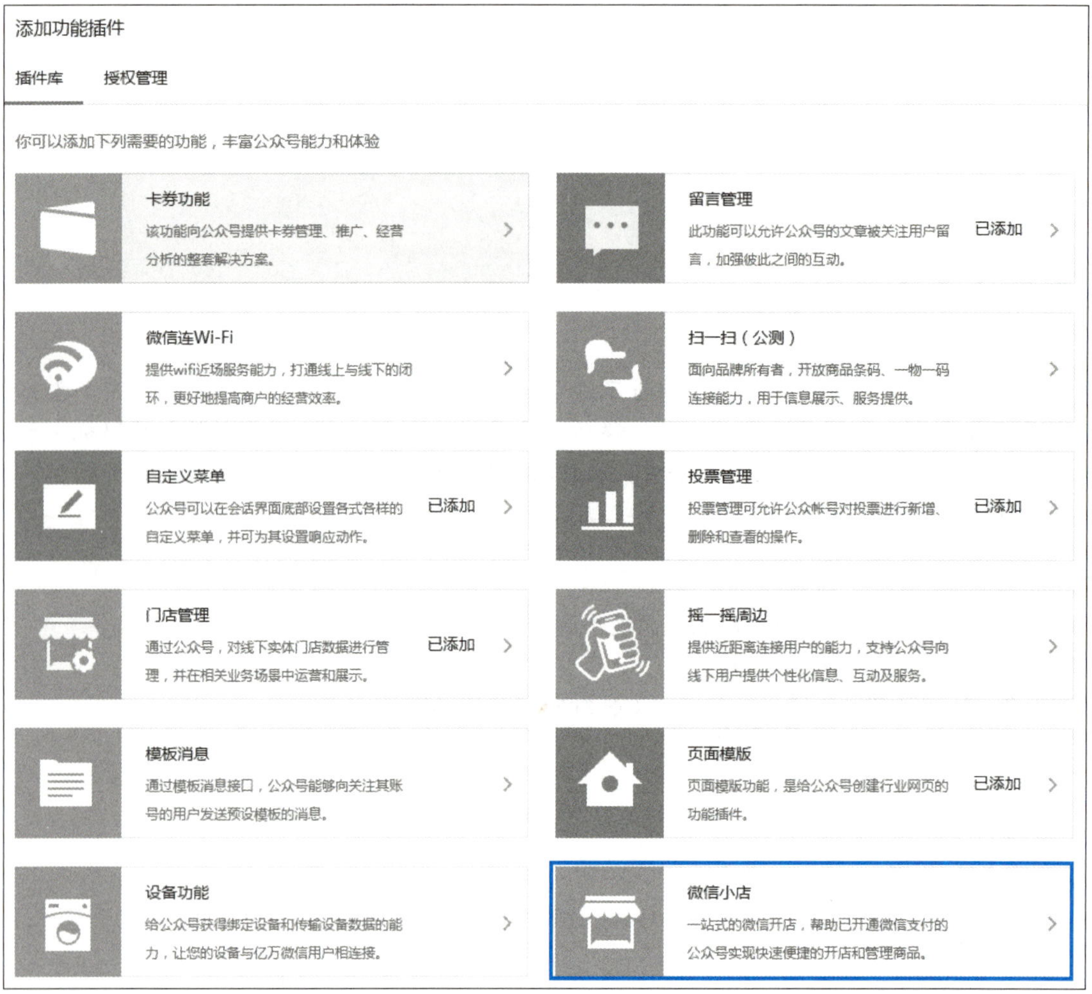

图 4-147 添加功能插件-微信小店

图 4-148 开通微信小店

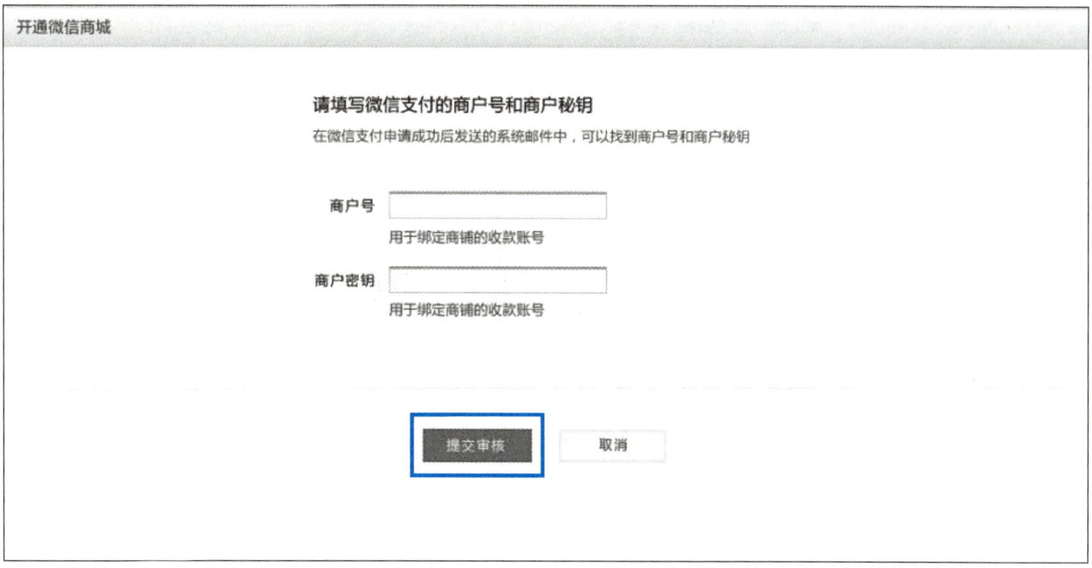

图 4-149　商户号与密钥填写

图 4-150　选择分类

然后按照指引填写商品的基本信息,包括商品名称、商品图片、运费、库存、详细描述等,如图 4-151 所示。

2)商品管理。进入微信公众平台,选择"功能"→"微信小店"→"商品管理"→"商品分组管理",如图 4-152 所示。

图 4-151　商品详细信息填写

图 4-152　商品分组管理

商品分组管理：可以设置不同的分组来管理商品，分组可用于将商品填充到货架中。排序方式可选最新上架排最前、按销售热度排序、按价格从低到高、按价格从高到低。商品排序方式将影响商品在分组货架上的排序方式，可以通过预览分组货架查看最终效果。

商品上下架：可以快速地执行商品的上下架操作，如图 4-153 所示。

图 4-153　商品上下架

3）货架管理。

货架：商户用于承载商品的模板，每一个货架是由不同的控件组成的，如图4-154所示。

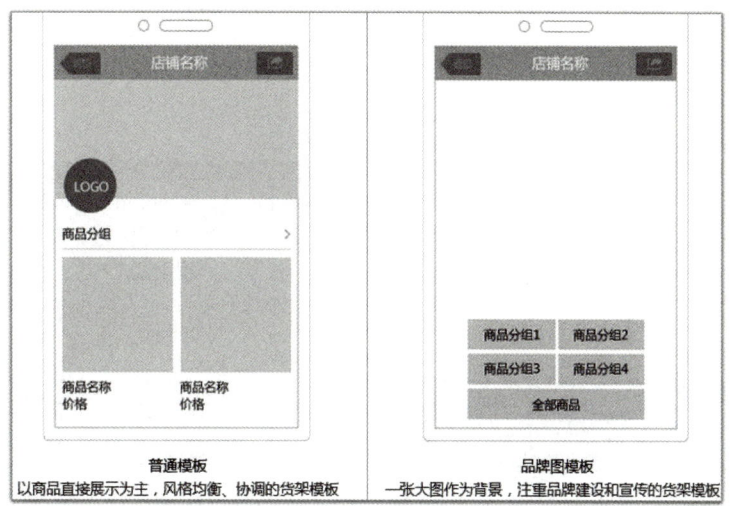

图4-154　货架管理

选择完货架之后，商户可以将分组管理里面的商品添加到货架中，如图4-155所示。

图4-155　货品上架

发布货架：将编辑好的货架单击发布，如图4-156所示。然后复制链接，链接可以填入自定义菜单、图文消息群发来推广，或者下载货架二维码，发布后，粉丝扫码即可进入货架查看商品信息。

当然除了上下架商品外，还能够在服务号后台中查看小店相关数据，如图4-157所示。

4）订单管理。在店铺管理中能够对客户的订单进行管理，进入微信公众平台，选择"功能"→"微信小店"→"订单管理"，可以查询订单，进行发货等操作，如图4-158所示。

图 4-156　货架发布

图 4-157　小店概况

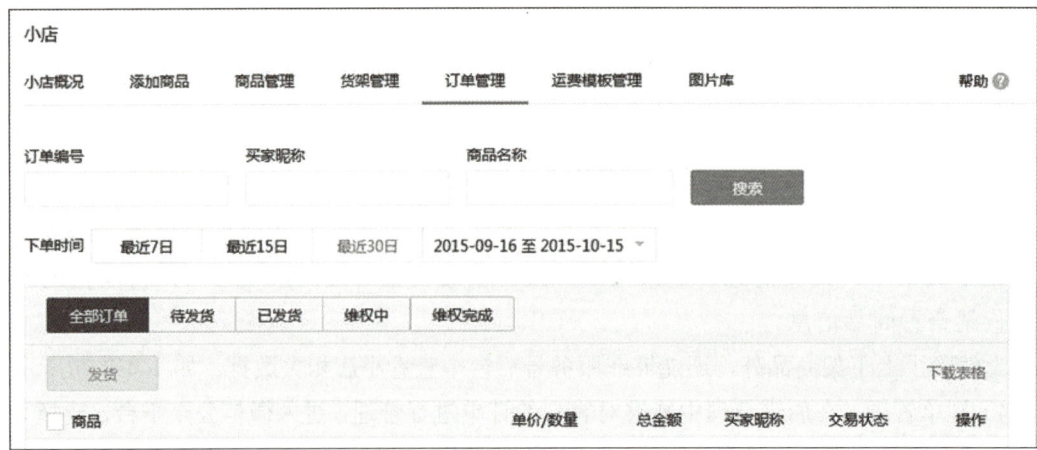

图 4-158　订单管理

> 吕青问：微信小店开设好以后，我应该如何去经营才能达到良好的效果？
> 专家答：如果开设的微信小店想要达到预期的经营效果，那么我们就必须紧紧地抓住微信的特点来进行营销。基于服务号的微信小店自然不会成为大流量的入口，面对少数、忠诚度高的用户，我们应如何进行营销？

### 1. 有明确的定位与客户群体

在微信小店中购买东西，因为其封闭的特性，所以在选择商品时一定要选择商品中精品好卖的商品，只有这样微信小店才不会给顾客一种商品杂乱、找不到店铺特点的感觉。此外，所销售的商品必须在一定的时间段进行更新，从而保证店铺给人的新鲜感。

有了明确的客户群体，可以根据客户喜好有针对性地推送产品内容，比如有些客户关注商品的卫生标准、有些关注商品价格、有些则关注质量等。而且明确客户群体也更加方便运营者进行活动内容的推送，从而让这些人慢慢地由普通粉丝变为忠实粉丝。

### 2. 粉丝经济的合理利用

如果想要推广微信小店，运营者所要做的就是利用好粉丝经济，只有做好粉丝经济，才能产生一种粉丝带粉丝的良性循环，从而让更多的人关注产品、关注服务号。

### 3. 日常注意事项

运营微信小店，不但要管理好产品与粉丝，还应该注意以下几点：

1）商品必须可靠，有品质保证，这是微信小店能够长效运营的关键。

2）不可强买强卖，这里并不是指强行买卖，而是不能因为粉丝没有购买东西，就对粉丝的态度有所转变，粉丝经济口碑第一。

3）保持文章的更新度，持续的文章更新是保证粉丝活跃度的重要方法。不要让粉丝觉得你对他"忽冷忽热"，这样很容易让人产生反感。

4）第一时间对服务号里的粉丝进行打折优惠活动。

5）保持日常的高效互动。

**案例学习**

产福元是一个专为孕妇、哺乳期女性等而定制的营养健康品牌。微信小店为产福元提供了更为广泛的渠道，利用服务号对用户进行集中式的管理与客户关系维护，并使用微信服务号中的微信小店对店铺中的商品进行推广营销，效果不错。

### 1. 关注生活，关注细节

在产福元微信公众号（见图4-159）中，会为用户发送关于健康养生、生活品质、生存环境等方面的信息（见图4-160）。因为产福元主要为各阶段不同生理需求的女性提供科学独特的营养管理方案和健康、优质专属营养保健品，所以产福元在服务号内对养生知识、健康话题、孕育知识等信息进行推送，可以让用户感觉到贴心，增加用户关注度，增加用户的黏性。当然，在精美的图文消息内进行关联营销能够吸引用户到店铺消费，一举两得。

### 2. 细致的店铺分类

在产福元微信服务号中，可以通过"微信小店"栏目（见图4-161）中的详细分类进入不同的需求页面。产福元根据人们平时的不同需求，对保健品进行了分类，这样的分类可以让不同需求的用户能够快速地查找到自己需要的产品。在产福元微信小店的首页，根据店铺功能进行了跳转栏目的设置，这样的设置让用户能够更加方便操作。当然，详细的分类设置不只是这一个好处，移动端因为网络条件、屏幕大小的限制，导致无法像PC端那样浏览页面，设置分类后可以直接跳转，能够缩短用户的查找时间，大大提升用户体验度。

图 4-159　产福元微信公众号

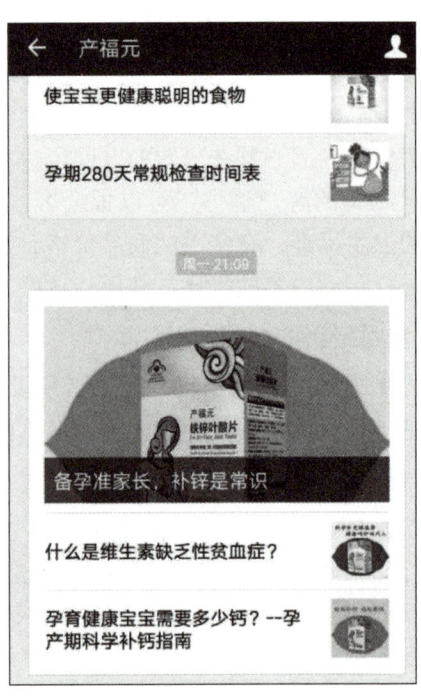

图 4-160　产福元微信公众号文章

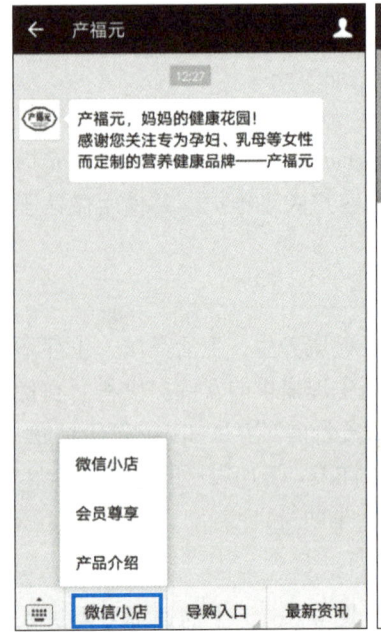

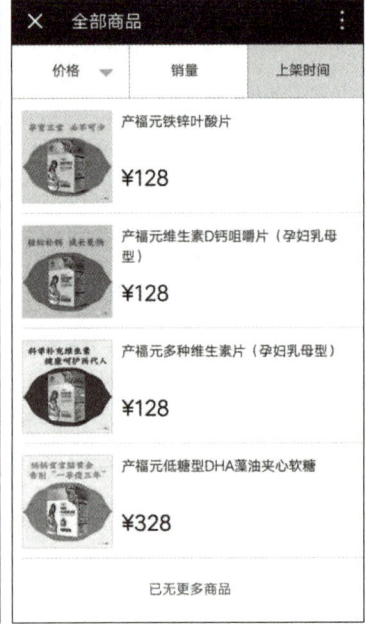

图 4-161　产福元微信小店

### 技能提升

**吕青问**：在店铺中，我们要推送产品相关的内容，并且推送一些科普知识来增加客户的黏性，为什么说这么做就可以抓住顾客？

**专家答**：在前面的学习中，我们学过微博营销、粉丝经济，微信小店是一个特殊的店铺，能够添加品牌服务号、关注品牌店铺的人就是品牌的忠实用户，这些人需要运营者用情感、用关怀来抓住他们。而如何表达品牌的情怀、关怀，在微信中自然就是图文消息的推送了。只有将图文信息做到让用户感兴趣，他们才会更多地关注品牌、关注商品。就好像粉丝经济一样，让这些"木粉"变成"铁粉"，品牌营销也就成功了。

当然，这并不是图文消息推送的全部目的，另外图文消息还可以培养用户的消费习惯，增加他们对品牌、对商品的信任感。

通过图文消息，运营者可以向用户展示商品的品质、用法、优势等，让用户有购买的冲动，同时，可以向用户介绍他们所不知道的使用方法，启发他们的兴趣。此外，图文消息中关于商品的产地、工艺、制作过程等一系列展示照片能够证明商品的优质品质，可以让用户对商品产生更多的信任感。

**吕青问**：这么看，微信小店其实做的是粉丝经济？

**专家答**：其实，就微信的定位来说，微信小店必然不是为那些在电商平台上来回跳转的"匆匆过客"而开设的，它可以被定义为是为更好地服务粉丝这类特定人群而开设的购物社区。在这里，用户可以享受到更加专注的服务与更为便捷的体验，即使不是忠实粉丝也会慢慢变成忠实粉丝，然后向粉丝展开销售。如果说微信小店做的其实就是粉丝经济，这句话是没错的，但是并不全面，它不但做粉丝经济，而且还能够兼顾内容营销，算是一个整合化的营销集合。

## 巩固练习

 知识梳理

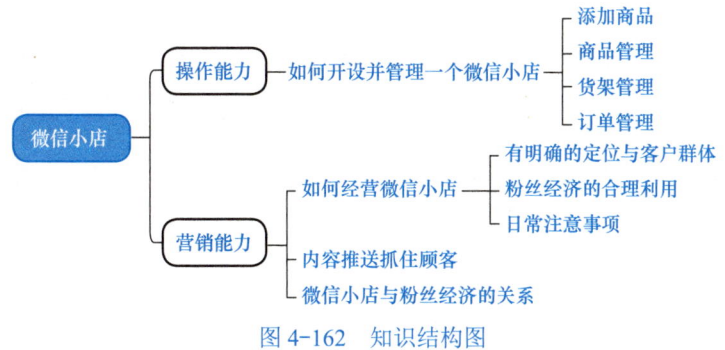

图 4-162　知识结构图

### 随堂练习

**一、填空题**

1. 微信小店是微信在微信的_____下增加的一个新功能。

2. 在微信小店中我们要有明确的定位与客户群体是因为_____。
3. 微信小店其实是整合了_____营销、_____营销与_____经济的大集合。

**二、多项选择题**（每题的备选答案中，有两个或两个以上符合题意的答案）

1. 在申请微信小店的时候（　　　）。
   A．必须有一个通过微信平台认证的服务号
   B．必须申请开通支付功能
   C．需要经过微信官方审核
   D．必须要有销售的商品
2. 如何经营一个微信小店？（　　　）
   A．大量的文章宣传　　　　　　　B．明确的客户群与定位
   C．粉丝经济的合理利用　　　　　D．海量的信息内容推送
3. 好药师微信公众号在经营微信小店的时候做得很好是因为（　　　）。
   A．自我情怀的展示　　　　　　　B．关注生活，关注细节
   C．细致的店铺分类　　　　　　　D．超高的人气
4. 为什么在微信小店中要设置细致的店铺分类导航？（　　　）
   A．体现店家的有条不紊
   B．手机用户容易冲动消费，因此细致的导航页可以快速达成交易
   C．手机页面刷新慢，避免客户失去耐心
   D．方便客户能够快速寻找到自己想要的东西

# 任务 10　推广微信公众平台

 情境导入

**情境概述**

张小林是一家家具定制有限公司的推广运营专员，目前公司在做移动端的业务推广，打算以 10 万元的推广成本，在微信上为 5 月份即将到来的黄金周做一次以"五一到筑梦，百万红包拿回家"为主题的宣传活动，这次推广任务就交给了张小林负责，对微信熟悉的张小林立即想到了利用公众号界面下的推广广告做宣传，可是具体怎么操作他却不是很清楚，此时此刻的他正一筹莫展。

**情境分析**

利用微信公众平台进行推广是微信推出的一种新的品牌推广方法，张小林要想完成好公司交给他的任务，自己必须了解清楚下面几个问题：

1. 微信公众平台推广中包括哪几个部分？它们的作用是什么？
2. 微信公众平台广告包括哪些类型？
3. 如何投放微信推广广告？
4. 在微信公众平台进行广告投放时要注意的方面有哪些？

 技能学习

**技能支撑**

2014年7月,微信面对广大有广告需求的客户推出了全新功能——微信公众平台推广,该功能以微信公众平台为广告投放平台,以微信公众号为广告展示位置,通过向广告主收取一定费用的方式向公众号内的用户进行广告投放。

> 张小林问:微信公众平台推广包括哪几个部分?它们的作用是什么?
> 专家答:其实在微信推广功能出来之前,不少微信公众号都是通过在图文消息底部添加文字、图片,以及将"阅读原文"的跳转链接更换成广告链接的方式嵌入广告的。这种广告内容的设置,都是微信非官方的设置,而微信推出的公众平台推广则是官方的广告系统,该功能又由两大功能模块组成:广告主功能(投放服务)和流量主功能(展示服务)。

广告主功能为微信公众号量身定制,公众账号运营者通过广告主功能可以向不同性别、年龄、地区的微信用户精准推广自己的服务,获得潜在用户。流量主功能也为微信公众号量身定制,公众账号运营者自愿将公众号内指定位置分享给广告主作为广告展示,按月获得收入。

不过值得注意的是,该推广功能只能在微信公众号(订阅号和服务号)之间相互推广,属于微信公众号生态链的一部分。简单地说,就是投广告的只能是微信公众号,接广告的也只能是微信公众号。这么一来,微信既规范了公众号私发广告的行为,又将更多的广告主和流量主集合在了一起,为微信平台创造更多的收益。

> 张小林问:看来微信公众平台推广还是一个不错的广告投放渠道,那么怎么申请成为广告主或者流量主?
> 专家答:目前,微信对广告主和流量主的申请资格是有限制的,申请广告主的公众号必须是通过微信认证的公众号,而想成为流量主的公众号必须是关注用户数超过5万的微信公众号,对于流量主的要求较高。

### 1. 广告主

1)登录已经通过微信认证的公众号(订阅号或者服务号),在公众号左侧菜单下单击"推广"→"广告主"。

2)进入广告主功能申请界面,单击界面右侧的"申请开通"按钮。

3)进入申请协议确认界面,查看完协议后,勾选"我同意并遵守以上条款"的选项,单击界面下方的"同意"按钮。

4)进入广告主资料填写界面,如图4-163所示,广告主要在此界面上选择主营行业,同时补充完整行业资质资料,上传证件扫描件,完成后单击"提交审核"按钮,等待微信官方审核,资料审核通过该功能随即开通。

### 2. 流量主

1)已经具备5万关注用户数的公众号可以申请开通流量主功能,登录公众平台,单击左侧菜单栏中"推广"下的"流量主"功能。

2)进入流量主功能申请界面,单击界面右侧的"申请开通"按钮。

3)进入申请协议确认界面,查看完协议后,勾选"我同意并遵守以上条款"的选项,单击界面下方的"同意"按钮。

4）进入流量主资料填写界面，流量主要在此界面上选择广告展示标签，如图4-164所示，同时完善财务信息资料，完成后单击"提交"按钮，等待微信官方审核，资料审核通过该功能随即开通。

说明：每个流量主最多可以选择10个行业标签，且选定后不能再修改。

图4-163　广告主申请资料填写界面

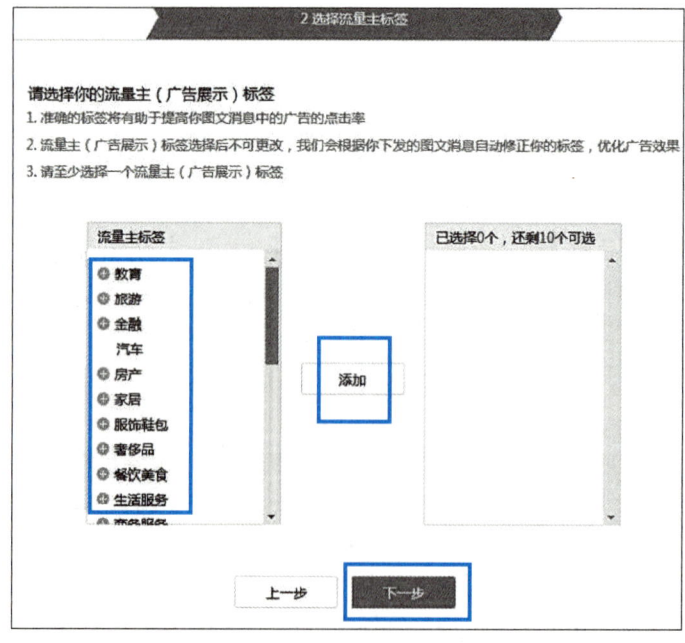

图4-164　微信流量主标签选择界面

张小林问：成为微信公众号广告主后，能够投放哪些类型的公众平台广告？

专家答：目前，微信公众平台广告的所有广告展示位置均位于公众号图文消息的全文页面底部，推广广告包括了5种展示类型：图文、图片、文字链、关注卡片和下载卡片，当公众号内的用户在单击广告的时候，页面会自动跳转到广告主预先设置好的"推广页面"上，如图4-165所示，从而达到广告推广的目的。

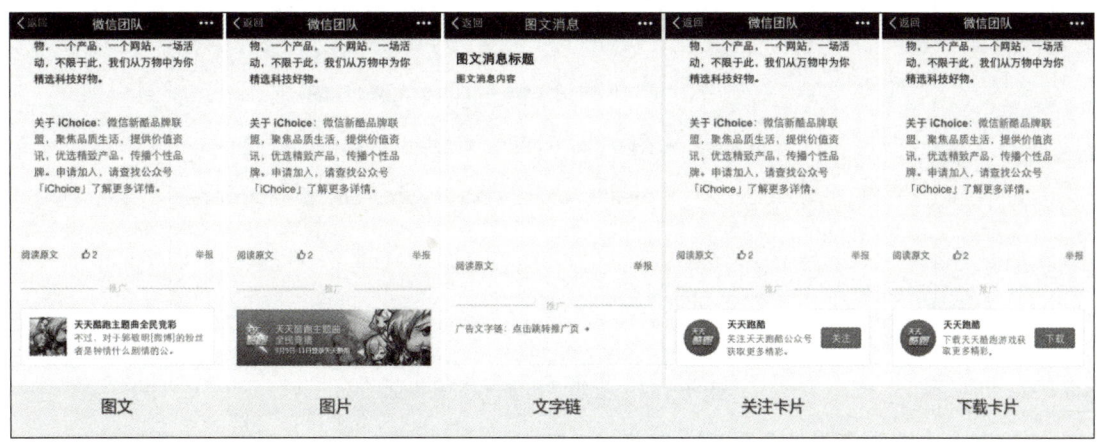

图4-165　微信公众号广告展示形式

广告主预先设置的推广页面也有4种展现形式：图文推广页面、外部链接页（需要公众号开通了微信支付功能才能选择使用）、关注详情页和下载详情页。其中，关注详情页和下载详情页一般是与关注卡片和下载卡片配套使用的。

广告主在投放推广广告的时候可以根据宣传推广内容的需要选取适合自己的广告类型和推广页面形式进行组合，以求达到最佳的推广效果。

张小林问：广告形式已经确定，接下来我该如何投放广告？

专家答：投放广告有以下几个步骤。

1）进入已经开通好广告主功能的公众号平台，单击左侧的"广告主"功能，进入"广告管理"界面，并在广告管理界面单击右上角的"新建广告"按钮，如图4-166所示。

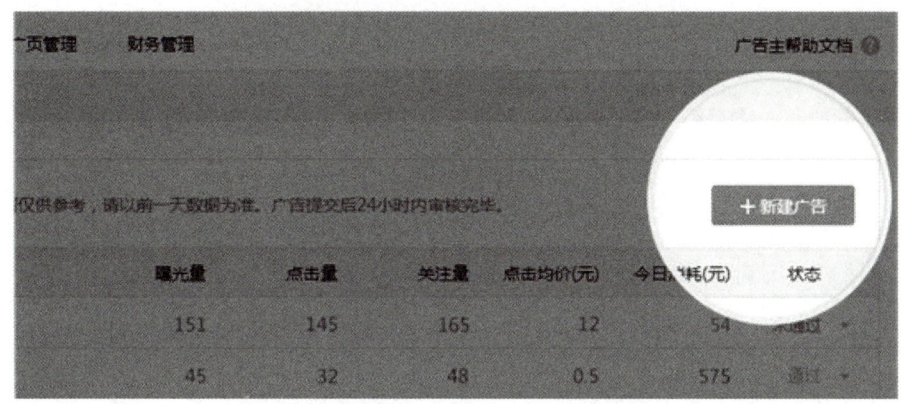

图4-166　微信广告主广告管理界面

2）进入新建广告的第一个环节——"基本信息"的填写，如图4-167所示，在这里填写广告名称，并选择推广的商品，这里选择的是"公众号"，完成后单击"下一步"按钮。

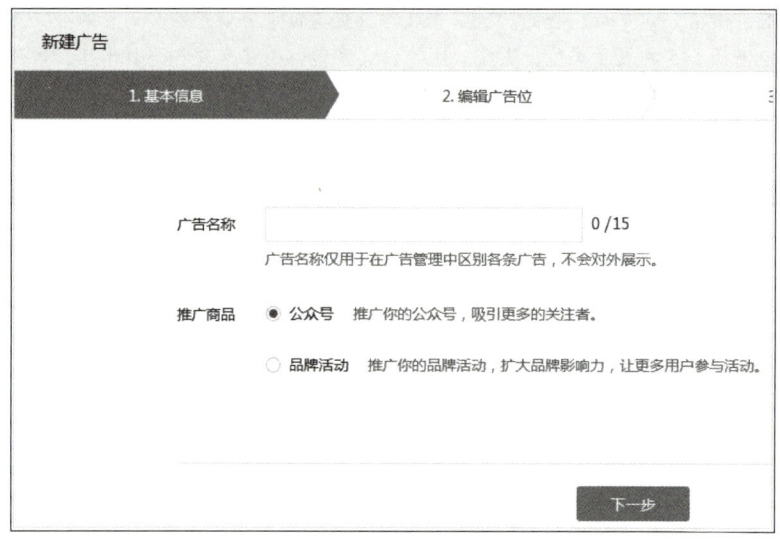

图 4-167　新建广告基本信息界面

3）进入"编辑广告位"环节，如图 4-168 所示，在此环节中，广告主需要对广告位位置、广告位规格（广告类型）、广告位编辑的信息内容进行编辑，编辑完成后可以单击"预览"按钮，对广告内容进行检查，确定无误后单击"下一步"按钮。

图 4-168　编辑广告位界面

说明：在广告位编辑环节中有"点击效果"的选择，包括"跳转外部链接"和"跳转推广页"。"跳转外部链接"是指用户单击后页面自动跳转到微信外部的链接页面，此效果必须是广告主已经开通微信支付功能才能选择使用。"跳转推广页"是指用户单击后页面自动跳转到微信中的推广页面，这个页面需要广告主预先编辑，在新建广告前广告主应单击公众号平台的"广告主"→"推广页管理"，在"推广页管理"下可以新建和管理推广页面。

4）进入"投放设置"环节，在此环节中广告主需要对广告投放时间、投放定向、投放出价进行设置，设置好后单击"下一步"按钮，如图 4-169 所示。

说明：

投放日期和投放时段：根据目标人群的阅读特点合理选择投放时段。

投放年龄、性别、地区：根据目标人群用户属性，适当选择定向条件。

广告出价：每次用户单击广告链接的扣费上限。广告出价是影响曝光的一个重要因素，若曝光较少，可适当提高出价，获得更大的曝光量。

广告限额：当广告主的广告单击消耗达到限额时，广告会暂停展示曝光。广告主可以根据每天的推广需求来设置。注意，曝光分配也会受到限额的影响。

图 4-169　广告投放设置界面

5）最后是新建广告的"预览提交"环节，在此环节广告主可以再次检查和预览广告的信息内容，如果有错误还可以修改，确定无误后提交广告内容，等待审核。

说明：

广告提交后，工作日 24h 之内审完，周末或节假日 48h 之内审完。

在每一次广告投放中,广告主的广告是否被展示取决于广告主的出价以及广告质量。那么,微信推广广告是如何计费的?

1)微信广告投放计费方式是 CPC(CPC 为点击单价,即广告平均每次点击所消耗的费用)方式:按点击计费。当微信用户点击广告时,广告主才需要支付费用,广告展现完全免费。广告费用将从广告主账户余额中扣除。

2)广告的实际扣费会综合广告主的广告质量得分、后一位的出价和质量计算得出。因此,广告主无需担心出价过高而频繁调整出价,因为广告的实际扣费通常会低于广告主的出价。

3)每条广告出价起步价格是 0.5 元。大致的计费公式:每次点击费用 = {(下一名的出价 × 下一名的质量度)/ 本条广告质量度} + 0.01 元。

质量度:质量度数值主要反映用户对参与微信推广的广告创意的认可程度,高质量度意味着获得更优质的展现位置、付出更低的广告费用。质量度是由多个因素决定的:点击率(即广告创意的点击次数)/ 展现次数,点击率越高越好。

> 张小林问:新创建的广告已经在审核阶段了,下一步是不是应该给广告主的账户充值?那又该如何充值呢?
>
> 专 家 答:是的,广告审核成功后质量较好的广告展示出来的可能性很大,所以需要广告主向账户充值,充值额度起码是广告投放的上限额度,充值成功接下来的投放才能顺利进行。

单击公众平台左侧菜单栏中的"广告主",再次单击"账户管理"功能,在"财务管理"下单击"充值"按钮,选择充值金额进行充值,如图 4-170 所示。

图 4-170　广告主财务管理界面

张小林问：新建的广告已经通过审核，并且已经在公众号内投放了几天了，我该如何监控广告的效果？应该重点关注哪些指标？

专家答：微信向广告主提供实时的广告数据报告，广告主只需要进入公众平台直接查看监控数据就可以知道广告投放的效果。

广告主单击公众平台左侧菜单中的"广告主"功能，进入"报表统计"功能，选择对应的广告和投放时间，查看曝光量、点击量、点击率、关注量、点击均价、总消耗等数据指标，如图4-171所示。

图 4-171　广告主报表统计界面

曝光量：广告链被用户看到的次数。曝光量主要受点击率和广告出价影响。

点击量：广告链被用户点击的次数。

点击率：广告点击率＝广告的有效点击量/广告的曝光量×100%。点击率主要受广告文字链文案和广告定向设置影响。如果广告点击率下降，可以优化文字链文案或选择不同的定向条件来提升点击率。

关注量：广告带来的公众号关注量。

点击均价：广告平均获得单个点击的花费。

总消耗：广告投放整体消耗的费用。

在这些指标中，点击量、关注量和总消耗是比较关键的指标，广告主必须重点关注。任何广告都有生命周期，一般维持在3～5天，之后其效果会随时间下滑，建议广告主根据这些指标实际情况，及时调整广告出价，可获得最佳的广告效果。

张小林问：我们的微信公众号关注用户数已经超过10万了，在成为广告主的同时是否可以申请成为流量主？流量主都有哪些功能？这些功能的作用是什么？

专家答：如果微信公众号的用户人数已经达到5万以上的规模，即使已经是广告主，也可以开通流量主功能，如何开通流量主功能前面已经详细介绍过了，这里就不再赘述。

开通流量主功能后，单击进入该功能，在流量主下包含有3项功能：报表统计、流量管理和财务管理。

1)报表统计:按时间筛选查询数据,提供关键指标趋势图,掌握流量数据变化情况。

说明:流量主的数据指标与广告主相比比较简单,目前只有4个指标参数:曝光量、点击量、点击率以及总收入,这些指标都指在一定时间段内公众号中所有推广广告的总指标,这些数据既可以反映出流量主的点击情况,也反映出了流量主的收入情况。

2)流量管理:关闭流量开关,不再展示广告,提供黑名单功能,屏蔽不合适的广告主,如图4-172所示。

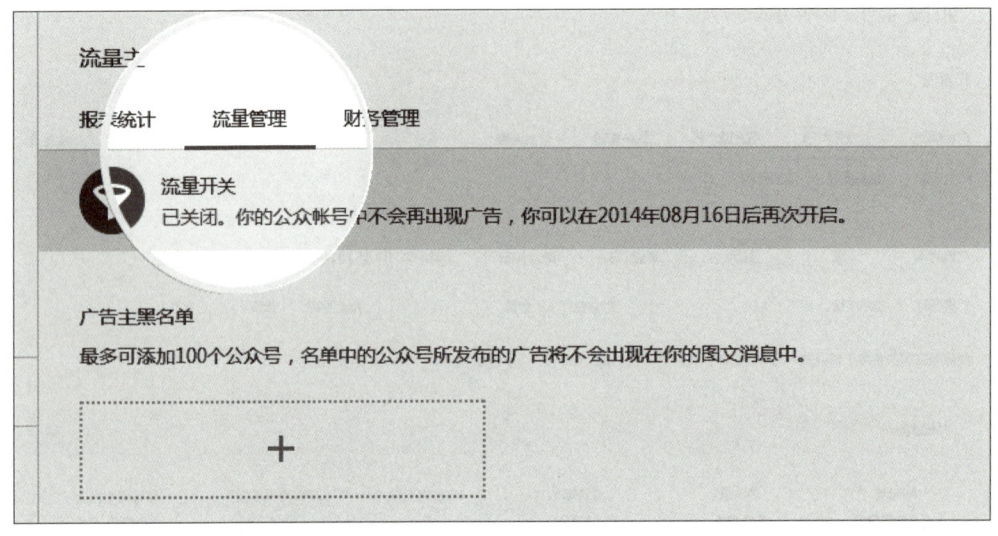

图4-172 流量主流量管理界面

说明:广告主关闭流量后,需在关闭1天后才能重新开启流量。

设置广告主黑名单,最多可添加100个。设置后,名单中广告主的广告将不会出现在流量主的公众号中。如果要取消广告主黑名单,可直接在流量管理页面删除黑名单即可。

3)财务管理:查看每天广告收益明细,定期自动提现到银行账户,轻松获取收益。

说明:在财务数据下流量主可以看到两类数据的明细:一类是收入数据,一类是结算数据,其中收入数据是实时数据,而结算数据是微信官方结算周期内与流量主结算的数据,两者是有区别的。

> 张小林问:微信流量主的收入来源是什么?微信官方是如何与流量主进行收入结算的?
> 专家答:流量主的收入来源于广告主的广告点击消耗,只有当用户产生广告点击后,广告主才需要通过微信公众平台向流量主支付费用。

目前,微信官方对于流量主的收入结算有具体的规则:

流量主收入结算周期以"月"为单位。

微信将在每月25日前(如遇法定节假日,将会推迟),对流量主上个月的收入进行结算,并发送结算单到流量主的结算单邮箱。

如果流量主是企业用户,流量主需要邮寄与结算金额等额的增值税发票给腾讯公司,腾讯公司将在收到发票后30个工作日内将结算金额打入流量主的银行卡。

如果流量主是个人用户,无需邮寄发票,腾讯公司将在结算日后30个工作日内将结算金额打入流量主的银行卡,并代扣代缴个税。

**案例学习**

尚品宅配是一家依托高科技创新性而迅速发展的家具企业。在广州、上海、北京、南京、武汉共拥有38家直营店，在全国拥有800多家加盟店。尚品宅配进入家居电商行列已经近10年了，尚品宅配在这10年里的电商布局经历了电商尝鲜、成功转型，实现一年吸粉360万，估值高达53亿元。目前据最新数据表明，其公众号主号粉丝已经高达900万。

尚品宅配在其官方服务号中通过一系列活动策划、互动营销和微信公众平台推广来聚集粉丝，其中微信公众平台推广的效果不可小觑，在短期的投放时间内，尚品宅配便获得了5400万次的总曝光量，以每次0.28元的点击成本瞬间获得了8.5万的粉丝，推广效果显著。

### 1．为什么看中公众号平台

尚品宅配表示，电销骚扰性太强；APP的媒体属性弱，且获客和维护成本高；论坛等公关风险不可控。微信服务号是"半媒体，半通信"的沟通场景，天然适合获取用户并利用CRM数据进行再营销，是最适合尚品宅配的营销和服务平台。

尚品宅配副总经理曾凯认为："微信可以有粉丝沉淀的作用。例如以前我们在搜索引擎获取客户，但是这种获取方式有点像在大江大河里面捕鱼，每一次吃完鱼以后又要重新去撒网，这就是一个不断去寻找新客户的工作。而微信公众号，我们可以把它看成一个鱼塘，我们往公众号里面注入新的粉丝，就好像是向鱼塘里面撒鱼苗，不仅可以随时随地捕捞，还可以让鱼群自然地生长，形成一个独立的生态圈。"

"本身定制家具这个行业，它并不是一个高频次的可以重复购买的产品，一般来说三年、五年以后可能才会考虑第二次的购买，所以说这么长的时间段之内我们没有办法对老客户进行会员制的营销，所以必须充分利用粉丝群体去沉淀每一次营销成果。"

### 2．粉丝、用户从哪里来

除了线下门店和600万粉丝基数引起的社交效应，尚品宅配最主要且常态的粉丝来源就是在微信投放公众号广告。尚品宅配的微信运营团队有100多人，其中推广组主要负责公众号广告的投放和优化，保证投放效果。

基于"鱼塘理论"，尚品宅配看待广告效果的方式与很多广告主不同。很多广告主期望广告直接促成"购买行为"，而尚品宅配会用更丰富的维度衡量广告效果，他们关注有多少被"引起兴趣"的粉丝进入"鱼塘"，又有多少通过运营被"引起购买欲望"……对于尚品宅配而言，广告更多的作用是引进潜在客户，而潜在客户最终有多少转化为购买客户，则需要靠精细的服务和运营。

### 3．如何进行公众号广告的投放

（1）定向投放寻找潜在"产品消费者"

根据尚品宅配的行业经验，一线城市因为房价高，居住面积往往小，因此能够充分利用空间的定制家具更有市场；而关注孕产育儿、教育的也往往是具有买房装修诉求的家庭类用户。

因此在整体投放结构中，尚品宅配会抽出一部分预算做定向投放，吸引潜在"产品消费者"。定向选择也主要是一线城市，具有房产、家居、孕产育儿、教育、金融这样商业兴趣属性的人群。

（2）保证广告创意新鲜度

尚品宅配的微信广告后台累计尝试了 1300 多条广告文案，每周都有新广告文案（见图 4-173），每条新广告文案都会有 2～3 周的"广告训练"时间，小预算、多次试投，充分测试每条广告的效果，选择淘汰或保留。

图 4-173　尚品宅配推广广告界面组图

推广组沉淀了很多微信广告文案优化经验，结合用户群体特性，针对性地制定文案策略：比如对全网用户，文案迎合大众关于室内设计的兴趣点；而对定向用户，文案则突出装修实用性。

同时，公众号名片（见图 4-174）也要配合广告文案进行更新，这是避免从广告进来的用户有期望落差。尚品宅配推广组介绍说："我们会参考从点击到关注的跳出率，优化公众号的功能介绍。按照微信的要求，一个月可以更改 5 次"。

图 4-174　尚品宅配公众账号名片

**4．如何精细运营**

对于尚品宅配的"鱼塘"，在吸附用户之后，留住和转化用户消费是后续最重要的工作。尚品宅配充分利用大数据分析，针对客户进行精细化、个性化的管理和运营，一步步引导用户去体验尚品宅配的服务，实现最终的消费转化。

（1）完善的用户标签体系

要想留住用户，必须先了解用户，这里不得不提尚品宅配对于用户标签（见图 4-175）的深度利用。

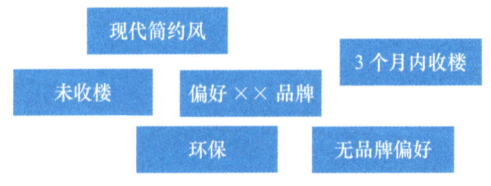

图 4-175　尚品宅配用户标签

作为一家有技术基因的公司，尚品宅配很早就将微信公众号与 CRM 打通，通过记录用户的每一个动作（关注、单击菜单等）自动生成智能标签；公众号客服在互动过程中也会根据用户的回复手动贴上标签；此外，尚品宅配还会给用户推送风格测试轻APP，通过测试用户单击规律生成标签。

（2）基于标签的精准化营销

尚品宅配会基于完善的标签体系给用户推送与标签相对应的内容：例如a君对厨房感兴趣，他单击了微信上的厨房案例图文，推送内容就会以各种厨房为主。随着标签采集，对a君会越来越了解，推送内容也会更加个性。

此外，尚品宅配还会匹微信公众号CRM数据和设计师的资料，给用户推荐合适段位和风格的设计师。

（3）通过细节打动用户，建立情感

留住用户最好的方式就是建立情感。尚品宅配深谙此理，在许多功能及服务的细节上下足了工夫，力图打造亲切感，拉进与用户的距离。

例如关注后返回的图文中显示用户昵称和头像，打造专属的服务场景。

又例如品牌人格化，在微信上一对一的沟通特别能够唤起人最原始的亲近感，而尚品宅配通过打造"知性的教授薇""可爱的萌萌薇"以及"直爽的汉子薇"等不同风格的客服形象，搭配相应特色的沟通风格，打造了极具亲切感的一对一沟通场景。

> **技能提升**
>
> **张小林问**：从尚品宅配的案例中，感觉到他们的推广工作做得相当不错，投放目标、投放人群都很明确，那么在制定推广计划的时候要注意些什么？
>
> **专家答**：对于广告的推广，无论你选择什么样的平台，投放前制定推广计划是影响推广效果的关键一步，好的推广计划对于广告主来讲都是用有限的资金投入获取最大化的推广成效。针对微信公众平台的推广，我们在制定推广计划的时候需要从以下几个方面进行考虑。

1）推广目的：所以无论是要做什么内容的推广，一定要考虑清楚：我做这次推广的目的是什么、是推广品牌还是增加微信公众号的关注度、是促销产品还是活动宣传等，只有目的清楚，推广工作才能有针对性。

2）推广人群：微信广告是精准营销，在推广设置的时候广告主可以依据用户不同的身份标签来设置广告的发送对象，所以在进行投放前，广告主一定要考虑清楚自己推广活动的目标人群是谁，这直接关系到广告主推广活动的效果。

3）推广费用：微信公众平台的推广是采用广告主竞价模式进行的，所以在广告主进行推广之前，一定要明确本次推广活动预算金额是多少，活动总周期为多久，平均到每天能够接受的推广费用是多少，有了推广费用的计划后，推广活动开始后通过数据监测得出比较结果，才能看出推广效果是否理想。

4）推广时间：每条微信推广广告都是在特定的时间段进行展示的，所以广告主在进行推广之前一定要根据推广人群的阅读特点进行分析，看看这类人群一般喜欢在哪个时间段打开微信公众号进行阅读，有针对性地选择广告时段。

5）广告类型：广告类型的好坏也往往影响广告的投放效果，所以广告主前期一定要根据自己的投放目的、投放人群特点等因素选择好广告投放的类型，从类型来进一步思考广告的内容和设计，从而增加广告的效果。

6）后续跟进：目前看来微信的投放成本也是不小的，广告主不能认为只要把广告投放出去就完事了，广告投放过后如何后续跟进也值得思考。

> 张小林问：由于受到移动端屏幕大小的限制，微信公众平台推广广告的展示界面看起来并不大，如何设计这些广告才能让广告具有较高的质量度？
> 专家答：目前微信公众平台上高质量的推广广告呈现出以下4个特点（见图4-176）。

图4-176 微信推广广告质量度特点

1）构成简单：由于推广广告的展示界面有限，不可能涵盖大量的信息内容，所以在广告设计上一定要构成简单，无论是图和文字都要越简单越好，不要用有限的地方展示那些不必要的信息。

2）颜色干净：因为微信公众号界面主要以白色底色为主，所以广告图片在设计时要尽量使用协调、干净的颜色，既在视觉上给用户以吸引力，又在广告文案上给用户以突出的印象，这样广告的效果自然不会差。

3）文案突出中心：微信推广的广告文案一定要简单明了，突出中心，这个中心如果可以最好用几个字加以概括，同时这个中心还要对用户具有一定的吸引力，让用户有进去一探究竟的欲望。

4）寓意易懂：微信推广文案除了突出中心以外，其背后的寓意也要让用户易懂，例如商品打折的广告让用户看完，就知道这个是打折的信息。

> 张小林问：除了在广告设计上注意以外，作为广告主我该如何提高新建推广广告的曝光量？
> 专家答：由于相同定向的广告会相互竞争流量，不同广告的竞争力不一样，新创建广告无曝光量或曝光量不高属于正常现象。作为广告主，你可以通过下面这6种方式来提高广告的曝光量。

1）增加广告投放数：适当增加广告投放数量，可获得更多曝光。

2）设置合理投放时段：在广告设置的时候，合理控制投放时段，可提升曝光量。

3）放开定向条件：适当放开定向设置，扩大广告受众范围，可提高曝光量。

4）提升广告出价：出价也是影响曝光的一个重要因素，适当提高出价会促使曝光的增长。

5）提高广告限额：曝光的分配会受到广告限额的影响，提高广告限额可获得更大曝光量。

6）提高广告点击率：只有点击率达到了广告系统内点击率均值以上，才可能获得大量的曝光。

注意：提高广告点击率需要从以下方面进行入手：①细分用户：例如针对不同人群投放最适合的广告类型，找到最合适的潜在用户；②优化广告位文案：通过挖掘用户需求点，合理优化广告位文案创意，采用更吸引人的文案描述，可提高点击率。③改变定向设置：尝试不同的定向组合，找到适合的定向投放方式，帮助提升有效点击率。

### 知识梳理

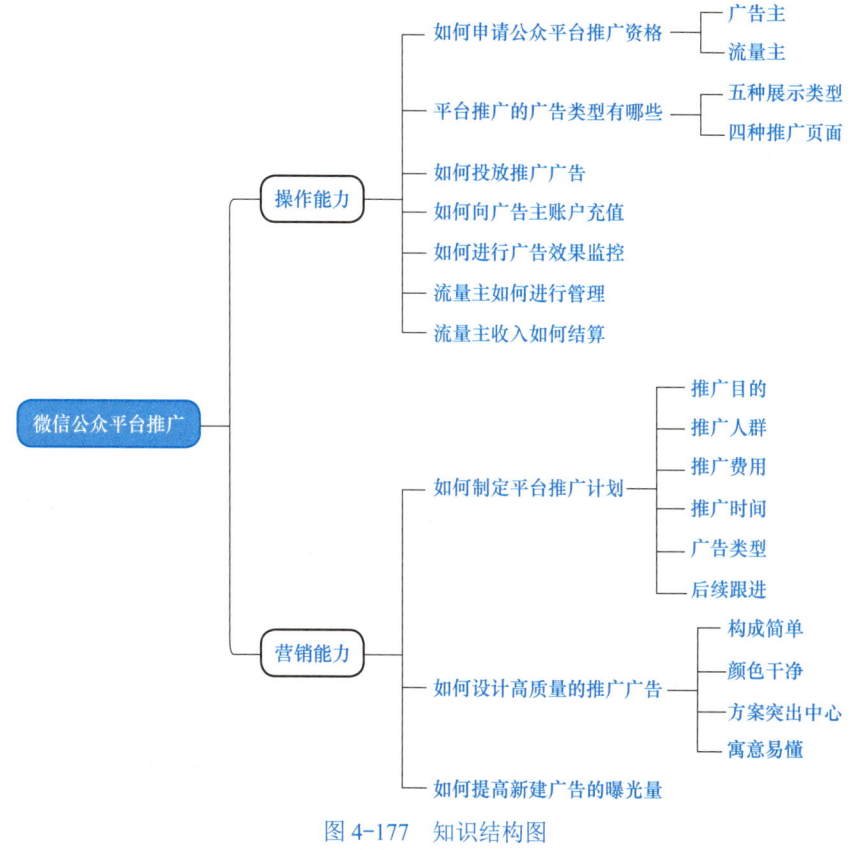

图 4-177　知识结构图

### 随堂练习

**一、填空题**

1. 微信公众平台推广包括两大功能模块_____和_____。
2. 微信公众平台推广资格有条件限制，申请广告主的公众号必须是_____的公众号，申请流量主的公众号必须是_____的公众号。
3. 微信公众平台推广所有广告展示位置均位于_____的底部。
4. 广告主投放广告费用是以_____公式计算的。

## 二、多项选择题（每题的备选答案中，有两个或两个以上符合题意的答案）

1. 微信公众平台推广广告包括了（　　）展示类型。
   A．图文　　　B．图片　　　C．文字链　　　D．关注卡片
   E．下载卡片

2. 微信公众平台推广包括（　　）几种推广页面。
   A．图文推广页面　　B．外部链接页　　C．跳转页　　D．关注详情页
   E．下载详情页

3. 微信在"报表统计"中为广告主提供曝光量、点击量以及（　　）多种的广告投放数据指标。
   A．点击率　　　B．转化率　　　C．关注量　　　D．点击均价
   E．总花费

4. 广告主在进行广告创建的时候可以根据自己的需要进行"投放定向"，目前可以从（　　）中进行条件选择。
   A．用户区域　　　B．用户年龄　　　C．用户性别　　　D．用户等级
   E．用户偏好

5. 在制定微信公众平台推广计划的时候，以下哪几个因素值得注意？（　　）
   A．推广目的　　　B．推广人群　　　C．推广时间　　　D．推广费用
   E．广告类型

## 拓展阅读

"高额返现"活动属于传销的一种。凡是参与者都知道商城的运作模式和奖金分配，企业以高额利润为诱饵，层层发展下线，不论是销售还是拉人，企业都能赚钱。无上商城、匀加速等都是传销，不能因为其有二维码、APP或者是营业执照，就不将其定义为传销。

在微信上运作的商城隐蔽性很强，比较分散，分布在全国各地。消费者维权需要知道公司注册地在哪里，由谁来经营。鉴于很多微商是个人行为，消费者举报时还需要掌握微商运作模式、网络体系图、参与人名单、资金流向等。如果消费者是以发红包或转账方式支付商品价款的，可以通过支付举报他。此外，消费者也可以找案发地的公安局和打击传销办公室来举报。

国务院《禁止传销条例》第七条规定，要求被发展人员交纳费用或者以认购商品等方式变相交纳费用，取得加入或者发展其他人员加入的资格，牟取非法利益的属于传销行为。

# 项目 5

## 无线淘宝营销

### 项目概述

本项目主要围绕无线淘宝展开,从认识无线淘宝、无线店铺装修、微淘运营、无线淘宝推广及营销和无线淘宝的微信、微博营销这几个任务,帮助同学们掌握无线淘宝相关知识内容和营销技能。由浅及深地讲解无线淘宝的各种营销工具使用方法和店铺推广技能。同学们要重点掌握无线店铺的装修操作技能和技巧,深入理解微淘、无线直通车、每日好店、淘宝达人及淘拍、微淘手机发布以及关联搭配等营销方法。

### 学习目标

- 知识目标
  - ● 认识淘宝无线运营中心并掌握其功能;
  - ● 知道什么是微淘,掌握微淘的营销推广方法及与粉丝互动功能的应用;
  - ● 掌握无线店铺推广和营销的工具及使用方法;
  - ● 掌握淘宝的移动社交平台微博和微信营销方法。

- 技能目标
  - ● 能够完成手机淘宝店铺的设置;
  - ● 能够通过淘宝无线运营中心设计并装修无线店铺的首页及其他页面;
  - ● 能够设置宝贝的无线详情页;
  - ● 能够运用微淘维护粉丝、与粉丝互动,推广店铺;
  - ● 能够通过无线直通车、关联搭配、二维码和互动营销工具进行店铺推广与营销;
  - ● 能够使用每日好店、淘宝达人及淘拍、微淘手机发布等营销工具进行无线淘宝的推广;
  - ● 能够通过移动社交平台微博和微信进行店铺营销。

## 任务1 无线店铺装修和微淘

扫码看视频

 情境导入

**情境概述**

袁亮毕业之后用上学期间打工的积蓄在淘宝创业,开了一家网店经营男装,他看到热门店铺的成交额那么高,淘宝移动端的交易额比重越来越大,自己也一定要把店铺经营出一些成绩来。

袁亮经常上网学习,得知无线店铺的流量对店铺的销售额很有帮助,但是进入手机淘宝看一下自己的店铺,自己都不想多看一会。怎么办?听朋友说无线店铺也要装修才可以。无线店铺之前是用"一阳指"后台装修,但是已经下线换成"无线运营中心"后台,整合了微淘后台,可以发送广播,操作更加简单。无线店铺的首页是店招和不同模块组成的。那么问题来了,无线运营中心应该如何操作?有什么技巧?店铺应如何装修?微淘是什么?如何运营微淘?如何利用微淘与粉丝互动呢?

**情境分析**

无线店铺的装修是无线店铺运营的基础,无线店铺装修分为首页装修和宝贝详情页装修。袁亮想要装修好无线店铺和运营好微淘,他必须掌握下面的知识和技能:

1. 如何进行无线店铺后台的操作?需要设置哪些信息?
2. 无线店铺流量转化过程是什么样的?
3. 无线运营中心手机淘宝店铺首页的模块类型及其使用要求有哪些?
4. 手机淘宝店铺首页装修应该如何操作?
5. 手机淘宝店铺首页应该如何设计与布局?
6. 无线详情页的装修原则、操作步骤及设置技巧。
7. 什么是微淘,微淘的作用是什么?
8. 如何发送微淘广播和如何规划广播内容?
9. 微淘运营技巧及其注意事项。

 技能学习

**技能支撑**

移动电子商务竞争越来越大,想要赢得一席之地必须花心思,从各方面做到极致。店铺界面的美观度直接影响着客户对店铺的印象,因此店铺的装修非常重要,店铺的美观好比人的外表,店铺的内容好比人的思想,所以其重要度可见一斑。

# 项目 5　无线淘宝营销

> **袁亮问**：我有淘宝账号，有一点儿淘宝开店的经验。目前经营淘宝店铺，无线端流量是不能忽视的。如果手机淘宝店铺也要做起来，应该怎么操作呢？
>
> **专家答**：想要设置手机淘宝店铺，应该从 PC 端淘宝店铺做起，在淘宝卖家中心申请免费开店，通过认证之后，完成淘宝店铺和手机淘宝店铺的设置就可以了。

淘宝开店的步骤如下：

第一步：注册淘宝账户。

第二步：绑定支付宝账户。

第三步：认证淘宝开店。

第四步：店铺基本设置。

开店认证通过之后，进入店铺管理，完成店铺的基本设置。店铺基本信息的完善对于卖家十分重要，基本信息不仅能够全面展现店铺的经营类别，而且还可以直观地宣传店铺的特点。

（1）淘宝店铺设置（见图 5-1）

图 5-1　淘宝店铺基本设置页面

填完店铺基本设置以后单击"保存"按钮，即完成了店铺基本信息的填写，店铺的基本信息在店铺开设以后还能修改。

（2）手机淘宝店铺设置（见图 5-2）

手机淘宝店铺的设置主要是手机淘宝店标和客服电话的设置。这里主要强调的是手机淘宝店标的设计，手机淘宝店标是由图片格式构成，其尺寸规格为（642×200）px，可分为在线制作和自己制作，制作好之后在线上传店标。在线制作店标是由淘宝网旗下阿里妈妈在线设计提供，卖家可以在其平台上根据自身产品的属性和风格在线制作属于自身的店标，设计完之后在此上传。

图 5-2　手机淘宝店铺基本设置页面

在以上信息得以完善之后，手机淘宝店铺的基本信息设置就完成了。这里填写和设置的信息是可以根据卖家需求进行修改的，因此卖家不必担心变更问题。

> **袁亮问**：卖家应该在哪里进行无线淘宝店铺的后台操作呢？
> **专家答**：目前，无线淘宝店铺的后台入口有两种，通过以下两种方式都可以进行无线淘宝店铺的后台操作。

1）登录淘宝网进入卖家中心，单击左侧"店铺管理"→"手机淘宝店铺"就可以看到图 5-3 所示页面，单击无线店铺下方的"立即装修"按钮就可以装修无线店铺。

图 5-3　手机淘宝店铺页面

2）在 PC 端（推荐使用谷歌浏览器）输入网址：http://wuxian.taobao.com，直接登录淘宝账号即可进入无线运营中心的后台。

淘宝无线运营中心是集店铺装修、数据报表、活动页创建、广播管理、微淘插件应用、自定义菜单设置于一体的多功能平台。淘宝无线运营中心是阿里无线官方出品的针对全网卖家的手机店铺装修管理工具，具有两个功能：一是生成手机端活动页面；二是管理手机店铺首页。

> 袁亮问：流量进入店铺之后是如何转换成交的，整个过程是怎么形成的呢？
> 专家答：流量进入店铺之后转换为成交的整个过程如图 5-4 所示。

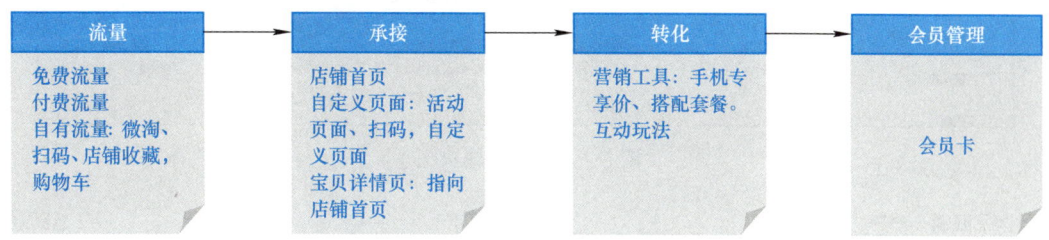

图 5-4　无线流量转化过程

首先，是无线流量的进入。无线端的流量主要有：

1）免费流量：买家搜索后进入店铺的流量。

2）付费流量：主要是钻展、直通车等付费的广告流量。

3）自有流量：微淘引过来的流量；通过扫码（码平台创建的包裹码、自定义码等）引入的流量；通过店铺收藏、加购物车的回头客的流量。

其次，进入店铺之后就要对流量进行承接。流量的承接目前主要有三种形式：店铺首页、自定义页面（活动页面、扫码自定义页面）和宝贝详情页。前两者可以通过无线运营中心进行装修和美化，可以放一些卖家想放的东西，通过对消费者购物路径的观察会发现，即使是直接进入宝贝详情页的买家也会返回店铺首页对店铺进行重新搜索查看，因此店铺首页的装修非常重要。

第三步就是流量的转化。无线流量越来越大，可以通过无线端的营销工具和互动玩法等来提升流量的转化。

最后，当流量变现之后卖家就可以做老客户的维系，形成会员管理。

> 袁亮问：说了这么多，手机淘宝店铺装修究竟应该怎么操作呢？
> 专家答：进入淘宝无线运营中心（wuxian.taobao.com），然后完成以下步骤。

1）单击左侧"店铺装修"进入图 5-5 所示页面。

2）单击手机淘宝店铺首页右边的"店铺首页"进入手机淘宝店铺首页装修页面，如图 5-6 所示。

在界面左侧选择组成模块类型，中间模拟手机进行实时预览，右侧编辑模块内容。共有 33 个模块可供选择，首页最多可以添加 14 个模块，店招不属于 14 个模块内，也可以进行编辑。

图 5-5 店铺装修页面

图 5-6 手机淘宝店铺首页装修页面

手机淘宝店铺首页模块分类：

①宝贝类：单列宝贝、双列宝贝、搭配套餐、宝贝排行榜和猜你喜欢。

②图文类：美颜切图、动图模块、定向模块、视频模块、标签图、标题模块、文本模块、单列图片模块、双列图片模块、多图模块、辅助线模块、自定义模块和推荐门店。

③营销互动类：倒计时模块、优惠券模块、店铺红包、电话模块、活动组件、专享活动、活动中心模块、店铺群聊模块。

④智能类：智能海报、热客热销、潜力新品、新老客模块。

3）进行首页模块的添加和装修，这里列举两个例子。

例 1：智能单列宝贝模块的添加和编辑，以"基本模式"为例，步骤如下。

第一步：将左侧单列宝贝模块拖动到中间预览页面上（注意是拖动的方式），"智能单列宝贝"分为智能模式和基本模式，如图 5-7 所示。

项目5 无线淘宝营销

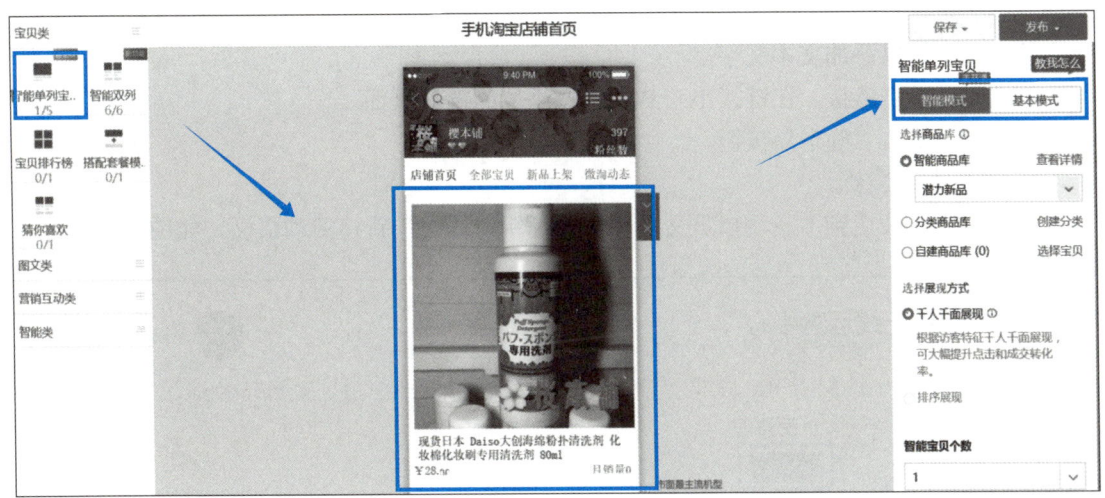

图 5-7 单列宝贝模块编辑页面

第二步：编辑模块内容。

输入标题，单击"更多链接"可以链接跳转到更多宝贝页面。

推荐类型可以选择自动推荐和手动推荐。自动推荐是根据价格区间关键词、排序规则（上新、销量、价格）、宝贝类目等自动添加宝贝；卖家如果想要更加准确地推荐宝贝可以选择手动推荐，单击"+"按钮就可以直接搜索和添加宝贝。

第三步：填写其余内容，确认并保存。

例2：单列图片模块的添加和编辑，如图 5-8 所示。

焦点图模块是目前淘宝卖家使用比较多的图文类模块，焦点图模块也就是 PC 端的轮播图。

第一步：将左侧单列图片模块拖动到中间预览页面上。

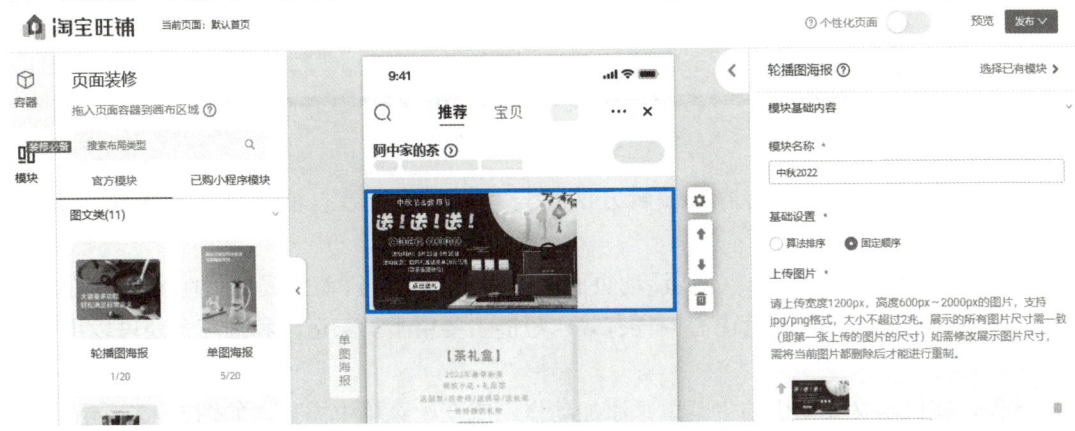

图 5-8 单列图片模块的添加和编辑页面

第二步：单击页面右侧添加图片栏的"+"按钮选择图片，可以上传新的图片或从图片空间选择。

第三步：可以添加文本文字。

第四步：单击链接，在链接小工具中选择添加的链接页面。

第五步：单击"确定"按钮。

4）其他页面装修。

①单击"无线店铺"→"自定义页面"→"新建页面"新建活动页面，如图5-9所示。

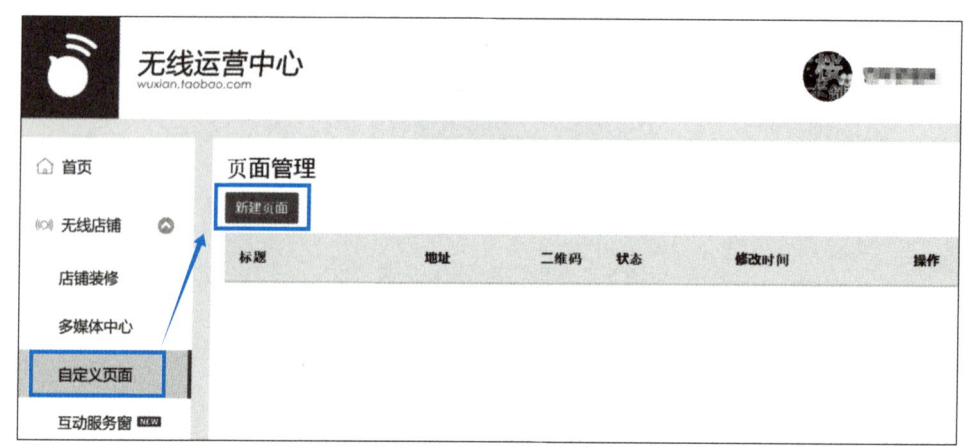

图5-9　新建活动页面

②输入新建页面名称以方便管理，如图5-10所示。页面名称长度不超过45个汉字。

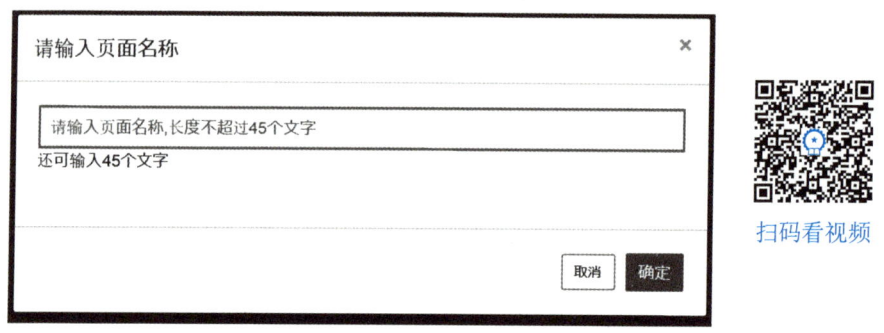

扫码看视频

图5-10　新建页面名称页面

③活动页面所有模块内容与编辑方法都与首页装修一致，活动页面至多添加20个模块。

④活动页面的接入位置。完成活动页面的编辑发布之后自动生成复制地址，如图5-11所示。长链和短链在无线运营中心同样有效，短链主要用于卖家运营和推广，还可以用于短信宣传。

首先，在自定义菜单中的主菜单"添加动作"或在子菜单中添加，如图5-12所示。

a）选择动作名称为"链接"并手动粘贴链接，此处可以添加在无线运营中心创建的活动页面，如图5-13所示。

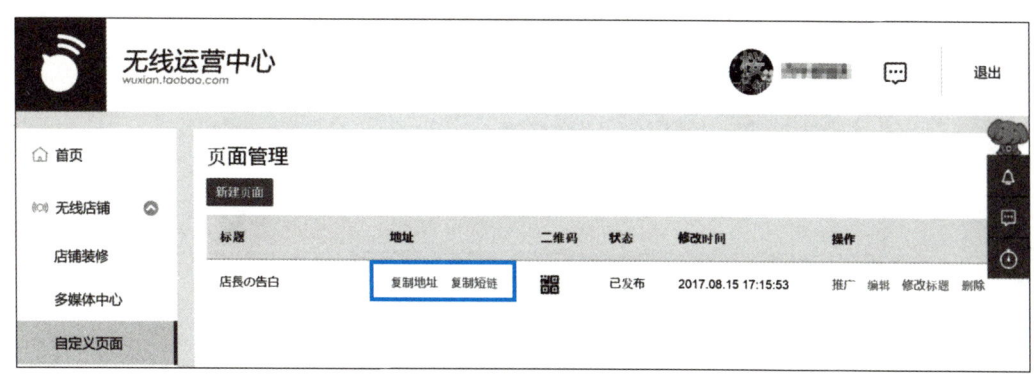

图 5-11　自定义页面地址链接

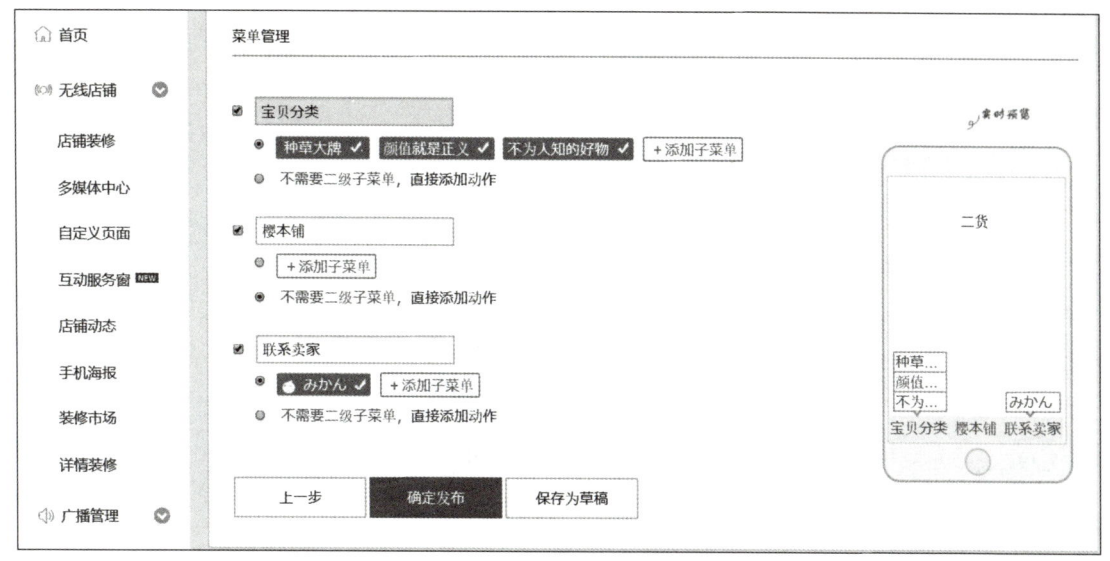

图 5-12　自定义菜单管理页面

图 5-13　编辑菜单页面

b）选择动作名称为"自定义页面"后（见图 5-14），可以在下拉菜单中选择在无线运营中心创建的活动页面。

在"页面管理"→"图文类模块"中，除了"文本模块"和"辅助线"，其余 7 个模块均可添加活动页链接，之后在首页中展示，手动粘贴活动页链接或使用链接小工具均可。

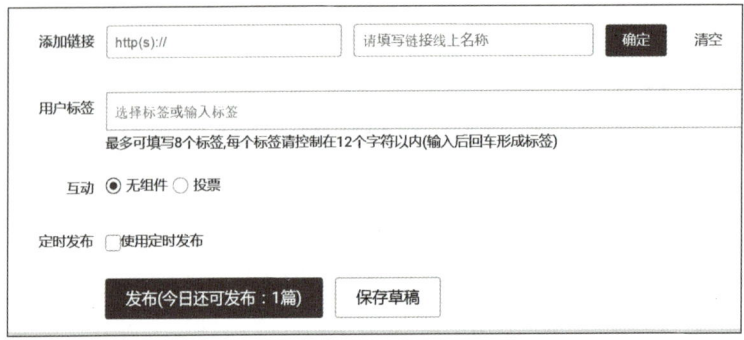

图 5-14 编辑菜单页面

然后在微淘广播中添加链接，如图 5-15 所示。卖家创建的活动页面、二级页面都是需要进行大范围推广的，卖家在发微淘广播的过程中就可以添加这些页面的链接，将关注店铺微淘账号的买家带到活动页面。

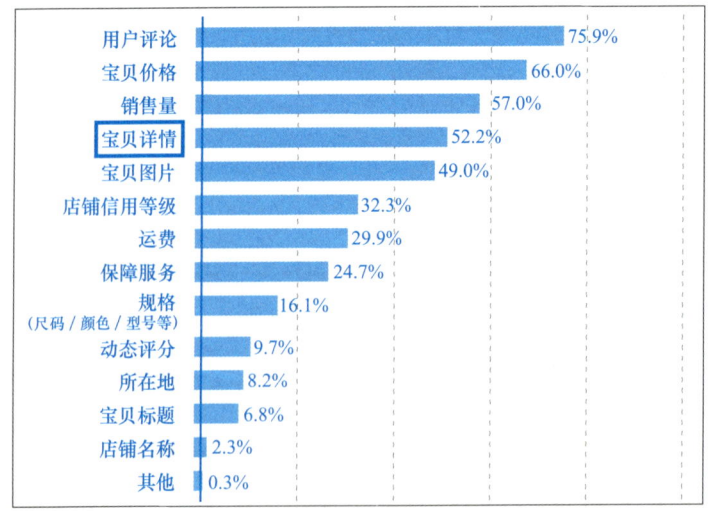

图 5-15 微淘广播页面

> **袁亮问**：无线店铺首页装修好了，该如何设置无线端宝贝详情页？
> **专家答**：在讲这个问题前先看一组数据（见图 5-16），通过这组数据可以发现大多数用户更加关心用户评论、宝贝价格、宝贝销量及宝贝详情等信息，在这些信息中宝贝详情的设置是由卖家完成的，而且经过编辑的详情页会有搜索加权，因此宝贝详情页的设置非常重要。

| 项目 | 比例 |
|---|---|
| 用户评论 | 75.9% |
| 宝贝价格 | 66.0% |
| 销售量 | 57.0% |
| 宝贝详情 | 52.2% |
| 宝贝图片 | 49.0% |
| 店铺信用等级 | 32.3% |
| 运费 | 29.9% |
| 保障服务 | 24.7% |
| 规格（尺码/颜色/型号等） | 16.1% |
| 动态评分 | 9.7% |
| 所在地 | 8.2% |
| 宝贝标题 | 6.8% |
| 店铺名称 | 2.3% |
| 其他 | 0.3% |

图 5-16 买家在无线端购买习惯

### 1. 做到无线详情精准有效

1）首先要遵循三个原则：排版、内容和速度，在时间有限的情况下优先优化重点款。

① 排版简洁明了：由于手机端屏幕有限，无法像 PC 端那样面面俱到，所以排版要简洁明了，可以采用拼接式的图片，美观又简单。

② 内容精简概要：内容需取 PC 端的精华，有无线端自己的特色，可以通过价格曲线等方式突出亮点增加转化，在字体的选择方面也要格外注意。

③ 速度（存储格式）：详情页图片在切片时要储存最小内存，有利于缩短顾客打开时长。

2）优先选择无线端潜力款进行优化。

① 店内主推爆款优先：店内主推爆款已经有了一定的基础，一般都有设置无线端主图设置。例如，全店销量 TOP10 的商品，提前进行优化，对提升转化率更有帮助。

② 无线端潜力款优先：需要通过一段时间的观察，选择无线端具有潜力的宝贝，可以从"生意参谋"（专门对淘宝店铺进行数据分析的工具）中看，也可以从 PC 端与无线的访客、成交、转化率等来对比，选出合适的产品提前优化。

3）核心内容布局。要依据手机用户浏览的顺序（见图 5-17），从主图、标题、搭配套餐、音频、详情页到关联销售来逐步分解细分。

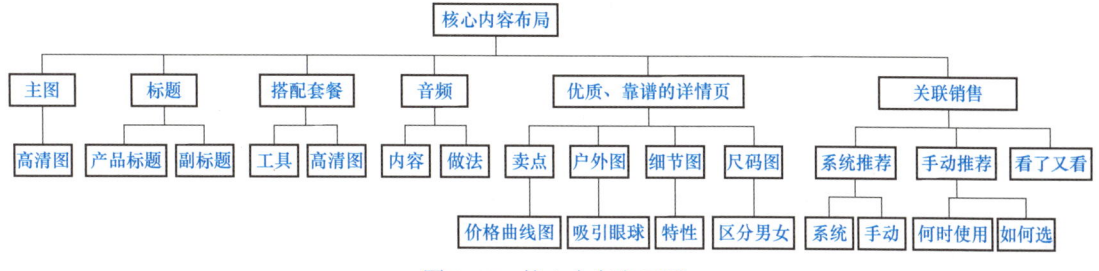

图 5-17 核心内容布局图

### 2. 无线内容布局细化

（1）无线主图

手机用户进入详情页后，呈现给顾客第一印象的就是主图的视觉效果，主图的优劣程度直接决定顾客是否继续往下浏览。天猫 APP 只录入 PC 详情页的第一张主图，而手机淘宝 APP 录入了 5 张（部分类目淘宝搜索抓取第一张主图，天猫搜索抓取第二张，有的类目统一抓取第一张）。

（2）无线标题、副标题

无线标题自动同步 PC 端标题，考验的还是各位卖家对关键词的优化能力，主要注意容易被隐藏的副标题。卖家可以在副标题中告诉买家手机端的活动，如图 5-18 所示。

（3）搭配套餐

无线关联销售能有效提高客单价，增加顾客访问深度，提升浏览，是"双十一"前提高客单价的利器。

主要工具：① 官方搭配工具：搭配宝（天猫自动同步）；② PC 套餐一键同步；③ 高清主图。

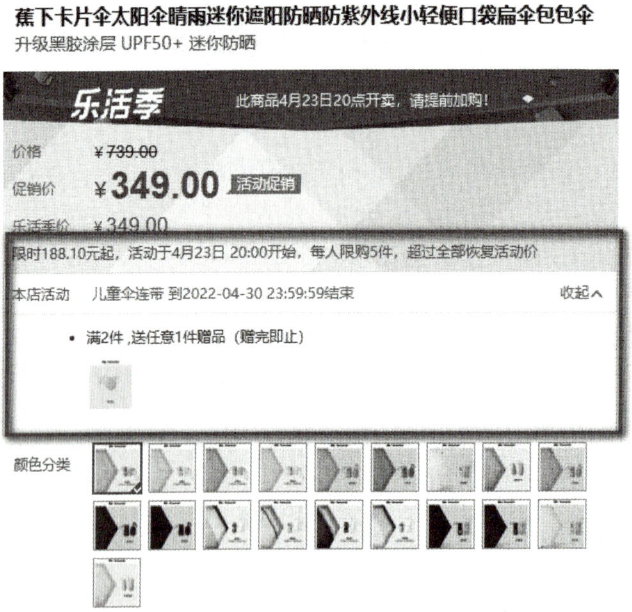

图 5-18　宝贝副标题

（4）音频

音频是无线详情的新玩法，随着无线的不断发展，语音导购这种新型的购物方式必将成为未来趋势，起到锦上添花的作用。

手机音频的内容主要可以从顾客想要什么、产品的利益点、和其他产品不一样的地方等来充分发挥。

（5）优质、靠谱的详情页

靠谱的宝贝详情页是重中之重。制定无线详情页的内容框架要简约，主要体现卖点、形象图、细节图、尺码图。

（6）关联营销

1）官方的"看了又看"："看了又看"位于详情页底部，主要排序是根据系统推荐选择，依据客户浏览轨迹推荐。

2）系统推荐关联：①通过系统推荐——通过用户行为数据，精选匹配每个宝贝的关联宝贝；②通过人工筛选。

3）手动推荐关联销售：增加页面访问深度。

关联营销可以在活动时使用，如聚划算等大流量活动，使用关联流量互导；爆款专属，在本身访客、流量转化都非常不错的情况下互相倒流量。

### 3. 无线店铺宝贝详情的设置

有两种方法。推荐用第一种方法设置店铺的爆款或者需要推广的宝贝，突出个性、有针对性，具体操作如下。

1）登录淘宝卖家账号，进入淘宝网首页，单击进入"卖家中心"。

2）单击"宝贝管理"→"出售中的宝贝"。

3）选中某一款出售中的宝贝，单击后面的"编辑宝贝"按钮，如图5-19所示。

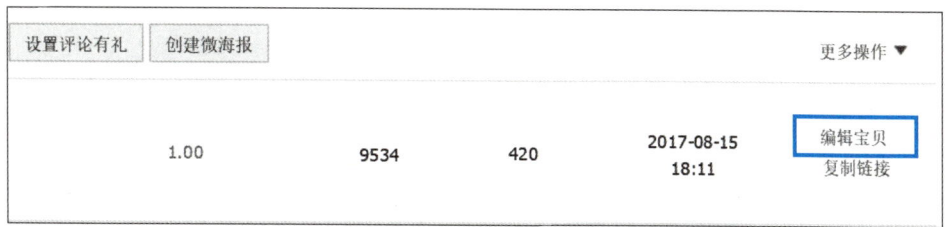

图 5-19  出售中的宝贝页面截图

4）在宝贝描述页面中下拉，在"手机端描述"板块进行相关设置，如图5-20所示。

图 5-20  无线手机端宝贝详情页的描述板块

5）将光标放在"添加"按钮上，出现音频、摘要、图片和文字（见图5-21）4个选项供选择。选择任意一个选项，就可以添加相应的文件。这里以图片为例，单击"图片"按钮。

图 5-21  添加文件选项

6）单击后既可上传图片。上传图片有两种方式（见图5-22）：从本地上传（上传新图片）、从图片空间选择，这里以从本地上传为例进行说明。

7）单击"上传新图片"按钮，如图5-23所示。选中需要的图片，单击打开。

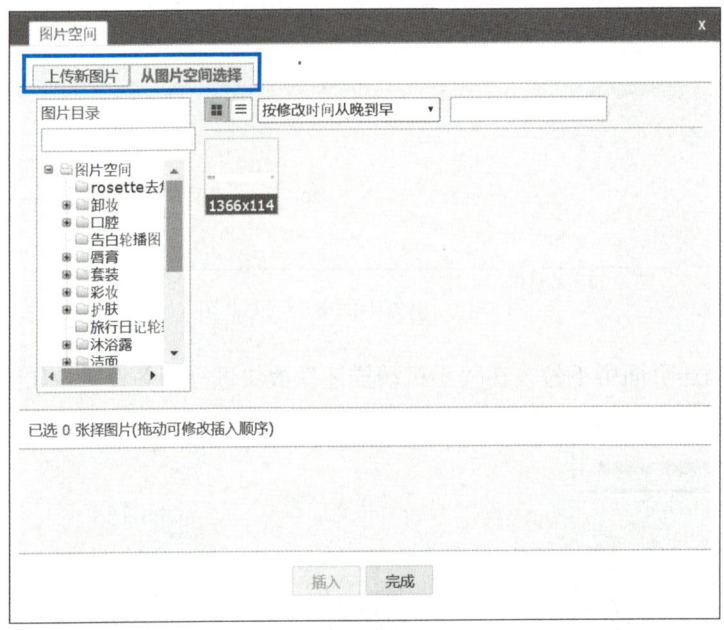

图5-22 上传图片的两种方式

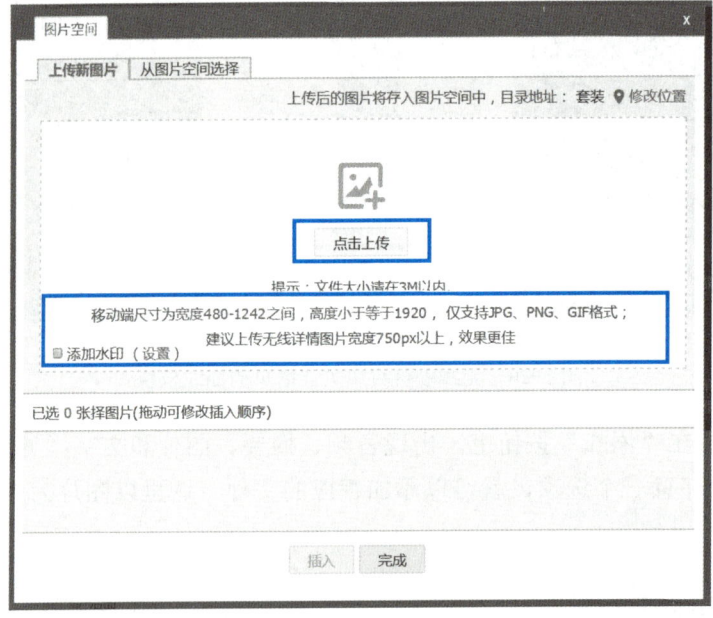

图5-23 添加图片

8）上传成功后，就可以单击"插入"按钮了，插入后就成功上传了一张图片到手机端详情页，如图5-24所示。

第二种方法就比较简单和快捷，是通过"导入电脑端描述"按钮（见图5-25）导入。卖家单击此按钮后，系统根据卖家已编辑完的PC端图文描述自动进行适配，生成手机端宝贝描述。

图 5-24　手机端图文详情

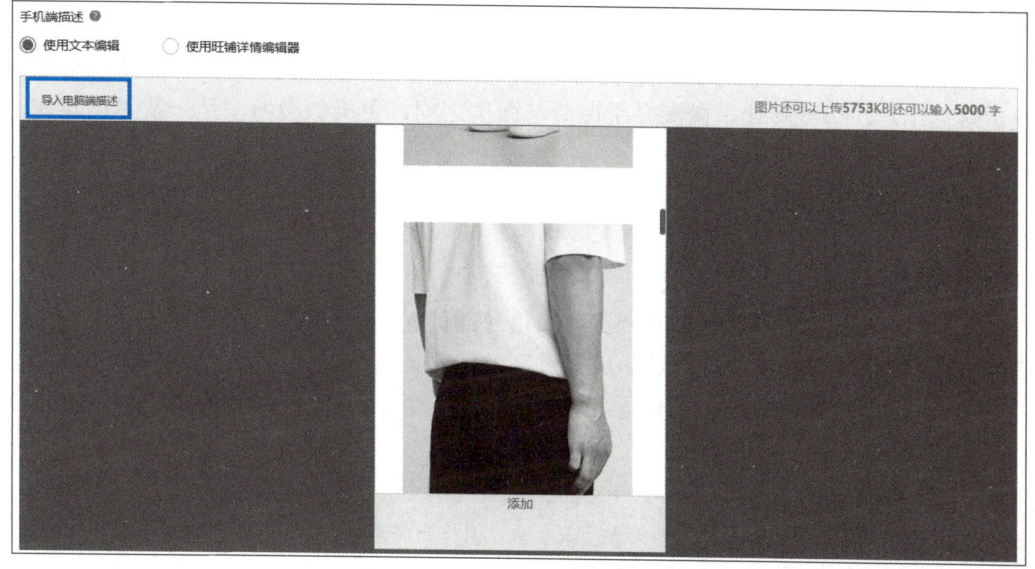

图 5-25　一键生成手机端宝贝描述

> 袁亮问：现在手机不是可以查看 PC 端的详情吗，卖家为什么还要设置手机端店铺详情？
> 
> 专家答：PC 端网页的图片一般都很大，手机直接加载图片很慢，用户体验很糟糕。淘宝 APP——"手机淘宝"就解决了这些问题。卖家通过"淘宝无线运营中心"平台预先对手机详情图片进行处理，对数量、大小、文字数等有明确的规定，经过编辑的详情页在手机端浏览时会加快打开速度，外观会好看很多，更适合手机查看。

手机店铺设置详情页的 3 个好处：

1）提升用户体验。优化过的手机店铺的图片变小，手机店铺规定了图片尺寸：480px ≤ 宽度 ≤ 620px，高度 ≤ 960px，加快了买家打开网页的速度，细节更容易被买家看清楚，提高了浏览量与转化率。

2）优先展示和加权。优先展示给用手机逛淘宝的买家，淘宝专门新增了无线宝贝分类，让买家更快地搜到宝贝。

3）图片空间免费扩容至20GB，方便卖家上传更多图片。

> 袁亮问：刚才多次提到微淘，什么是微淘呢？作用是什么，有什么好处呢？
> 专家答：微淘是因手机淘宝而生的一种介于微博与微信之间的无线营销工具，内置在淘宝客户端。相对来说，微淘比较重媒体、少社交。微淘是卖家无线营销的一个利器，通过微淘，卖家可以传递品牌消费文化、维系客户关系、发布促销通知以及加强用户互动等。消费达人则可以倡导消费时尚、晒单、创建自发团购等服务，每个卖家都可以成为某个消费领域的达人，给消费者更专业的购物指导。

微淘是淘宝卖家跟店铺粉丝交流的平台，粉丝可以通过微淘跟淘宝卖家进行互动，可以第一时间了解店铺的动态信息。微淘比较适合粉丝群多的卖家，如果卖家运用得当，可以带来很多流量，而且转化率是比较高的。

微淘带给卖家的好处：

1）流量价值：移动电商的市场前景已无须多言，很多店铺移动端的成交额已超过PC端。微淘位于手机淘宝底部导航的第二位，这个位置可以带去大量移动流量。另外，阿里旺信也在力挺微淘。

2）营销价值：卖家可以通过微淘，多一个渠道吸引粉丝，了解店铺和产品，同时多一个渠道触达用户，引导转化。微淘介于微博与微信之间，更类似微博，是一款"重媒体、少社交"的无线淘宝营销工具。

3）CRM价值：通过资讯、活动等内容，微淘不仅吸引新客户，更能维护老客户，增加客户黏性。

对于买家来说，微淘也有好处：

1）能解决买家利用碎片化时间浏览商品信息的问题。

2）解决移动端用户发现有的商品成本过高的问题。

3）解决商品信息内容单一的问题，买家可以体验商品、优惠、消费文化、经验尝试、情感等。

> 袁亮问：既然微淘有这么多好处，卖家应该如何发微淘广播呢？
> 专家答：广播是微淘推送给粉丝的一种内容，由文字、图片和商品组成。为提高内容质量和内容效率，微淘广播发送条数为一周三条。下面是操作步骤。

1）进入手机淘宝卖家中心，单击"店铺管理"→"手机淘宝店铺"→"发微淘"，进入发微淘页面，如图5-26所示。

图5-26　进入发微淘页面

单击"发帖子"按钮，进入发帖页面，一天可以发布一条，如图 5-27 和图 5-28 所示。

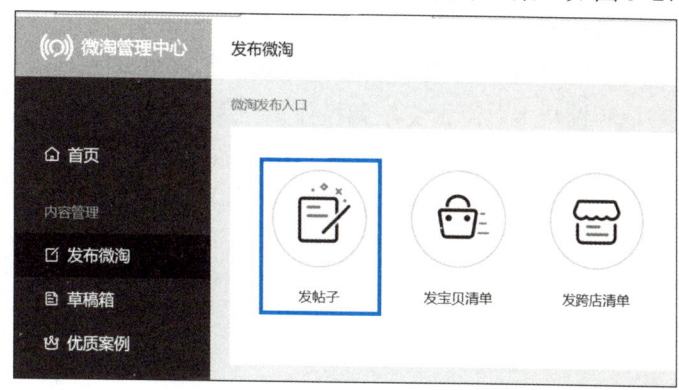

图 5-27　发帖子按钮

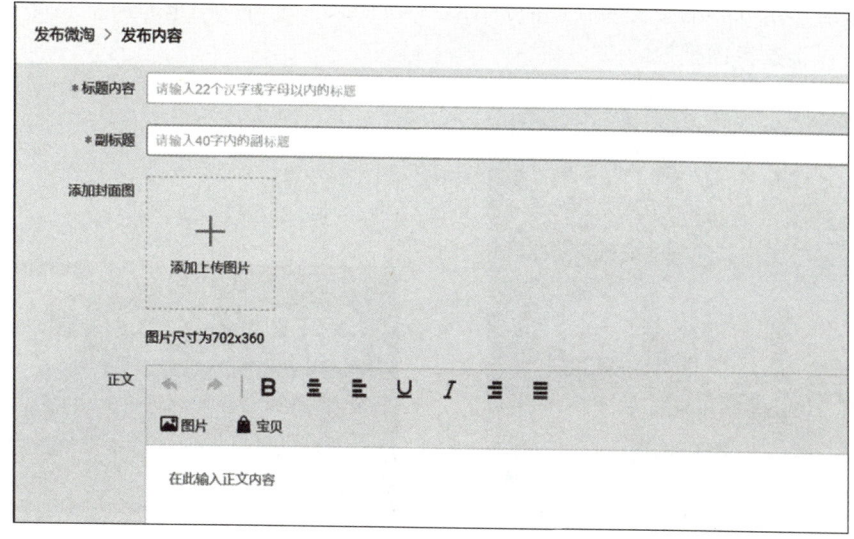

图 5-28　发帖子页面

2）编辑标题内容，输入 22 个汉字或字母以内的标题；添加封面图，上传的图片像素高于（680×680）px，类型为 JPG、JPEG 或 PNG。

3）编辑广播内容，可以编辑文字、上传图片、添加宝贝（最多 20 个宝贝）。完成内容编辑之后可在编辑框右上角单击"预览"按钮查看效果。

4）在底部可添加活动，关联到需要推广的无线页面，单击"创建新活动"可跳转至微淘插件设置页面。

5）底部可添加自定义链接，关联到所需要推广的活动承接页面。

6）编辑完成后，可选择立即发送、保存为草稿或定时发送。

无线运营中心广播管理中还可以对已发送广播进行置顶或删除，单条广播内容可进行内容分享、评论回复或删除。

案例学习

对于无线端来说，精简是主旨，卖点是装饰。PC 端讲究立意清晰、卖点明确且可重复，页面布局也更看重完整性。无线端虽然追求简单直接，该有的却同样都不能少，而且给消费者带来的第一印象必须强烈。

以某卫浴柜产品专营店的手机店铺首页装修为例。手机店铺首页最怕复杂，从首屏的主页海报来讲，卫浴柜店铺从主页海报文字就抓住了三大卖点"品质""销量"与"产品材质"。这三点连贯起来给消费者产生的联想就是店铺产品质量好且受到大多人的认可，只在主页海报就已经紧紧把握住消费者心理，如图 5-29 所示。

其次，主页海报一般是体现店铺主旨的宣传页，之后就是主推产品。如果要在首页就直接完成成交转化，决定因素通常存在于这一页面。可以说，首页设计里最重要就是主推海报。这部分要注意的有四点：卖点文案、价格、产品图以及与首页整体色调相融又要最突出。

在图 5-30 中，从卖点文案来讲，"镇店之宝"四个大字已足以引起消费者好奇心，从而促成消费者单击并影响交易转化，而推动交易转化又与价格及消费者对产品图第一印象有关，这个可以卖家自由把控。

图 5-29　主页海报

图 5-30　主推海报文案

另外，从吸引消费者的角度来讲，店铺如果类目明确，则不妨在首页放上多种材质的产品，消费者也有更多选择，以及将活动页与优惠券页面进行自由搭配，放在店铺显眼处，例如类目的下方，如图 5-31 所示。

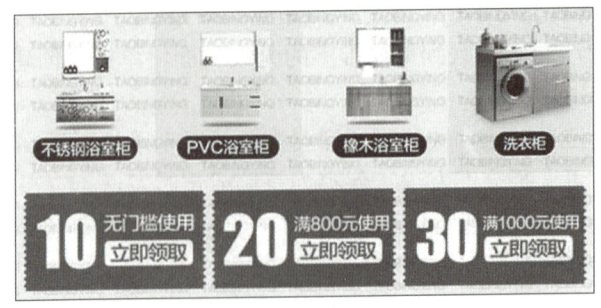

图 5-31　类目设计

不但如此，在产品主图设计上也有小窍门，从图 5-32 可以发现，该店铺的主图不仅是将产品按类型分开展现，也包含对产品优点的简单文案说明、价格直接标明与优惠券设计，在一定意义上相辅相成。

最后直接上页尾设计，这部分其实是做到真正意义上的精简。浏览 PC 端首页设计会发现，视觉营销质量较高的店铺在页尾卖家实力、品牌质量、售后等服务保障方面会单独设计一屏页面展示，但对于无线端来说，有切中要点的几个文案就足够了，如图 5-33 所示。

图 5-32　产品主图设计

图 5-33　页尾设计

### 技能提升

**袁亮问：** 已经学习了无线店铺装修的操作，上面的例子分析的是旗舰店，那对于淘宝集市卖家的无线店铺的首页应该如何设计与布局呢？

**专家答：** 先看一张图（见图 5-34）。按照这个模版布局一般不会出错，这张图已经将首页的模块基本加进去了。

1）左文右图最直观的展现方式为细 banner，起到分流、公告（优惠券的领取、信息展示）、产品专区的作用。

优惠券要出现，而且要明显，一定在上面写"手机专享优惠券"，这样买家领取优惠券的概率会增大。

2）焦点图模块是首页装修必备的模块，如果店铺属于活动较多的情况，可以用首页焦点图（简称首焦）推广活动；如果店铺属于产品少或产品多流量少的情况，首焦应链接到最核心的产品。

3）Mini banner 为首页装修的经典模块，主要作用是分类、引流。但是如果将 Mini banner 直接链接到分类页面的话，系统默认按照新品排序展示，降低买家的购买欲望，进而影响到店铺转化率。如果店铺流量大、产品多,可以将做好的二级页面直接链接到各种活动,系统会根据产品的重要性进行排列,而不是根据新品来排序;如果是中小型的店铺,可以直接链接到产品专区如衬衫专区、连衣裙专区等产品页面,节省访客的浏览时间。

4)多图模块可以灵活运用或者可以在下面再加一行放宝贝分类,这样可以将流量分流。

5)文本模块属于纯文字模块,适合在做活动注解或描述文案时使用。卖家可以在首页中添加特定的文字说明,每个模块字符上限为 50 个。

6)标题模块的主要功能是做页面功能及模块解释,文字本身可添加链接,但要注意控制字数。

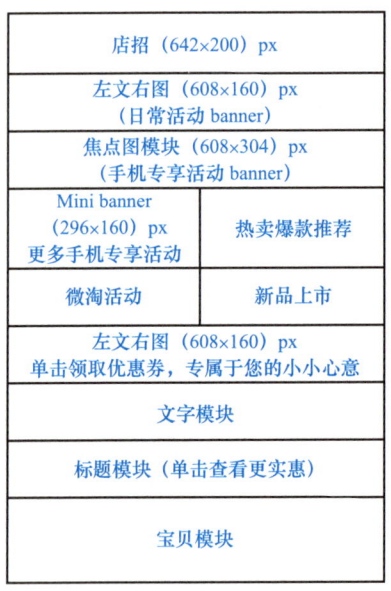

图 5-34 无线店铺布局模块

卖家要根据店铺的风格以及具体需求来进行模块设置,不要忽略细节,例如在宝贝模块添加宝贝的时候,对于先加哪个宝贝、后放哪个宝贝这样的问题要慎重考虑。

袁亮问:商家在微淘广播发送前肯定是有一定计划的,那么如何规划微淘广播的内容?
专家答:有以下几种方法。

1)围绕店铺定位,前期可以多植入内容。如母婴类的店铺,买家大部分都是年轻的妈妈,这些妈妈们肯定对育儿、辅食和妈妈瘦身等感兴趣,那么前期只要和母婴相关的内容都可以分享给粉丝。

2)中期征求粉丝意见筛选内容。筛选内容的方法:

① 根据收藏和评论删选去留内容。微淘广播发送一段时间之后会发现有的广播的收藏数或者评论数比较多,而有的无人问津,那卖家就应该留下这些被收藏和评论多的内容,删除那些没有人关注的内容。

② 根据互动调查筛选内容。根据互动调查的结果发送粉丝想看的内容,去除无人问津的内容。

3）后期根据店铺销售商品以及粉丝反馈调整微淘内容和店铺商品。

4）根据热点话题设置微淘内容、策划活动。

 巩固练习

🔅 知识梳理

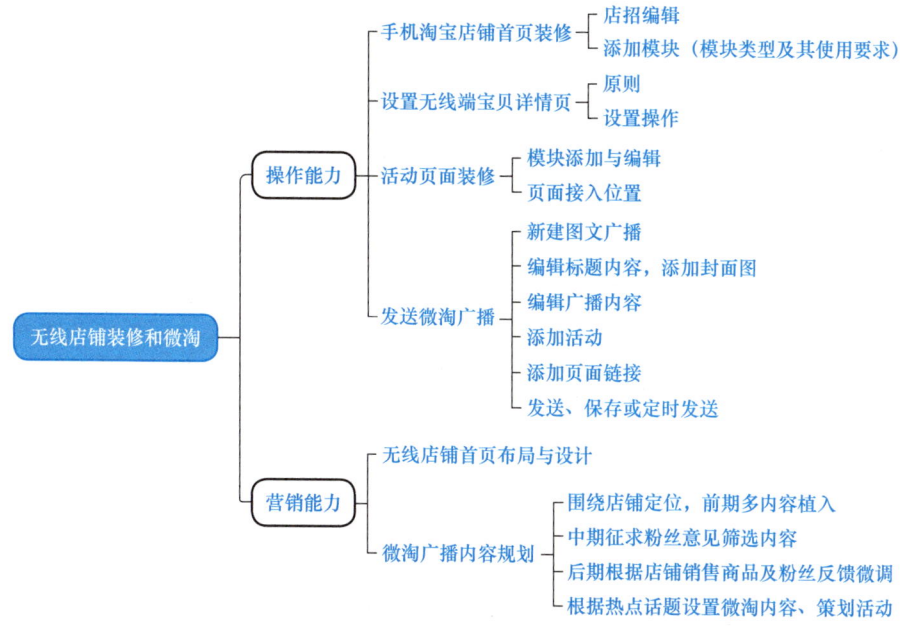

图 5-35　知识结构图

✎ 随堂练习

一、填空题

1．流量进入淘宝店铺之后转换成成交的整个过程是_____、_____、_____和_____。

2．淘宝无线运营中心手机淘宝店铺首页装修模块有宝贝类、_____和_____三种。总共有_____个模块可供选择（天猫服饰类 16 个），首页至多可添加_____个模块。

3．设置无线端宝贝详情页要遵循三原则：_____、_____和_____。

4．微淘是因手机淘宝而生的一种介于_____与_____之间的无线营销工具，内置在新版淘宝客户端。相对来说，微淘比较重_____、少_____。

二、多项选择题（每题的备选答案中，有两个或两个以上符合题意的答案）

1．无线端宝贝详情页的宝贝描述可以添加哪些类型的文件？（　　　）

　　A．音频　　　　　B．摘要　　　　　C．图片　　　　　D．文字

2．微淘带给卖家的好处有（　　　）。

　　A．流量价值　　　B．体验商品　　　C．营销价值　　　D．CRM 价值

　　E．浏览商品信息

3．微淘动态包括（　　　）。
   A．活动　　　　　　B．广播　　　　　　C．上新　　　　　　D．优惠

## 任务 2　无线淘宝推广及营销

 情境导入

**情境概述**

袁亮的无线店铺装修好了，可是如何让更多买家看到自己的店铺和宝贝呢？袁亮想了想，决定先看看其他店铺的店主是如何做的，于是分别在计算机和手机端打开淘宝，各种促销活动迎面而来令人眼花缭乱。

直通车推广、关联营销都可以应用于无线端，除此之外无线端还有什么活动或者推广营销工具可以使用？卖家又可以通过什么方法增加店铺的无线端流量并提高其转化率？

**情境分析**

无线淘宝的推广和营销是无线淘宝运营最主要的内容。袁亮要对无线店铺进行推广和营销，需要学习和掌握的知识、营销推广工具有：

1．了解无线直通车的展现位置，设置无线直通车投放平台。

2．什么是每日好店、淘宝达人、淘拍及微淘手机发布？商家该如何开通和使用？要开通这些工具有哪些要求？需要满足哪些条件？

3．什么是关联营销，有什么作用？如何设置关联营销和无线搭配套餐？

 技能学习

**技能支撑**

由于手机淘宝客户端的流量日益增加，消费者的购物方式的改变使得无线成交变得越来越重要。如果想在无线淘宝上抢占更多流量，获得搜索加权，让买家更容易找到店铺的宝贝，提升手机的购买转化率，提升手机店铺的流量，需要做的就是推广和营销。

**袁亮问**：手机淘宝有哪些推广方式？
**专家答**：手机端的推广渠道分付费与免费两种形式。

1）付费形式主要有无线直通车、钻展、淘宝客等。无线直通车定向投放规则遵循 PC 端规则，投放价格等于 PC 端价格，且无线直通车的回报率比 PC 端高。目前，无线直通车站外投放渠道已达近百个，在 UC 浏览器、墨迹天气、美图秀秀等第三方应用上都可投放。

2）免费形式有会员群推广（旺旺群、微淘、来往扎堆等）、EDM 推广、CRM 营销、

站外推广（微博、BBS、社区等）、线下推广（实体店、校园、闹市区等放置易拉宝）、包裹单页推广（包裹联合营销、淘宝"扫神马"等活动）及在 PC 端店铺首页或店招位置放置手机店铺二维码等。

根据不同平台的不同属性，卖家可进行差异化推广，比如用微博做话题营销，通过促销活动吸引用户关注店铺微淘，在微淘平台上设置专享商品、专享优惠，最终落地到手机店铺促成成交。

> 袁亮问：无线直通车投放的展现位置在哪里？
> 专家答：无线直通车推广平台基于移动设备 WAP 以及 APP 端，搜索产品关键词，可以让宝贝随时随地在消费者掌心展现。无线直通车的位置是在搜索某个关键词后，搜索结果页带有"HOT"字样的宝贝位置。

具体展现位置如下：

（1）WAP 端的位置：1+20+2+20+2（HOT）字样

用手机浏览器打开淘宝网 m.tabao.com，搜索任何一款宝贝，如搜索"连衣裙"（见图 5-36），第一个位置展示的宝贝图片左上角显示"HOT"字样，下滑 20 个宝贝再展示 2 个有"HOT"字样的宝贝，继续下滑 20 个宝贝再展示 2 个有"HOT"字样的宝贝。一般标有"HOT"字样的宝贝位置就是直通车广告投放的位置。

（2）安卓 APP 的位置：1+5+1+5+1（HOT）字样

打开安卓 APP 手机淘宝，搜索任何一款宝贝，第 1 个位置以及之后每间隔 5 个位置之后的 1 个位置展示广告位置，带有"HOT"字样，如图 5-37 所示。

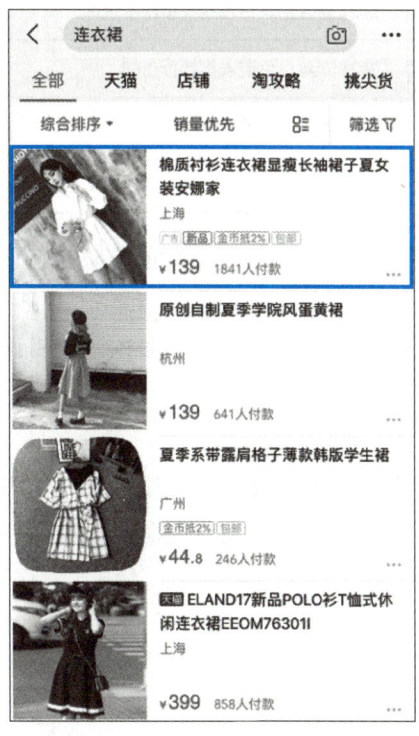

图 5-36　WAP 端直通车广告展示位置

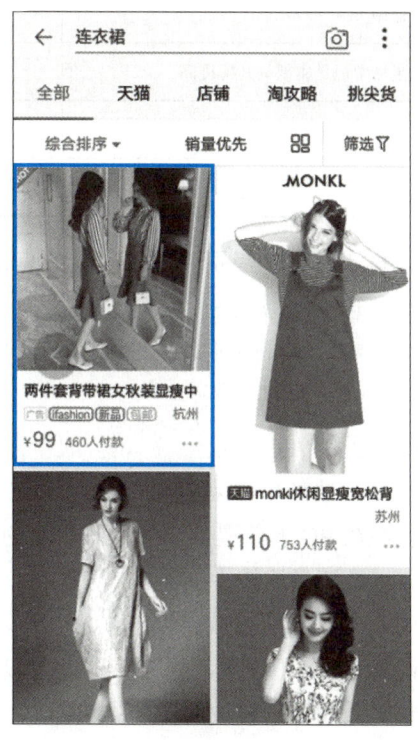

图 5-37　安卓 APP 直通车广告展示位置

（3）苹果 APP 的位置：1+5+1+5+1（HOT）字样

（4）iPad 上的 APP 位置：1+30+3（HOT）字样

苹果手机 APP 和 iPad 上 APP 的展示位置可以自己打开应用看看。需要注意无线直通车站内推广的位置和方式是不断更新的。

> 袁亮问：了解了无线直通车的展现位置，我想知道到底规则是什么，如何去做？
> 专家答：无线直通车推广的基本规则如下。

1）展现规则。目前能获取到的可参考的排名方式和 PC 的基本相同，即：

$$综合排名 = （相关性 + 质量得分 + 出价）$$

2）扣费方式。根据单击扣费，等于 PC 端扣费，开通无线单独投放功能，可以针对无线单独出价。扣费公式是：

$$实际扣费 = 下一名出价 \times 下一名质量得分 \div 您的质量得分 + 0.01 元$$

3）质量得分。两个维度决定宝贝是否出现：

① 关键词与标题、属性、类目的匹配度。分档位展现，主要分为：完全命中、不完全命中但是重要词匹配度高、缺失重要词匹配和完全没命中，见表 5-1。

表 5-1 关键词匹配度档位分级

| 搜索关键词 | | 2021 新款蕾丝白色连衣裙 | |
| --- | --- | --- | --- |
| 完全命中 | 一档 | 店铺宝贝标题 | 2021 新款蕾丝白色连衣裙特价包邮 |
| 不完全命中但是重要词匹配度高 | 二档 | | 2021 蕾丝白色连衣裙特价包邮 |
| 缺失重要词匹配 | 三档 | | 2021 春款新品蕾丝白色连衣裙 |
| 完全没命中 | 四档 | | 2021 春款雪纺黑色长袖长款衬衫 |

② 再比较同一级别中的各宝贝的点击率和转化率，点击率和转化率高的宝贝排在前面。

> 袁亮问：无线直通车如何设置投放平台？
> 专家答：可以选择两种形式来推广，一是较为省心的无线 /PC 通投，直接打开无线与 PC 共计划推广；二是专属无线投放计划。

（1）无线 /PC 通投

站内、站外可独立投放；站内无定向，开启站外即默认投放站外无线。此方式需要在原本能够在 PC 上获取到流量的推广计划上开启移动设备推广，此方法是移动基础入门，最大的缺点是流量比较少。

（2）专属无线投放计划

设置 PC 上不投放，只在移动设备投放，就建立了专属无线投放计划，如图 5-38 所示。

专属无线计划投放的优势：

1）可自由出价，更多地获取无线端的流量。

2）结合无线端的特点优化宝贝标题、宝贝素材。
3）探索新的无线营销模式。
4）无线营销效果数据一览无余，方便分析效果。
一般情况下，建议卖家建立专属无线直通车投放计划。

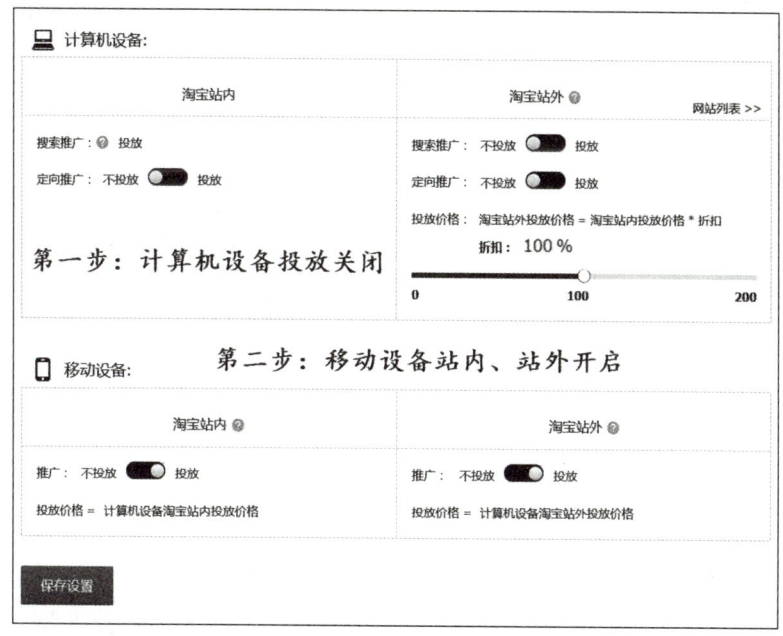

图 5-38　直通车设置页面

投放了无线直通车推广，每个宝贝在淘宝类目或者淘宝搜索页面排到前面的时间都是有限的，也就是说每个宝贝能被买家看到的时间有限，如何尽最大可能让买家看到店铺中的其他宝贝？宝贝关联营销功能就很好地解决了这个问题，关联营销可以在所有宝贝描述里加上店铺其他宝贝的链接，这样买家只要单击一个宝贝进来就能看到其他相关的宝贝，增加了宝贝展示的平台，吸引买家浏览其他的宝贝。

袁亮问：除了直通车外，手机淘宝还可以使用哪些推广工具？
专家答：每日好店、淘宝达人、淘拍档、微淘手机发布等工具都是手机淘宝日常推广营销时常用的工具。

### 1. 每日好店

每日好店是淘宝无线版与 PC 版首页，唯一的店铺导购，如图 5-39 所示。它是淘宝根据买家的消费习惯和购买行为推算出买家的购买喜好，推荐适合的店铺给买家，并非招商获取的，但对于卖家来说也是有机会的。那么卖家如何入驻每日好店？入驻每日好店的基本要求是什么？

目前，每日好店针对部分类目有招商，符合条件的店铺可通过淘宝营销中心（yingxiao.taobao.com）搜索"每日好店"，查看并找到类目报名入口报名，如图 5-40 所示。目前大部分类目的商家入库规则为系统抓取＋条件筛选，并非招商获取。

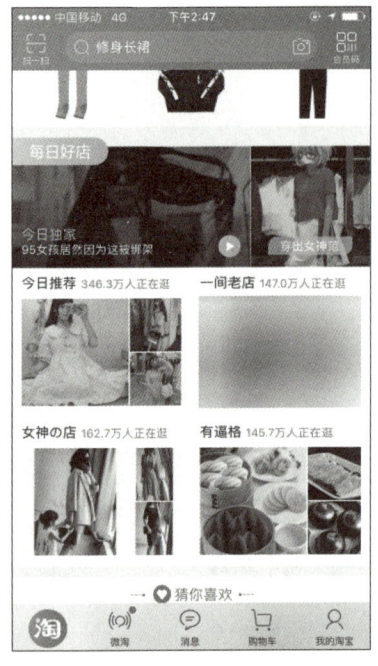
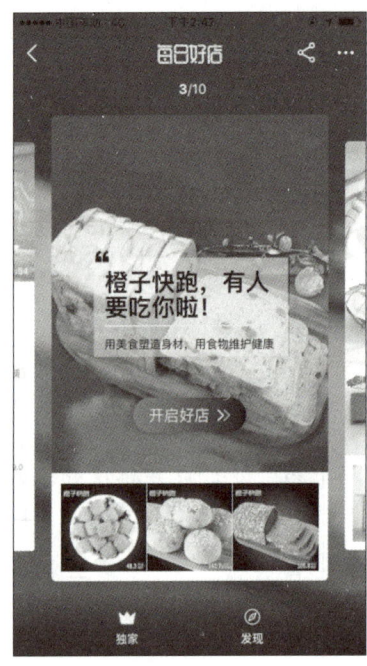

图 5-39　每日好店

图 5-40　淘宝营销中心搜索

入选每日好店库最基本要求如下：

1）卖家等级≥1 钻。

2）黑名单类目限制。

①店铺主营类目不在好店的一级类目黑名单中，类目黑名单见表 5-2。

表 5-2　类目黑名单

| | | |
|---|---|---|
| 1. 公益 | 24. 基础建材 | |
| 2. 淘女郎 | 25. 五金/工具 | |
| 3. 保险分税 | 26. 无类目 | |
| 4. 天猫点券 | 27. OTC 药品/医疗器械/隐形眼镜 | |
| 5. 众筹 | 28. 装修设计/施工/监理 | |
| 6. 数字娱乐 | 29. 保险 | |
| 7. 淘点点预定点菜 | 30. 外卖/外送/订餐服务（垂直市场） | |
| 8. 淘点点现金券 | 31. 个性定制/DIY/设计服务 | |
| 9. 电玩/配件/游戏/攻略 | 32. 本地化生活服务 | |
| 10. 成人用品/避孕/计生用品 | 33. 理财 | |
| 11. 腾讯 QQ 专区 | 34. 司法拍卖品拍品专用 | |
| 12. 手机号码/套餐/增值业务 | 35. 休闲娱乐 | |
| 13. 网游装备/游戏币/账号/代练 | 36. 购物提货券/蛋糕面包 | |
| 14. 交通票 | 37. 保健品/膳食营养补充剂 | |
| 15. 教育培训 | 38. 网络店铺代金券/优惠券 | |
| 16. 保险（汇金收费） | 39. 服务商品 | |
| 17. 网游垂直市场根类目 | 40. 服务市场 | |
| 18. TP 服务商大类 | 41. 无线生活服务 | |
| 19. 电子凭证 | 42. 资产 | |
| 20. 网络设备/网络相关 | 43. 数字阅读 | |
| 21. 超市卡/商场购物卡 | 44. 网络游戏点卡 | |
| 22. 合作商家 | 45. 电子/电工 | |
| 23. 传统滋补营养品 | | |

② 店内至少有 4 个以上宝贝，它的主图需无水印、无 LOGO，如不需要情境图，尽可能是白底图。

3）宝贝图牛皮癣限制。

好店"卖家橱窗"展现的商品（至少 4 个）的牛皮癣分值高于阈值：

① 天猫卖家牛皮癣分 <10。

② 淘宝卖家牛皮癣分 <2。

4）标题不能包含："补差价""补尾款""补邮费"等关键词。

此外，每日好店三个月内只能参加一次，当卖家决定上每日好店的时候，一定要挑选店里比较好的时间段，在该时段建议做以下优化操作：

1）一定要有新品，没有新品只靠爆款推广效果不大。

2）一定要重新做页面设计，无线端必须装修。

3）与营销活动搭配，尽最大努力触发客人收藏店铺、加购甚至领券的行为。

4）在进行每日好店推广时，客人可能会变成浏览过的访客，那么这些浏览过的客人一定要通过直通车的人群、定向或钻展进行再次投放和回流，这样在三个月之内才能让这一次活动充分发挥作用。

**2. 淘宝达人**

淘宝达人是一种联系商家和买家的第三方营销推广平台，简单点就是达人通过自身的购物及使用体验，反馈推荐给买家和卖家的一种信息。一方面买家可以通过分享的信息甄选自己喜欢的产品；另一方面卖家可以更具针对地精准营销，并且形成固定的粉丝圈可以进行再次营销，强化与买家之间的弱联系。到最后，其实运营比较好的卖家可以和买家之间形成一种忠实粉的强联系，互为系带，卖家可以继续推荐好的产品，买家可以推荐优质的买家朋友给卖家。

淘宝达人申请入驻的步骤如下：

1）用自己的身份证注册一个淘宝旺旺，目前对是否是店铺没有限定。

2）绑定支付宝并进行实名认证或者做关联实名认证。

3）开通阿里妈妈淘宝客（注意：旺旺对应的身份证之前没有开通过淘宝客）。

4）登录 daren.taobao.com，原本 we.taobao.com 地址变更为新的地址。

5）单击开通后，填写达人昵称并上传头像。

在进行淘宝达人申请时需要注意：

①账号的昵称是 3～20 个字符，且不少于 2 个汉字。

②昵称不能与现有淘宝体系的旺旺、店铺名、官方名重复。

③该身份证之前没有开通过淘宝客。

④不建议卖家申请淘宝达人。

其实，淘宝达人的推广方式就是淘宝客，并且是在淘客的商家后台进行的操作。卖家如果想要和达人合作，那首先就是在阿里妈妈淘宝联盟里面进行相关设置，然后寻找达人进行合作。该怎样找淘宝达人进行推广？

（1）合作方式

定向计划。定向计划是需要自己去建立的一个计划，通用计划通常佣金都比较低，达人推广肯定是希望佣金越高越好，所以自己去设置的这个定向计划就是吸引淘客、吸引达人非常好的一个手段。

通用计划不能看到淘客数据，但是定向计划可以看到淘客和达人详细的数据，可以去选择想要合作的淘客和达人，只有这样才能拿到定向的高佣金，所以建议开通定向计划。

（2）阿里 V 任务

V 任务开放平台是让商家和达人进行对接的一个平台，商家可以在这个平台上根据自己商品的要求去选择想合作的人。

在推广的过程中，商家应该怎么做？

1）准备工作：①确定自身定位；②寻找达人；③联系达人。

2）建立联系。

3）日常联系：①了解要求；②换位思考；③拉近关系。

3．淘拍档

淘拍档，即优质电子商务服务提供商，他们的产品及服务质量经过淘宝网审核，被授予"淘拍档"称号，拥有"淘拍档"授牌。淘拍档类别包含了工具软件类、运营服务类、研究咨询类等。

卖家以合同的方式委托专业电子商务服务商为其网络店铺及网上渠道提供全部或部分的电子商务运营服务。电商服务商具备电子商务运营能力，专注提供一个或者多项服务环节，其提供的电子商务运营服务包括：客服接单、店铺日常运营、仓储管理、品牌推广渠道建设等。电商托管分为网店代运营和网店整体托管两种模式。

1）网店代运营：开店（账号注册）、装修、摄影、客服接单、店铺日常运营、数据分析、投诉处理、商品管理等。

2）网店整体托管：开店（账号注册）、装修、摄影、客服接单、店铺日常运营、仓储管理 IT 系统、品牌推广、渠道建设、商品管理、数据分析等。

加入淘拍档，成为淘宝推荐的优质电子商务服务提供商，可获得线上线下挂牌展示，拥有区别于其他服务商的独特头衔并且拥有线下更多的合作机会和推广模式。

目前，加盟淘拍档不需要任何额外费用，但仅限于公司申请。自 2011 年淘拍档品牌战略调整后，淘拍档各业务线对现有淘拍档名单进行重新梳理，有些类别（例如，直通车优化、店铺装修、拍照类）战略调整尚未完成，暂缓淘拍档准入。

### 4．微淘手机发布

微淘作为手机端淘宝变形的重要产品之一，在方便于用户消费购物体验的同时，更是使信息更好地传播到用户粉丝之中，能够很好地围绕粉丝完成互动。

手机端微淘发布的流程应该是怎样的呢？

1）卖家首先登录淘宝网，单击页面左上角的"请登录"按钮，输入账号和密码，单击登录。

2）登录后，单击"我的淘宝"，进入页面后在"必备工具"模块单击"查看全部工具"，如图 5-41 所示。

3）在"查看全部工具"页中，单击"其他服务"的"我是商家"按钮，进入后，找到"发布微淘"，如图 5-42 所示。

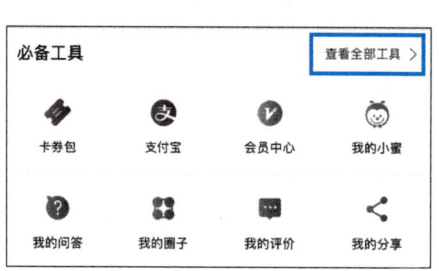

图 5-41 必备工具

图 5-42 "我是商家"

4）在进入页面后，单击"发布微淘"按钮进入微淘页面，如图5-43所示。

5）在微淘页面进行内容编辑，完成后发布即可，如图5-44所示。

图5-43 发布微淘

图5-44 发布内容

> 袁亮问：什么是关联营销，关联营销的方法有哪些？如何设置无线店铺的关联营销？
> 专家答：关联营销也叫绑缚营销，目前关联营销在淘宝店铺中也得到了广泛使用。关联营销是指一个宝贝页面同时放了其他同类型、同品牌可搭配的有关联宝贝。

关联营销主要有两种方法：一是宝贝题图和价格信息下方的"搭配套餐"，二是通过软件在宝贝详情页生成的推荐栏位。相对而言，后一种方法使用的卖家更多一些。前一种方法给买家的套餐优惠信息更为明确，而且买家可以直接单击购买并获取优惠；后一种则需要卖家先购买软件设置推荐栏，再设置店铺优惠或手动修改订单才能实现优惠。很明显后一种搭配需要更多的人力，而且不适用于商城店铺。做好关联销售的方法很多，但不同类目有不同的搭配方法，需要区别对待。

设置手机淘宝店铺的关联推荐，需要进行如下设置：

1）登录淘宝，进入卖家中心，在"店铺管理"下单击"手机淘宝店铺"。

2）在"其他工具"下方单击"关联营销"，进入图5-45所示页面。

3）选择淘宝宝贝关联的系统算法，例如通过系统关联推荐，或者通过人工方式进行关联推荐，设置好以后选择宝贝并单击"保存"按钮。

4）浏览手机店铺，即可看到宝贝关联推荐的效果。

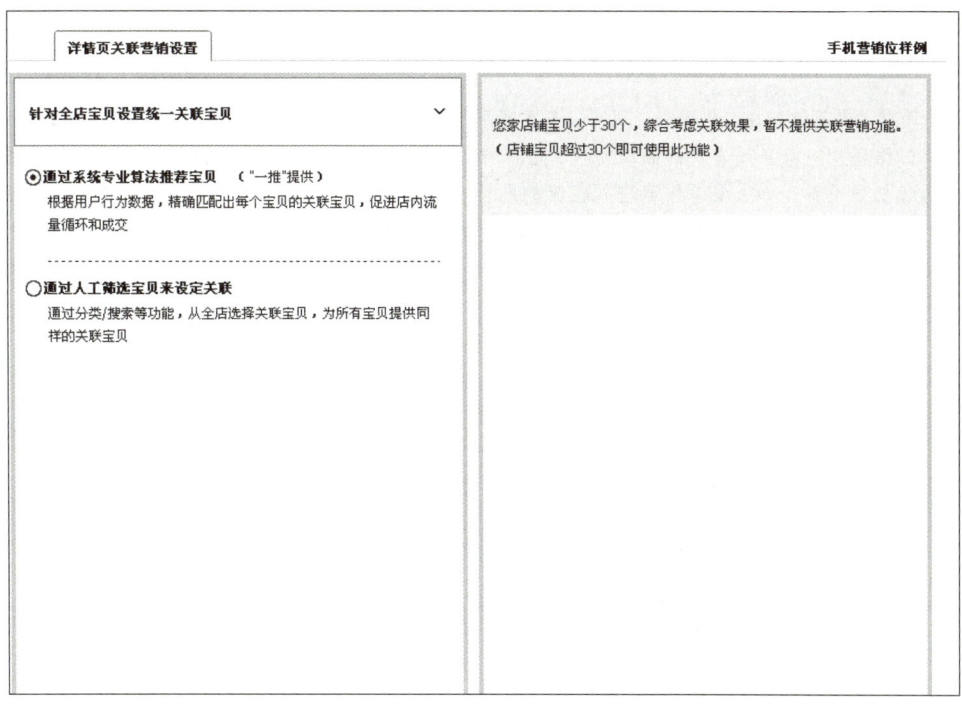

图 5-45　详情页关联营销设置页面

袁亮问：无线搭配套餐怎么设置呢？
专家答：搭配套餐可实现 PC 端与无线端的同步，使用非常方便。

　　天猫（搭配宝）/集市（搭配套餐）卖家凡是设置过搭配套餐的，手机淘宝目前会自动同步 3 个，后续个数会增加。

　　无论是天猫或者集市卖家使用官方搭配套餐工具设置完成之后再使用无线运营中心（wuxian.taobao.com）装修设置同步。

　　设置步骤如下：

1) 进入"卖家中心"→"营销中心"→"促销管理"→"搭配套餐"订购官方的搭配套餐，设置好 PC 端的套餐，单击"一键同步至无线"，如图 5-46 所示。

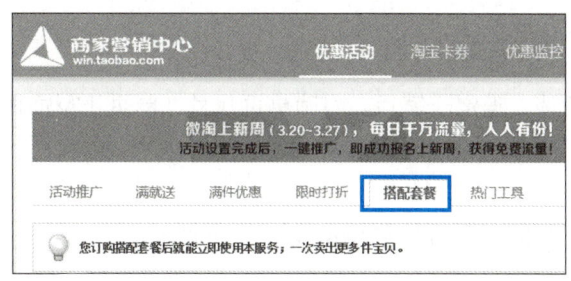

图 5-46　卖家中心促销管理页面

2) 进入无线运营中心，单击"无线装修"→"手机淘宝店铺首页去装修"，将宝贝类模块中的搭配套餐拖进中间手机虚拟框内部，之前创建的套餐会在这里默认展示。最多添加一个无线店铺首页搭配套餐模块，所有套餐可通过单击模块右上角的"更多"按钮查看。

无线店铺首页同步完成之后，无线详情页搭配套餐会自动同步。

3）单击右上角的"发布"按钮，操作完成。

> 袁亮问：手机不是可以扫描二维码吗，现在很多卖家用包裹码向买家推广自己的店铺宝贝，是如何操作呢？
>
> 专家答：二维码是一维条码发展的高级阶段，在一个小小的方块里面包含一条链接地址，引导消费者通过扫描设备（如手机）快速进入相应的网址。卖家可以将二维码印制在活动宣传单、新品推荐宣传单、优惠券和卖家宣传册等材料上，随着包裹递送到买家手里。买家不需要像以往那样"打开计算机然后输入链接"，只需用手机轻松"扫描"便可直达店铺（见图5-47），更加简捷、快速，使店铺的营销更加精准、有效。

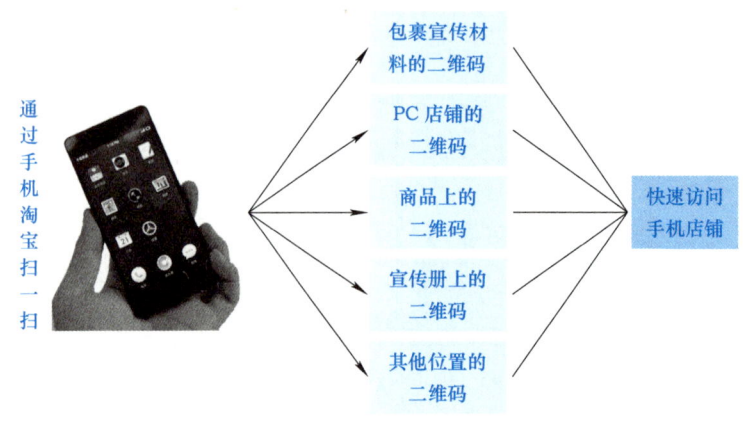

图 5-47　二维码推广

下面是二维码的使用流程：

（1）设置手机店铺中的活动页面

在"淘宝无线运营中心"→"无线装修"→"手机淘宝店铺活动页"设置一个手机店铺活动页面。

（2）制作宣传材料

进入码上淘（或者直接登录 ma.taobao.com）创建二维码。有 4 种方式：通过工具创建、通过链接创建、通过宝贝创建和通过页面创建，可以选择通过链接创建，然后用制图软件进行简单加工。

（3）打样和印刷

找几家印刷供应商谈，确定一家后，明确单页尺寸、单页正反面画面文件、张数、单价、付款方式、打样及印刷完成、递回时间和协议等。

（4）放入包裹递送

收到单页后即可开始放入到每日包裹里及进行地面派发。

（5）监测数据

二维码单页递送到买家手中后，开始监测数据，重点看访问量及活动优惠券的使用情况。

**案例学习**

某天猫女鞋旗舰店是一个 5 年 4 皇冠的平价女鞋老店，主营各类平价女鞋，如小白鞋、运动鞋、老爹鞋等，拥有粉丝高达 281 万，老顾客回购率高，店铺人群年龄集中为 18～25 岁。该店铺前期无线维护吃力，效果并不明显，但很快调整策略，获得了口碑与盈利双增长。下面介绍该店铺的推广及营销。

### 1. 频繁上新

店铺产品上新频率高，每周一、周三固定上新，然后根据商品效果和上新情况增加主推款。为抢占先机，店铺每次上新前都会在各个渠道提前预告新款。上新频率高不仅让店铺持续获取新用户，还增强了用户黏度，最大化留存了老用户。

### 2. 官方流量扶持

店铺因加入 iFashion 年度好店，有了官方流量的扶持。日常在 iFashion 后台发布单品，发布的产品会在 iFashion 相应频道进行展示，还有专属推送渠道，例如有好货、每日好店、聚划算、淘金币、天天特价等，如图 5-48 所示。通过 iFashion 发布新品单品、发布潮流志、看图购，能够增加新品推荐，增加新品流量引入。

### 3. 内容营销

店铺注重微淘内容运营，由于店铺人群以 18～25 岁的年轻女性为主，因此微淘内容多以时尚热点、微博热点、情感文章为主，话题上贴合日常吃瓜群众关注的实事，引导粉丝留言并积极互动，如图 5-49 所示。店铺还会精选买家秀，晒出真实的客户试穿效果及试穿感受，提高客户对产品的关注度和购买欲。此外店铺还加入达人加 V，可以发布清单，官方审核通过后不仅能提高店铺自身产品流量，还可通过清单流量获取推送产品的佣金。

图 5-48　iFashion 推荐

图 5-49　店铺微淘

### 4. 会员营销

除了每月一次的会员日，店铺还会在各种节假日增加会员营销活动，目前店铺有比较固定的粉丝群，如图 5-50 所示。通过上新信息优先推送、晒图送优惠券、定期发红包、发布直播预告等方式进行维护，进而促进转化率。

图 5-50　粉丝群营销

> **技能提升**
>
> 袁亮问：关联营销是一种不错的营销方式，为什么要在宝贝详情设置关联营销？
> 专家答：先分析一下买家用手机淘宝的购物路径，如图 5-51 所示。

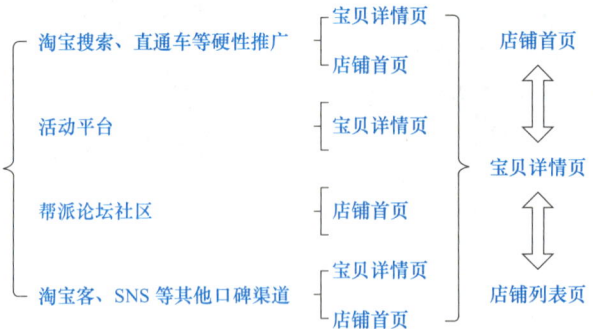

图 5-51　手机淘宝的购物路径

注：SNS 即 Social Network Sites（即社交网站）。

从上图知道通过搜索、无线直通车或者活动平台等渠道进入手机店铺首页或者宝贝详情页，买家留在详情页的时间是最多的，最终成交也是在详情页完成，所以抓住客户的比较心理和客户的真实需求很重要，关联营销设置在宝贝详情页比较好。

> 袁亮问：热销搭配做得很好，很容易提升客单价，关联营销怎么关联比较好呢，有什么关联搭配的方法吗？
>
> 专家答：关联营销展示宝贝的原则是针对性展示，精准关联。需要注意的第一个问题就是不能关联泛滥，关联太多宝贝没有重点，这样会影响买家浏览，分散注意力，使买家挑花眼；第二个是关联不当，关联了关联程度不强的宝贝、毫无联系的宝贝是白白浪费资源。关联宝贝的数量一定"宜精不宜多"。下面介绍一些常见的关联搭配方法。

1）待补型：展示同类或相似的宝贝，抓住买家最初的购物意向。如果买家不喜欢这款产品，还可以选择其他款式的宝贝，满足买家的比较心理。

例如：

①功能相同：韩版修身连帽外套——韩版修身连帽外套。

②属性相同或相近：红色米奇拎包——红色拎包。

③价格相当：39元的打底裤——20～50元之间的打底裤。

待补型搭配是卖家运用最多的搭配方式。

2）组合型：展示搭配组合、搭配中需要的宝贝或者是同个系列的宝贝。抓住买家关联购物欲望，满足买家同时或者先后产生的需求。

例如：

①功能互补：毛衣——围巾——帽子。

　　　　　文胸——系带——收纳盒。

②价格刺激：购买搭配商品可以享受8折优惠。

　　　　　购买搭配商品可以减免5元。

　　　　　购买搭配套餐，9折包邮。

3）热卖型：显示成交数量、展示店铺实力、提高买家信任、增加买家的购买信心，促进成交。

例如：

①将功能相同或互补设置为大前提。

②低销量宝贝——高销量宝贝。

4）促销型：展示打折的商品、增加买家的购物欲望对店铺成交有很好的推动作用，提高转化率。

关联营销的流程是：分析宝贝卖点→关联推荐的形式→选择宝贝→发布到宝贝详情页。

> 袁亮问：无线淘宝的核心功能有购物比价、便民充值，那么具体还有哪些呢？
>
> 专家答：无线淘宝也就是手机淘宝，它不受空间的制约，用户可以随时随地访问淘宝并查看商品。无线淘宝的核心功能有以下内容。

1)购物比价:买家可以到家乐福、国美、苏宁等任何一家超市或者连锁店,通过关键词搜索、条码搜索、语音搜索及二维码搜索等多种搜索方式即可实现和淘宝网商品比价,让买家购物更省钱。

2)便民充值:话费充值、游戏点卡充值、Q币充值,简单方便,支付宝支付又快又安全。

3)淘宝团购:聚划算每日更新,商品团购每天3场,生活团购支持全国85+个城市的吃喝玩乐团购信息。

4)折扣优惠:同步网页版淘宝,活动丰富,逛单品、逛店铺,活动专区优惠多多,同城生活购物更优惠。

5)类目浏览:找准目标,快速直达,更有彩票及机票的专属购物通道。

6)宝贝筛选:筛选更直接,搜索宝贝后可根据人气、信用、价格及销量排序,也可根据类目、地区进行筛选,用户可以快速查询宝贝。

7)宝贝浏览:支持宝贝大图、小图浏览,使用小图节省流量,查看大图更清晰。

8)宝贝详情:提供文字版及图文版宝贝描述,提供根据网络使用情况的随时切换。

9)分享惊喜:同步新浪微博,可以直接@好友名字,通过图片、文字、二维码与好友分享优惠,支持8亿淘宝商品的二维码分享。

10)提供默认登录及本地验证码功能,无须通过计算机或WAP再次验证登录。

11)阿里旺旺:支持与多个卖家即时联系沟通聊天的IM工具。

巩固练习

知识梳理

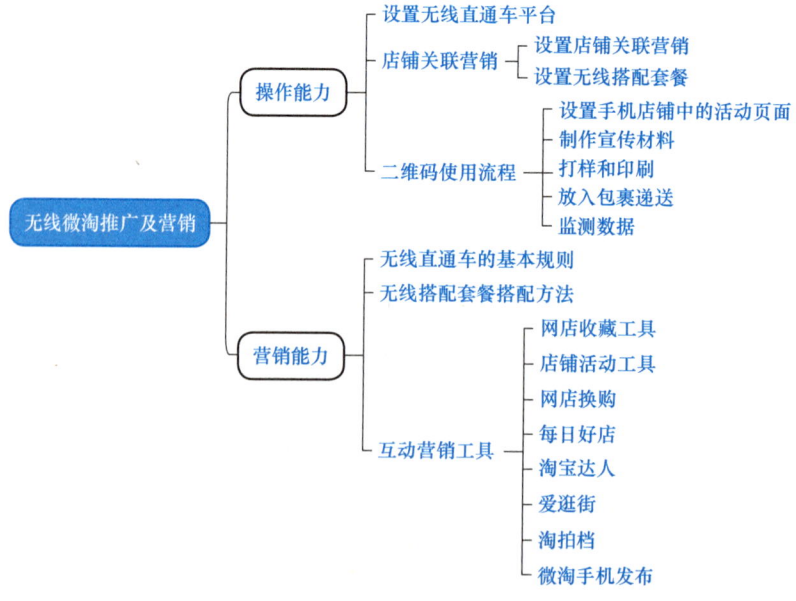

图5-52 知识结构图

# 项目 5　无线淘宝营销

### 随堂练习

#### 一、填空题

1．设置手机专享价的宝贝将拥有手机端独立的＿＿＿＿＿＿条件、＿＿＿＿＿＿标签；将获得手机端＿＿＿＿＿＿加权，宝贝优先展示；专属"＿＿＿＿＿＿"标签，引进更多流量、更多购买转化；交易记录＿＿＿＿＿＿，只显示＿＿＿＿＿＿优惠价或一口价。

2．淘宝手机端的推广渠道分＿＿＿＿＿＿与＿＿＿＿＿＿两种形式。＿＿＿＿＿＿形式主要有无线直通车、＿＿＿＿＿＿、＿＿＿＿＿＿等。

3．关联营销主要有两种方法：一是宝贝题图和价格信息下方的＿＿＿＿＿＿，二是通过软件在宝贝详情页生成的＿＿＿＿＿＿。

#### 二、多项选择题（每题的备选答案中，有两个或两个以上符合题意的答案）

1．设置无线直通车关键词与标题、属性、类目的匹配度，分档位展现主要分为（　　　）。
  A．完全命中　　　　　　　　　　　B．不完全命中但是重要词匹配度高
  C．缺失重要词匹配　　　　　　　　C．完全没命中

2．淘宝为卖家们提供了（　　　）官方店铺活动工具。
  A．店铺代言　　B．签到有礼　　C．天天特价　　D．买家秀
  E．打地鼠赢好礼

3．常见的关联搭配方法有（　　　）。
  A．待补型　　　B．组合型　　　C．热卖型　　　D．促销型

## 任务 3　无线淘宝的移动社交平台营销

扫码看视频

#### 情境概述

袁亮经常看微信朋友圈、刷微博，还关注了很多微信公共号，他发现可以利用朋友圈和微博来宣传自己的店铺和宝贝，而且相比较于无线直通车等推广工具来说成本更低、更容易操作。但是在现实生活中朋友圈、微博中的广告经常被用户屏蔽掉，要怎么做才可以既宣传了店铺又让微信好友和微博粉丝不厌恶呢？

#### 情境分析

无线淘宝的移动社交平台营销对淘宝卖家来说是一个很好的选择，袁亮要在这方面做好，需要学习以下内容：

1．淘宝的微博营销方法。
2．淘宝的微博橱窗推广方法。
3．淘宝的微信营销方法。
4．微信、微博和微淘互动与营销的区别和共性。
5．无线淘宝的移动社交平台营销的注意因素。

247

 技能学习

**技能支撑**

微博、微信营销对于淘宝店主来说确实是一个不错的选择，相对于无线直通车、硬广来说价格低廉。投放直通车成本高，有时一天就会烧上几千块钱，而且钱一旦不投了，流量很快就下来了。但是利用微博和微信经营则不同，如果经营得好，每天都有相对稳定的流量和订单。

> **袁亮问**：淘宝卖家如何开展微博营销？
> **专家答**：淘宝店主进行有效的微博推广的方法如下。

### 1. 准备工作

1）如果是企业注册，把企业微博注册需要微博官方认证的材料准备齐全。下载填写《企业用户认证信息表》和《企业认证申请公函》并加盖企业彩色公章，以及提交同样加盖彩色公章的企业营业执照副本/机构证明等其他证明文件，按照企业认证页面提示发送到指定邮箱。

2）一般情况下，微博活跃度要求是内容超过 30 条，粉丝超过 30 个。想要达到这个硬性条件，粉丝这块可以先把自己的朋友们加上去，更多精力则放在素材的收集上面，寻找自己所经营领域的一些见解和图片。

### 2. 具体操作

1）给自己打造一个好形象：LOGO、标签和基准色很重要。在注册微博前，定义好微博的形象。

2）主动加粉丝：在刚开始运营的时候，要主动介绍自己，为自己争取粉丝。

3）多"拉帮结派"：出门靠朋友，多逛一些群和论坛，主动转发和评论一些优秀微博。但要注意，不要把别人的原创在转发的时候重复一遍。

4）切忌冗长：微博最多能发 140 个字，短小精悍、言简意赅。

5）切忌发多张图片：要知道大多数玩微博的人都是手机党。网速慢的时候，没有人花时间等待几张连发的图。所以建议一般发图 2 或 3 张就好。

6）切忌发硬性广告：现在已经不是靠不断重复广告就可以让人记住的年代。广告太多会直接被别人拉进黑名单。

7）利用好时间：发微博的时间段很重要，因为这是一个信息更新速度很快的时代。即使微博内容可以一鸣惊人，但也可能因为发送的时间不对而不被发现。乘坐公车、地铁上班下班的途中颠簸，文字太多的报纸根本无法阅读，而微博的这种标题图片恰恰方便了都市中的"候鸟族"。

### 3. 对于加 V 后的微博内容注意点

1）坚持原创：不要抄袭其他地方的内容，转载内容要加上自己的评论和观点。

2）学习借鉴：这点跟原创不矛盾。可以看看国内外的设计作品以获取灵感和启发。

3）内容不要太杂乱：要分清哪些是工作内容、哪些是自己的爱好。不能因为自己喜欢看冷笑话就发冷笑话到企业微博上面。微博是一个强迫阅读的平台，倘若用户不需要财经方

面的信息，平时根本不会去涉猎财经方面的内容。但是微博中什么类别的信息都有，也有用户不感兴趣的。因此很多微博账号会根据粉丝的不同喜好而量身定制，而这里所要打造的企业微博就是专业。要在众多同行微博里成为一个专业领域的领头羊，让人一想到这个领域，就能想到你的微博有他们要的信息。

### 4. 加速人气的途径

1）坚持微活动。第一种是最快的：转发即有奖。文案和奖品都要吸引人，因为每天有非常多的微活动在举行。第二种是自发一些有意义的微活动，例如征文、征名、晒照片之类的活动，活动参与方式简单而且有趣。微活动需要保持连贯性，从创建微博起就要坚持每个月做活动。让大家意识到并且形成惯性，知道有这么一个经常有好玩活动的微博。

2）跟媒体互动。活动好玩有趣就会吸引一些媒体注意，所以除了网络宣传，纸质媒体也进行了二次报道宣传。可以凭借良好的口碑主动邀请媒体进行线下报道。

3）跟名人互动。粉丝中不乏一些有名之士，他们转发了微博后，其传播速度和辐射面都很大，经常跟客户、名人互动带来的经济效益是无形且不可估测的。

4）学会利用舆论的力量。舆论是把双刃剑，当无法避免它的时候，就要利用它。

在淘宝竞争越来越激烈的情况下，大家可以考虑利用别人薄弱和竞争相对较少的地方做出自己的小成就。

> **袁亮问**：如何利用微博橱窗卖货？
> **专家答**：微博橱窗的功能与淘宝二手店类似，能够在上面出售自己的个人物品，同时在新浪微博橱窗上能够分享链接，营造更多的曝光量，帮助卖家更好地促进转化率。卖家只要单击"我"进入个人中心即可看到"我的橱窗"。微博橱窗发布的流程如下。

首先进行商品的发布，单击微博首页右上角的"+"按钮，选择"写微博"，如图 5-53 所示。然后在跳转的页面，单击"+"按钮，如图 5-54 所示。

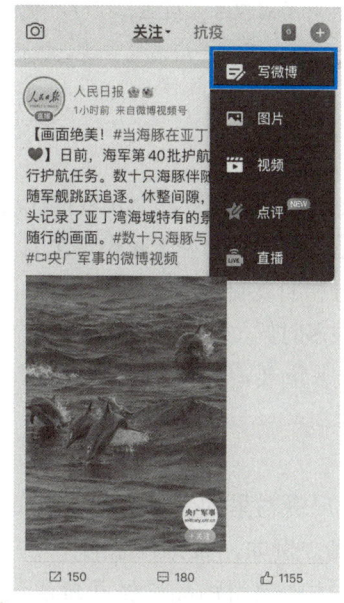

图 5-53　微博首页"写微博"

图 5-54　单击"+"按钮

在"+"号显示的内容下,单击"商品"进入商品发布页面,对内容进行编辑,编辑完成后发布即可,如图 5-55 和图 5-56 所示。

图 5-55 单击"商品"　　　　　　　图 5-56 发布

> 袁亮问:淘宝卖家如何进行微信营销,有什么方法?
> 专家答:微信公众平台作为一种营销的工具,越来越被人们重视。大家看重微信原因有两点,一是它的个人用户数量庞大,二是它很好地把握住了移动市场。移动端的火热使大家都在寻求新的营销突破方法,因此微信商业运营已经刻不容缓。尤其对于淘宝个人店主,生存环境越来越恶劣,想要做好店铺必须另寻他法,而微信给了他们新的途径。下面介绍淘宝店铺做微信营销的方法,需要注意的是微信只是一个工具,其定位很重要。

(1) 起步阶段

起步阶段集中精力做好一个账号。有些企业把服务号、企业号、个人号都注册了,但是鲜有企业能把它们都运营得很好。个人号的潜力不可忽略,建议中小型卖家申请个人号。朋友圈不只是卖货,也不是只有个人能玩,企业也可以做个人号和朋友圈。对于高客单价的商品、需要信任的商品、回头率高的商品,其实都可以做个人号。很多时候,朋友圈的影响力比公众号更大。

对于刚开始起步做微信的卖家,增加粉丝数非常重要,如果粉丝数太少,那么活动的作用就不大,要想办法把老客户转化成为微信好友。

(2) 用户数据收集

可以策划收集用户资料的活动,一定要注重用户资料里的手机号码。譬如关注微信公众号后回复"自己的姓名和手机号码"才能获得赠品。例如,做化妆品的,用户关注公众号后需要回复"肤质+性别+年龄+姓名+手机号"才能获得赠品;做儿童服装的,用户需要回复"小孩的年龄+性别+身高+手机号+父母手机号"才能获得赠品。

任何一款营销活动都不是一蹴而就的，需要策划，而且需要想办法获得一些用户资料。

（3）与粉丝互动

热闹的评论和点赞可能别人一个都看不到（只能看到互加过好友的点赞和评论），怎么办？在回复某个人的评论时，不要@他，而是直接点你帖子下的评论去回复，这样其他人就能看到了。

如果没人互动显得太冷清时，可以装作有人评论，自己留几条评论。例如，就算一条回复也没有，你可以如此回复：感谢大家这么热情的支持，泪流满面啊！这样粉丝以为真的有很多回复，看见了就会觉得很热闹。

类似的方法，还可以用来做广告。例如，你发了一个有意思的产品，希望让大家知道如何购买，但点赞的多，一个问购买地址的也没有，又不能直接说啊，可以统一回复：问购买方式的人太多了，统一告诉大家啊……这样既提醒那些人购买，又不显得唐突。

> **袁亮问**：微信营销的核心是互动和提高粉丝活跃度，如何提高活跃度和互动量？
> **专家答**：提高微信粉丝互动和活跃度可以通过以下几个类型的活动实现。

1）搜集粉丝反馈意见，罗列选项，让用户选择并做好分类，按照不同的组别发送不同内容。例如化妆品的销售，可以发布这样一条信息：

标题：×××护肤品，测测你适合不适合

内容：尽量真实，必须是专业的测试题。

结尾：文章末尾一定要加上对该篇文章的评价，如果觉得好请点赞。注意：除非用户自愿，否则不要诱导用户进行回复。

当收集到一些相对比较全面的评论后，可以把粉丝进行分类。卖家能分出哪些粉丝对店铺哪一类的商品最感兴趣，以后的文章就可以根据用户兴趣分类定向发送。

2）经常做趣味测试活动。例如做化妆品的店铺中女性客户居多，店主尽量把星座和护肤关联起来增加趣味性，在用户提交选项后，自动回复的信息末端附带店里的促销信息，一举多得。

3）有奖问答活动，就是把正确答案作为下一道题目的关键词，而用户回答题目时需要到官网了解信息，可以加深粉丝对品牌的了解。同时鼓励粉丝拿到奖品后到微博上晒单，店主可以帮忙转发。

4）微信导购，让用户得到具有针对性的服务，不要过分依赖机器人程序。一个好的互动级公众号必然需要一个专职人员在后台和用户互动。例如做化妆品，根据用户不同的肤质和功能诉求，给关键词发送相应的产品推荐或二次细分，给予更合适的产品推荐。

### 案例学习

淘宝店铺"殷*燕的窝"从最开始只卖燕窝，发展到安心食材类、煲汤料类、化妆品等多种养生产品，共计80多种不同的产品。"殷*燕的窝"主打安全食材，店主殷*把大量的精力放在食材挑选与供应链把控上。

"殷*燕的窝"所拥有的核心价值，正是来自粉丝自发的品牌驱动力。"殷*燕的窝"主张"懂比吃更重要"。殷*经常在微博更新又做了什么好吃的、又研究出了什么好搭配等，成为粉丝们每天期待的更新内容。殷*十分坦诚地说，到目前为止，"殷*燕的窝"在流量上都没有做过专门的优化，完全来自粉丝对店铺的支持，即使是现在日益忙碌的情况下，她也坚持每天跟粉丝交流答疑。

"殷*燕的窝"微博内容可以分为以下类型：

### 1. 图文并茂介绍宝贝

从不同角度介绍店铺商品（见图 5-57）：与粉丝互动，介绍新产品；结合最新热点介绍店铺新产品；介绍产品的受众群体和营养价值；发图介绍产品生产和质检等过程让消费者放心。

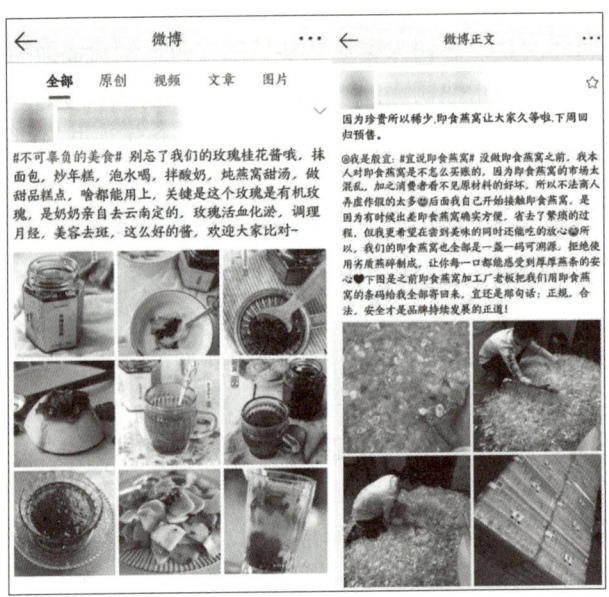

图 5-57 图文并茂介绍产品的微博

### 2. 顾客粉丝晒单

转发粉丝晒单的微博（见图 5-58），重视粉丝的口碑营销。如顾客晒单夸产品好、包装好、掌柜人好；粉丝在微博@"殷*燕的窝"晒"殷*燕的窝"的食材做出来的食物等。

图 5-58 转发粉丝晒单微博

### 3. 晒一些私人照片和生活照

微博里也不能全部介绍产品，就算产品再好，太多了谁也会厌烦的，所以可以发一些其他内容，比如发一些私人照片、生活照和旅游照片等（见图 5-59），让粉丝看到你的生活点滴，更有亲近感，好像就是自己的一个朋友。

### 4. 有奖活动，增加顾客之间的互动

设置有奖活动（见图 5-60），增加转发，提高粉丝互动。

图 5-59　晒私人照片的微博

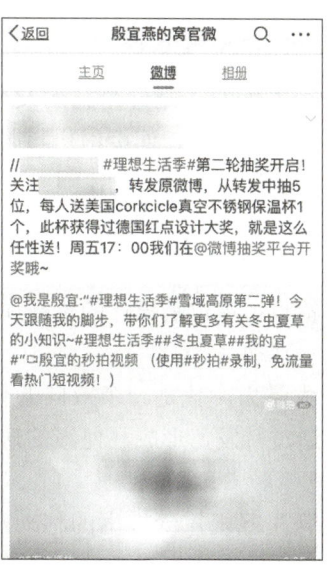

图 5-60　有奖活动微博

### 5. 其他内容

可以发送一些时下的话题和养生的文章、图片等内容（见图 5-61）。

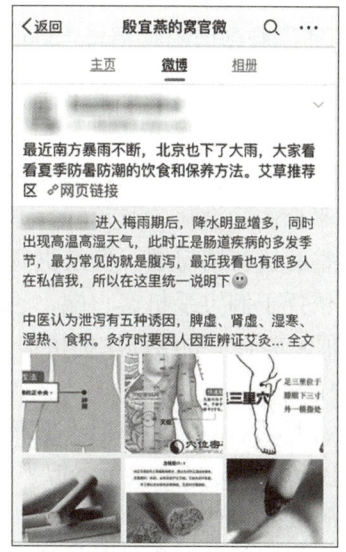

图 5-61　其他内容的微博

"殷*燕的窝"的微信分为两个,一个为官方账号,另一个为个人账号,个人账号每天都会更新朋友圈,内容和微博基本一样。官方账号更新的内容相比个人账号,商业传递要更为直白些,但整体来说,两个账号的内容都比较生活化,所以粉丝不会厌烦。

> **技能提升**
>
> 袁亮问:微信、微淘、微博的互动与营销有什么区别和共性吗?
> 专家答:目前微信营销、微淘营销和微博营销统称为微营销。

### 1. 微信、微淘和微博的区别

微信对于个人而言,是一个与朋友、私密关系群体交流的工具。而公众号对于官方要求而言,是提供信息流转、连接用户与服务、实现沟通互动、服务定制(会员卡绑定、企业客户关系管理、软硬件交互)的工具。

相比微信而言,新浪微博从开启邀请码内测的那一刻起,就注定了它是媒体化平台的重要属性。目前,相比微信、微淘,微博是唯一一个基于PC端和手机端的平台。微博也更具有自媒体的特点,这也是媒体的传播属性的体现,但更重要的是,不能忽略微博产生传播的一大助力——互动。

微博的最大魅力,就是一个双向的传播平台,每个人都可以基于一个事件或观点发表自己的意见,通过转发,形成几何级的病毒式复制结果。互动可以是双向的,也可以是多点交叉的。

微淘则是阿里巴巴重磅推出的移动端产品,很像微信中的公众号。但从微淘自己的产品规划来看,它还将推出类似开放平台的插件植入,支持晃动手机摇奖、独享优惠推送、粉丝管理等营销工具功能。微淘是含着金钥匙出生的,有目前最大的电商平台淘宝、天猫的大力支持,它的电商属性非常强。

所以就目前的基本属性来看,三者都是基于社会化营销微平台,微信更侧重于小圈层的交流,微博侧重于媒体与传播,微淘侧重于电商。

### 2. 微信、微淘和微博的营销与互动的共性

从整体来看,微营销更应该看成一个重要的渠道,更可以看成营销行为中的品牌包装和推广。

微营销侧重的是社会化营销,而非纯粹意义的电子商务。无论微博、微信、微淘,都是侧重于不同平台的社会化工具而已,是社会化营销的环节,而非完整闭环。任何微营销平台都不能完整解决营销问题,仅是更好地推广和传播产品品牌、服务和口碑的途径。

微淘目前依托于淘宝手机客户端,也可以看作阿里对于移动互联社会化营销的简单布局,从未来发展趋势看主要给商家提供信息通道、标准化商品和服务的管理、基于粉丝数据库的营销。

微博虽然有互动活动,但依旧不够精准,这也是微博无法完成营销的重要原因。从这点看,微信可以支持部分插件菜单,似乎可以弥补,但由于微信缺乏电商营销的基础,固定的菜单并不能满足营销的内容需求。

微博和微淘未来的趋势更像是给电商平台天猫和淘宝导流,进行转化,而这个社会化

转化的过程，就是微营销带来的部分效果。

目前，能看到的微营销更多的是基于美食、娱乐、普通商品的销售或者是大型品牌的传播利用，实际上也是商家和企业对于微营销平台的预期值过高造成的，过度神话的微营销平台应该回归到现实营销中的一个环节中去。

> **袁亮问**：无线淘宝的移动社交平台营销需要注意什么？
> **专家答**：无线淘宝基于移动社交平台营销需要注意的事项如下。

1）用户黏性，需要经营和时间。用户数量不可能一蹴而就，所以现有老用户的转化和种子客户的培养需要时间。

2）推送内容的选择。并不是所有的内容都适合推送，用户更喜欢贴心的交流、指导和专业信息的沟通。基于粉丝属性的定向推送对内容专业度要求较高。常见的微营销从业人员喜欢从各种途径寻找段子，甚至是代运营托管，严重忽视了自身产品或者行业的专业度，所以尽管有客户群体，但枯燥的复制粘贴无法进行有效的内容沟通，往往丧失了成交的机会。

3）线上服务感受，虽然需要客服的技巧，但自身产品口碑和客户关系维护要有完整的规范和体系，以及强大的执行力。不能简单粗暴地去套销售说辞。

4）粉丝的互动，要有归属感，符合目标客户群的购物习惯，互动内容简单，适合用户传播。可以将简单的线上互动适当转化为线下的活动形式，增加目标用户的好感。

不要为了营销而营销，除了微营销平台，还可以利用互联网的其他平台和工具。这也是基于对相关互联网产品平台的规则的了解，顺势而为，主动利用但不是盲目跟从。

巩固练习

知识梳理

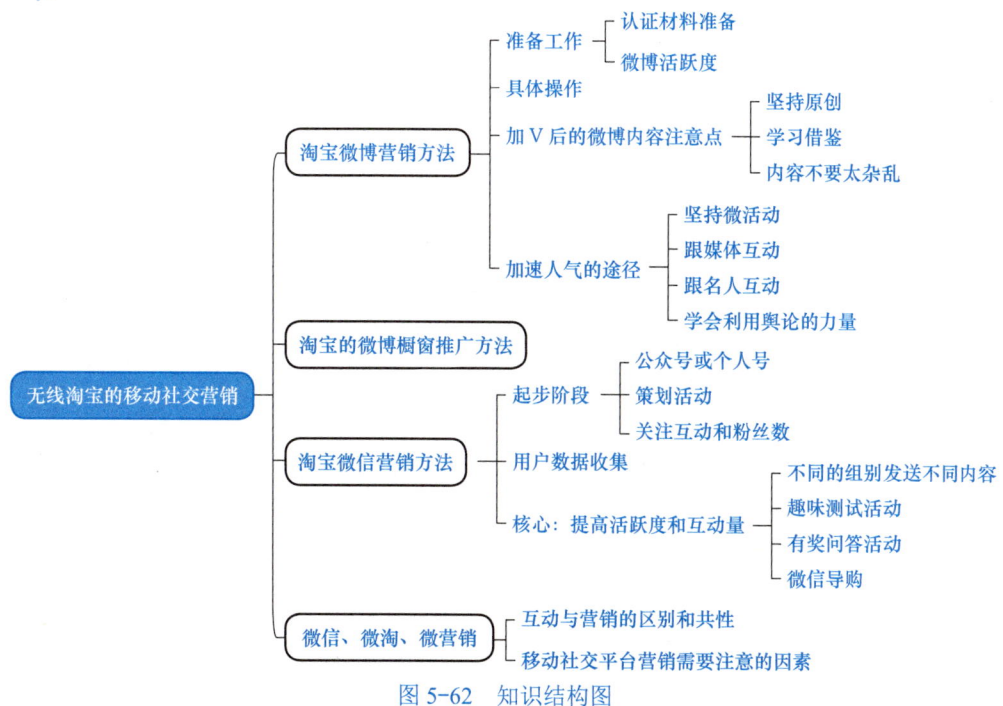

图 5-62　知识结构图

✎ 随堂练习

简答题

1. 微信营销过程中,如何提高与粉丝的互动和粉丝活跃度?
2. 无线淘宝的移动社交平台营销需要注意哪些因素?

拓展阅读

"淘宝心选"于2017年5月上线,2020年调整入同城零售事业群。从一定意义上来说,是阿里在自营模式的初探。随着"淘宝心选"的消失,阿里在自营平台的尝试算是告败了。

阿里这两年的日子并不太好过。先是在2020年4月,因实施"二选一"行为而被国家市场监管总局责令停止违法行为,并处以天价罚款。后又在2021年"双十一"期间经历了增速放缓的窘境,到了年底,头部主播因为逃税风波接连被查,淘宝的直播电商又陷入冷静期。

为了走出泥潭,阿里开始了对多模式、多业态的探索,并且进行业务组织调整。"猫享"的上线,算是阿里正式进军自营赛道的标志了。

除了阿里,美团、抖音等互联网巨头也纷纷涌向电商自营赛道,组建自营电商团队、新增自营专营店。而打造自己的供应链也是切入自营模式的重要一环,京东的自营模式之所以能成功,就胜在供应链和物流上,阿里要想在一众电商平台中率先取得自营业务的成功,就得拿出自己独特的优势,才能顺利突出重围。

# 项目 6

## 直播营销

### 项目概述

本项目围绕直播营销展开,从开播前的直播平台选择、直播目的确定、直播内容策划、直播预告发布等准备工作入手,到直播过程中的开场、互动、营销活动推送、过程监控、收尾等活动的实施与执行,再到直播结束后的复盘与粉丝维护工作都进行了详细讲解,使学生掌握直播营销的整体思路,并能够在实际应用中完成直播营销前期的准备与策划、中期的执行与监控,以及后期的复盘与粉丝维护工作。

### 学习目标

#### 知识目标

- 了解直播营销的目的;
- 熟悉直播前期准备工作的内容;
- 了解开场设计要素及直播活动开场形式;
- 熟悉直播中常见的互动方式;
- 熟悉直播过程监控的内容和指标;
- 了解直播复盘的方法;
- 熟悉直播后粉丝维护的方法。

#### 技能目标

- 能够选择合适的直播平台并入驻;
- 能够完成直播预告的制作和发布;
- 能够进行直播内容策划;
- 能够进行有效的直播互动;
- 能够配合主播完成直播营销活动推送;
- 能够进行直播过程监控并及时处理突发状况;
- 能够完成直播数据分析并总结经验;
- 能够在直播后持续进行粉丝维护。

## 任务1 直播前期准备

扫码看视频

**情境概述**

齐敏所在的公司是一家以销售各地农产品，如山东苹果、眉县猕猴桃、大荔冬枣、新疆葡萄等特色水果为主的农产品企业。由于近年来受疫情的影响，企业效益并不乐观。为了增加产品销量，提升企业收益，经公司决定成立了以齐敏为核心的直播团队来进行直播营销。齐敏平时经常观看直播，也非常认可直播营销的模式，但真正要实施起来反而犯了难，这该如何进行呢？

**情境分析**

与短视频、互联网录播节目不同，网络直播是一场真正的现场主播秀，具有实时性、互动性、真实性等特点。同时，基于产品销售的需求，一场带货直播需要传递让用户产生共情的信息，用恰当的方式赋能品牌效应，转化为消费者对品牌的信任和忠诚，进而达到销售转化的目的。那么，齐敏要成功举办一场企业直播营销活动，就必须提前做好以下准备工作：

1．直播平台都有哪些类型？
2．如何进行直播平台入驻？
3．直播目的都有哪些？为什么要确定直播目的？
4．直播前期准备工作具体都有哪些？
5．如何进行直播内容的策划？
6．直播预告的目的是什么？应该如何制作与发布？

 技能学习

**技能支撑**

网络直播作为一种全新的营销方式出现在人们的视野之中，一时间各行各业纷纷涌入，从素人、网红到企业家、公务人员，全民进入直播时代。然而同是网络直播，有些直播间门可罗雀，有些直播间却赚得盆满钵满，这首先就要思考是否足够重视直播前的准备工作。

> **齐敏问：** 我知道要开展直播营销，就要选择合适的平台，那么直播平台都有哪些类型？
> **专家答：** 目前来看，我国电商直播行业的平台主要分为两大类：一类是电商平台，通过开通直播间引入内容创作者，其形式是"电商+直播"，直播只是商家引流、促销的一种营销方式，例如以淘宝直播、京东直播、蘑菇街等为代表的老牌电商直播平台；另一类是内容平台，通过接入第三方电商平台来布局运营模式，其形式是"直播+电商"，代表平台是快手、抖音。想要选择合适的直播平台，一方面需要考虑自身的资质是否满足平台的要求，另一方面还要考虑诸如平台调性匹配、用户匹配、流量推荐、内容制作和主播选择等问题。

# 项目 6  直播营销

> **齐敏问**：如何进行直播平台入驻？
> **专家答**：不同的平台有不同的直播开通规则和入驻流程，下面以淘宝直播为例进行讲解。

### 1. 淘宝直播开通规则

要入驻淘宝直播平台，首先要了解淘宝直播开通规则，根据淘宝官方公布的直播入驻条件，不同主体需要满足相应的条件才能开通直播功能。

淘宝网用户须同时满足以下条件，方可申请达人主播：

1）已入驻阿里创作平台成为达人，且账户状态正常。
2）具备一定的主播素质和能力。

淘宝网卖家须同时满足以下条件，方可申请商家主播：

1）店铺信用等级须为 1 钻及以上。
2）主营类目在线商品数 ≥ 5，且近 30 天店铺销量 ≥ 3，且近 90 天店铺成交金额 ≥ 1000 元。
3）卖家须符合《淘宝网营销活动规则》。
4）本自然年度内不存在出售假冒商品违规的行为。
5）本自然年度内未因发布违禁信息或假冒材质成分的严重违规行为扣分满 6 分及以上。
6）卖家具有一定的微淘粉丝量、客户运营能力和主播素质。

天猫商家须同时满足以下条件，方可申请商家主播：

1）商家须符合《天猫营销活动基准规则》。
2）商家具有一定的微淘粉丝量、客户运营能力和主播素质。

对商家准入有特殊要求的，依据淘宝另行制定的准入要求执行。

### 2. 入驻淘宝直播平台

下面将以淘宝达人入驻淘宝直播平台为例，介绍具体的入驻步骤。

（1）申请成为淘宝达人

1）进入阿里 V 任务首页 https://v.taobao.com/，单击"立即开通"按钮，在弹出框中选择"我是服务方"，如图 6-1 所示。

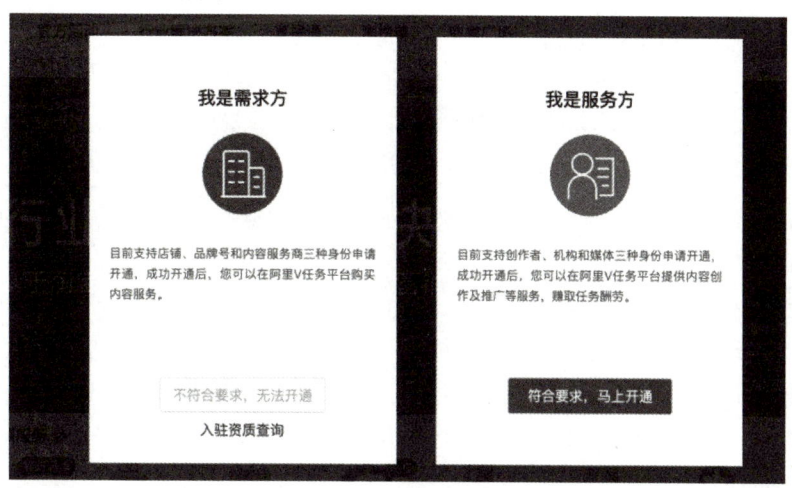

图 6-1  选择"我是服务方"

2）选择合适的角色（创作者、媒体、创作机构），选择"创作者"，然后单击"马上开通"按钮，如图 6-2 所示。

图 6-2　选择"创作者"

3）根据页面提示完成入驻信息填写，勾选同意入驻协议，然后单击"确定"按钮，如图 6-3 所示。

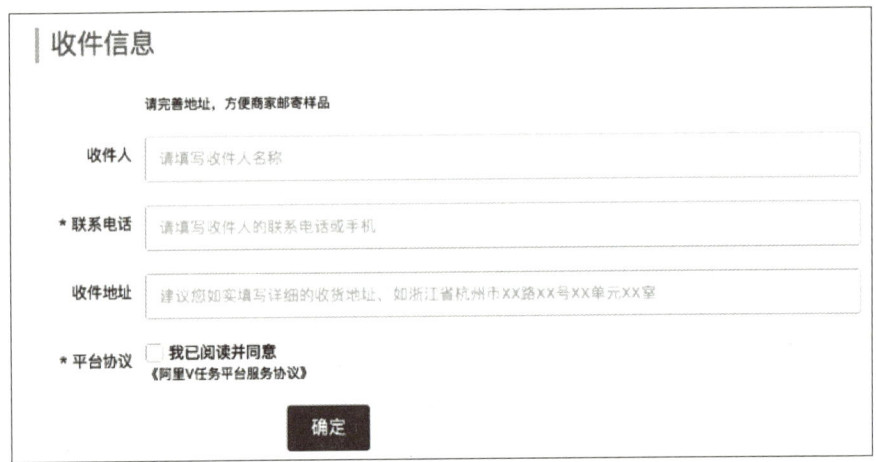

图 6-3　入驻信息填写

4）进入保证金页面，根据页面提示缴存保证金，保证金缴存完成后，即可前往发布报价页进行相关操作。

5）开通"阿里创作者"身份。进入 we.taobao.com 完成"微淘号达人"的认证，如图 6-4 所示。至此，V 任务服务方入驻完成。

（2）发布视频内容

成为"大 V"后发布一条视频内容，可以是介绍自己，也可以是自己做的其他工作，但是必须符合视频内容规范。

（3）开通淘宝直播权限

1）下载淘宝直播 APP，登录淘宝账号，进入应用首页，单击左上方的"主播入驻"

按钮,如图 6-5 所示。

2)根据页面提示进行实名认证(即刷脸确认是否是账号本人),并且同意平台签约协议,如图 6-6 所示。

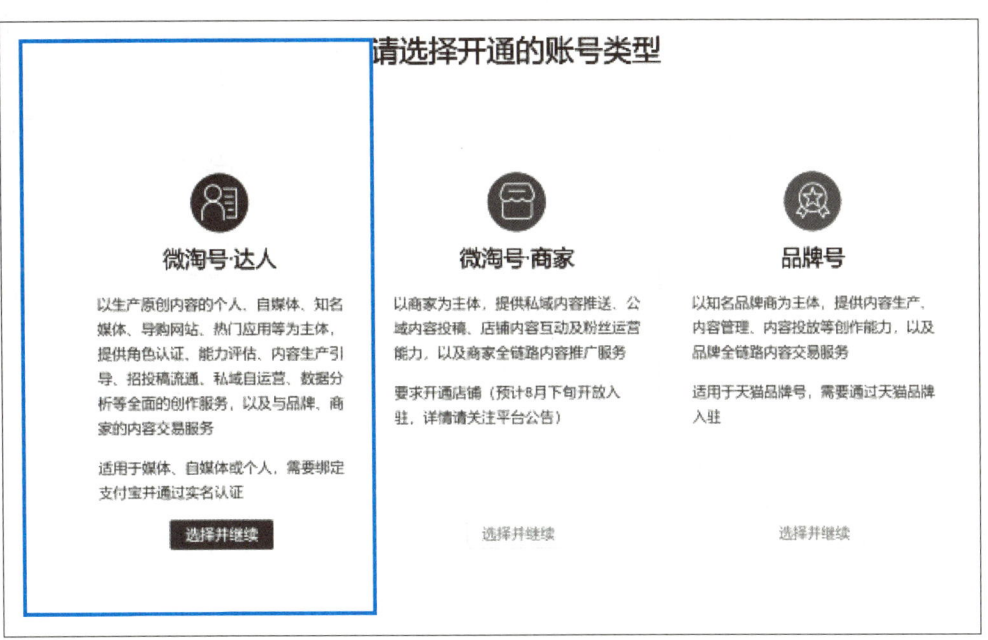

图 6-4 达人认证

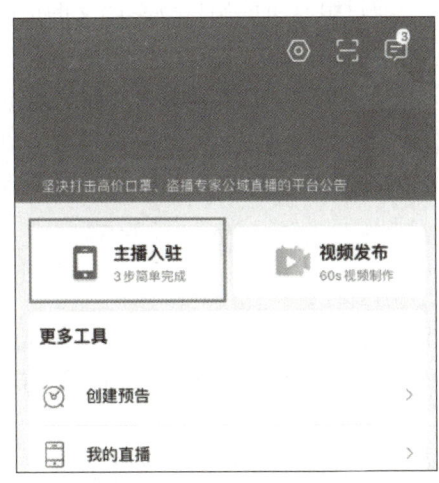

图 6-5 "主播入驻"页面

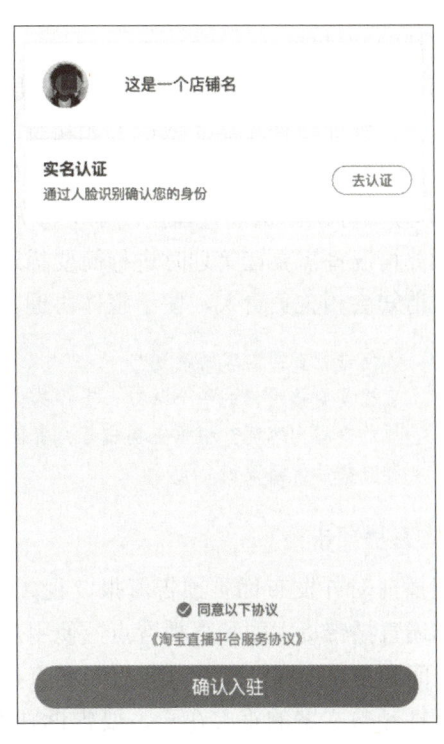

图 6-6 "实名认证"提示页

3）完成之后单击"立即开通"按钮，即可完成主播入驻，如图6-7所示。

> **齐敏问**：直播目的都有哪些？为什么要确定直播目的？
> **专家答**：商家要做直播活动，首先需要明确直播的目的。后期所做的一系列策划都是围绕着这个目的而展开，同时直播目的也是用来衡量直播营销活动是否成功的标准，因此要用心设定目标。一般来说，直播目的主要有两种，一种是积累粉丝，另一种是直播带货。目的不同，直播的流程、话术设计及策略方法也不同，但不同的目的之间可以存在交集。

> **齐敏问**：直播前期准备工作具体都有哪些？
> **专家答**：明确了直播目的，确定了直播平台，接下来就要付诸行动。为了确保直播活动顺利进行，前期准备工作包括但不限于以下几点。

图6-7 单击"立即开通"按钮

1）直播选品。直播中要上架的产品是什么，围绕其做好定位、设计卖点、打造利益点，并且做好目标人群定位。

2）人员配置：一个直播间至少配备1名主播、1名副播或是1名助理、1名场控、1名运营、1名客服。

3）直播间设置：直播灯（户外的话不用）+直播架；需要准备至少2台手机，1台用来做直播，1台用来和粉丝文字互动。

4）时间规划：时间节点的设定包括项目组整体时间节点和直播整体时间节点设定，以确保直播顺利进行。

5）礼品赠送方式和时间：赠送礼品是提升直播流量、增加用户直播间停留时长的有效手段之一。提前规划礼品的赠送方式和时间，并通过直播预告发布出去，既能吸引用户关注与逗留，也能减少直播间用户流失，增加转化概率。

6）预算控制。每场直播活动都会涉及预算，新媒体团队整体预算情况、各环节预期需要的预算情况都需要在策划时进行简要描述。当某个项目组有可能出现预算超支的情况时，需要提前知会相关负责人，便于整体协调。

> **齐敏问**：如何进行直播内容的策划？
> **专家答**：直播是对接用户的一个端口，直播的内容很大程度决定了直播的成功与否。那么如何策划出优质的直播内容呢？根据直播流程，直播内容策划主要包括了直播前预告策划、直播中脚本策划和直播后传播策划。

### 1. 直播预告

直播前对外发布优质预告海报、视频、营销文案等预告内容，一方面通过有吸引力的文案描述直播带货主题和直播看点，使用户产生兴趣。另一方面通过预告使用户提前了解直播的时间和主要内容，规划并做好观看直播的准备。

直播预热文案的重心在于，要告诉别人你将在什么时间、什么场景做什么事、福利是什么、亮点是什么等信息，激发用户看直播的欲望。一般有以下两种形式。

（1）产品预告型（见图6-8）

产品预告是针对直播将要推出的特定产品制作的预告内容，预告中可以提前告知用户部分活动产品，同时搭配宣传文案，并在宣传文案中交代直播的主题、时间等内容，引导用户关注、观看直播。

（2）福利预告型（见图6-9）

福利预告是针对直播将要推出的产品优惠情况制作的预告内容，预告中可以透露部分直播间购物福利，同时搭配宣传文案，在宣传文案中可以交代直播的主题、时间、产品等内容，运用"低价策略"吸引用户关注、观看直播。

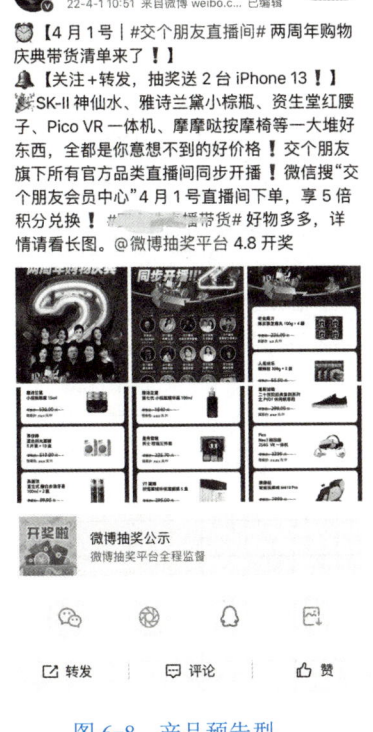

图6-8　产品预告型

图6-9　福利预告型

想要吸引观众进入直播间，直播预热文案可以运用以下3种方法。

1）设置悬念，设置悬念的目的是激发用户的好奇心，引起用户想要进直播间一探究竟的兴趣或者想要进入直播间寻找到答案的想法。

2）运用数字，直播预热文案中加入数字的表达方式，给用户直观的感受和卖点，一目了然，同时也能加深用户的记忆。

3）简洁明了，复杂的话简单说，摘取关键字，使用户一看就懂。

### 2. 直播脚本

有趣的直播内容是直播营销能够形成有效流量市场的关键。写好一个直播间脚本，可以达到这些目的：

1）梳理直播流程，有效减少直播过程中出现纰漏的概率。

2）指导主播的动作行为，在规定的环节完成对应口播。

3）便于在直播结束后进行复盘总结。

直播脚本分为单品脚本和整场脚本。单品脚本比较简单，是针对某款或某几款产品的直播脚本，其主要内容包括产品的品牌、卖点、优惠方式等。产品单品脚本可以设计为表格的形式，见表 6-1。将品牌介绍、产品卖点、利益点、直播间注意事项等内容呈现于表格中，方便主播全方位了解直播产品。

表 6-1　单品直播脚本模板

| 单品直播脚本 | | | | | | | | | | |
|---|---|---|---|---|---|---|---|---|---|---|
| 序号 | 产品名称 | 产品图片 | 产品介绍 | 产品卖点 | 日常价格 | 直播间到手价格 | 利益点 | 直播画面 | 直播时长 |
| | | | | | | | | | |
| | | | | | | | | | |
| | | | | | | | | | |

而整场脚本是对整场直播的脚本撰写，包括对直播进行整体规划和安排、逻辑和玩法的编写以及对直播节奏的把控等。区别于单品脚本，整场脚本除了介绍产品外，还需要统筹规划开场预热、产品讲解、用户互动、直播优惠、直播总结、次场直播预热等环节，见表 6-2。

表 6-2　整场直播脚本

| 整场直播脚本 | | | | |
|---|---|---|---|---|
| 直播目标 | | | | |
| 直播主题 | | | | |
| 直播环节 | | | | |
| 序号 | 流程 | 说明 | 时长 | 直播话术 |
| 1 | 直播开场 | 包括自我介绍、直播内容介绍等 | | |
| 2 | 产品介绍 | 包括产品导入、按类介绍、重点介绍等 | | |
| 3 | 互动促销 | 包括抽奖、秒杀、满减、优惠券等方式 | | |
| 4 | 产品介绍 | 第二类产品介绍 | | |
| 5 | 互动促销 | 第二轮互动 | | |
| 6 | …… | 各商品介绍及互动 | | |
| 7 | 直播总结 | 总结整场直播 | | |
| 8 | 次场直播预告 | 预告下场直播 | | |

## 3. 直播后期的内容策划

直播过程是对消费转化的集中收割，若能有效把握，直播后的二次传播也具备较强的转化能力。因为电商直播的特点是直播内容具有可传播性，所以在直播结束后可以将直播内容进行分享，让其形成二次传播，甚至剪辑成短视频为直播回放导流，进而实现二次转化。

> **齐敏问**：如何利用直播预告进行宣传？
> **专家答**：为扩大直播预告宣传范围，运营人员可多渠道开展预告宣传。电商平台、直播平台、社交平台等都是进行直播预告宣传的重要渠道。

### 1. 直播平台宣传

运营人员可以将预告内容发布到电商平台上，例如淘宝的"淘宝直播"、京东的"京东直播"均可供平台卖家发布直播预告，如图 6-10 所示。

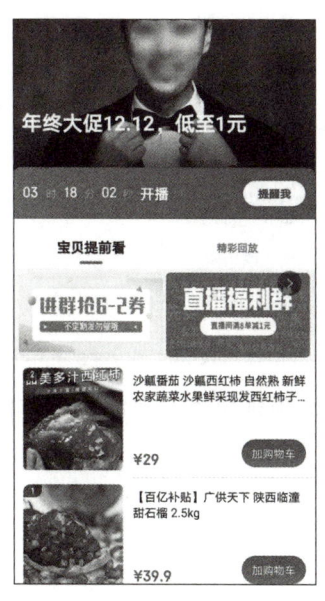

图 6-10　电商平台直播预告（京东直播与淘宝直播）

### 2．粉丝群宣传

在主播开始直播前，可以在直播平台通过建群的方式发布直播预告，如图 6-11 所示，也可以在上期直播结尾，由主播口播次场直播预告内容。

图 6-11　直播平台预告

### 3．社交媒体平台宣传

社交媒体拥有庞大的用户基数，能够保障直播预告发布的受众范围。农产品直播运营人员可以将制作好的预热内容发布到各类社交媒体上,扩大预告曝光。比如通过微信、微博、腾讯 QQ、今日头条等渠道,选择合适的宣传方式来发布直播预告,如图 6-12 所示。

- 微信平台：微信群、朋友圈、视频号、公众号
- 微博平台：个人微博、企业官博、大 V 微博等
- 腾讯 QQ：QQ 群、兴趣部落、QQ 邮件等
- 今日头条：头条号、微头条、头条视频等

图 6-12　主流社交媒体直播预告发布方式

除以上几种宣传渠道外,运营人员也可以将预告内容发布在企业官网、企业品牌店、线下实体店等渠道,吸引更多用户观看直播。

### 案例学习

2020 年 3 月,全国陆续复工复产,交通、物流已陆续恢复正常,人民生活逐步迈向正轨。湖北作为全国重要的农产品生产地,有着许多优质的农副产品,如莲藕、小龙虾、茶叶、柑橘等,受疫情影响农副产品滞销,给农业生产、农民生活带来一定困难。为落实中央"支持湖北经济社会发展"的要求,助推优质湖北农副产品走出去,央视新闻新媒体联合淘宝、京东、拼多多、苏宁易购、今日头条、快手、抖音、微博等各大电商平台、生活服务平台和社交平台,于 4 月 1 日启动"谢谢你为湖北拼单"大型公益活动,倡议网友通过购买湖北的生鲜、农副产品,助力湖北经济,如图 6-13 所示。

图 6-13　"谢谢你为湖北拼单"宣传海报

## 1. 直播前期策划

（1）直播目标

"谁都无法祖蓝我夏丹"直播活动作为"谢谢你为湖北拼单"的系列活动，时间定于4月12日20:00。从直播的直接目标来说，是助销湖北特色农副产品，帮助湖北农民、企业解决农副产品滞销问题；从长远意义来看，直播目标还包含推广湖北特色农副产品，提升品牌知名度，为湖北农副产品网销引流。

（2）直播选品

直播目标是直播选品的重要依据，该次直播重点是助销湖北农副产品，因此其选品聚焦于湖北优质特色农副产品，且受疫情影响面临滞销困难的企业、农户。综合考量该次直播的产品，选定郧阳花菇、郧阳红薯粉条、面小弟地道武汉热干面、汉口二厂汽水、周黑鸭锁鲜套盒、良品铺子麦片等，如图6-14所示。

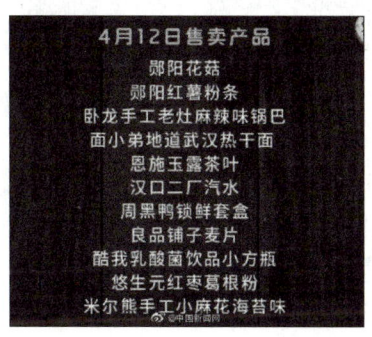

图6-14 "谁都无法祖蓝我夏丹"直播的产品

## 2. 直播宣传

（1）"谢谢你为湖北拼单"的良好舆论宣传

3月27日，在该次直播举行前期，央视新闻各平台发布"谢谢你为湖北拼单"的公益微倡议海报，央视主播海霞也在这一天《主播说新闻》中提出倡议为湖北带货，很快"谢谢你为湖北拼单"的微倡议引爆网络，微博话题阅读量超两千万，同时北京、上海、广州等近400座城市86万块电子屏播放相关倡议海报，如图6-15所示，这为"谢谢你为湖北拼单"公益直播带货的开播奠定了良好的舆论氛围。

（2）多渠道直播宣传，发挥主流媒体的巨大影响力

在该场直播前，央视新闻官方微博连发多条微博从不同角度宣传该次直播，60多家媒体、王祖蓝及多位知名博主积极转发，同时央视新闻快手账号、武汉广播电视台快手账号、快手星闻等通过短视频形式在快手上宣传，预告直播时间；光明网、新华日报、十堰晚报、新浪微博官网等互联网平台也纷纷宣传该直播，甚至在机场候机楼、广场、超市、商场等场所的广告投放点也能看到这次直播的宣传海报。微博、短视频、互联网平台等多方发力，不断扩大直播的宣传力度与影响力，吸引观众积极参与，如图6-16所示。

图 6-15　户外屏幕播放"谢谢你为湖北拼单"公益海报

为湖北带货!"谁都无法祖蓝我夏丹"火了_CCTV专区_央视网(...

2020年4月14日 视频简介 为湖北带货!谁都无法祖蓝我夏丹火了。 收视TOP榜 高温下电煤保供战 《经济半小时》1 肥沃的黑土地,能回来吗?《新闻1+1》 2...

 央视网

谁都无法祖蓝我夏丹|祖蓝|夏丹|陈夏丹

2020年7月22日 谁都无法祖蓝我夏为湖北助力,"谁都无法祖(阻)蓝(拦)我夏(下)丹(单)"!今晚8-10点,快手联合央视新闻启动公益专场直播卖货,新闻联播主持人欧阳夏丹与央视主持人朱广权晶干裤盖在"央视新闻"...

 腾讯网

前有小朱配琦后有祖蓝夏丹 网友:谁也无法祖蓝(阻拦)我夏丹...

2020年4月12日 央视主持人欧阳夏丹和淘宝主播李佳琦组成CP,为网友带来面小弟地道武汉热干面、卧龙锅巴、汉口二厂汽水、周黑鸭锁鲜套餐等12种湖北商品。热干面、汽水等瞬间售罄。网友大呼:谁也无法祖...

中国青年网

今晚20:00,谁都无法阻拦我为湖北下单!

 2020年4月12日 "谢谢你为湖北拼单"公益直播将在央视新闻客户端、快手、微博同步开播她将与"云搭档"王祖蓝组成首席带货官,有他们为湖北带货,谁都无法祖蓝我夏丹!本次直播由央视新闻新...

中国经济网

图 6-16　"谁都无法祖蓝我夏丹"互联网直播预告

（3）直播名称巧妙，极具吸引力

巧用谐音，将主播欧阳夏丹与王祖蓝的名字巧妙地融合在直播名称中，"谁都无法祖蓝（阻拦）我夏丹（下单）"，妙趣横生，在夸张手法中调动民众积极参与直播的热情。并且新闻主播与谐星的搭配组合，本身就极具吸引力，引发民众参与。

**技能提升**

> 齐敏问：在进行直播营销方案策划时都需要注意什么？
> 专家答：无论是企业还是个人，在利用直播进行营销时往往离不开以下几个流程。

### 1．精确的市场调研

直播是向大众或个人推销产品，推销的前提是要了解用户需要什么，我们能够提供什么，同时还要避免同行之间竞争。因此，只有精确地做好市场调研，才能做出真正让大众喜欢的营销方案。

### 2．项目自身优缺点分析

做好规划，精确分析自身的优缺点。做直播，如果营销经费充足、人脉资源丰富，就可以有效地实施任何想法。但对大多数公司和企业来说，没有足够充足的资金和人脉储备，这时就需要充分发挥自身的优点来弥补，一个好的项目也不仅是靠人脉、财力的堆积就可以达到预期的效果。如果能充分发挥自身的优点，同样也有机会取得意想不到的效果。

### 3．市场受众定位

找准定位，能够产生结果的营销才是一个有价值的营销，我们的受众是谁，他们能够接受什么样的产品等问题，都需要做恰当的市场调研，只有找到合适的受众才是做好整个营销的关键。

### 4．直播平台的选择

直播平台种类多样，根据属性可以划分为不同的几个领域。如娱乐类、购物类、游戏类、体育类等。所以直播平台的选择也要在直播前做好准备。

### 5．良好的直播方案设计

做完上述工作之后，成功的关键就在于最后呈现给受众的方案。在整个方案设计中只有销售策划及广告策划共同参与，才能使产品在营销和视觉效果之间恰到好处。在直播过程中，过分的营销往往会引起用户的反感，所以在设计直播方案时，如何把握视觉效果和营销方式，还需要不断斟酌。

### 6．后期的有效反馈

营销最终是要落实在转化率上，后期的反馈也要跟上，同时通过数据反馈可以不断地修整方案，不断提高营销实施方案。

巩固练习

知识梳理

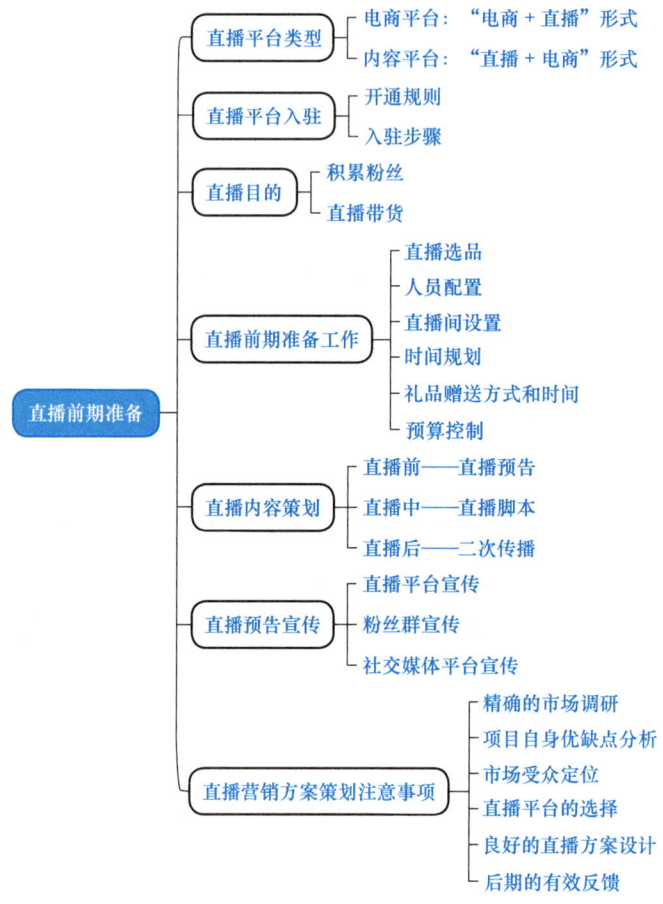

图 6-17　知识结构图

### 随堂练习

**一、填空题**

1. 目前，我国电商直播行业的平台主要分为两大类：一类是电商平台，通过开通直播间，引入内容创作者，其形式是＿＿＿＿；另一类是＿＿＿＿，其形式是"直播＋电商"。

2. 直播预告一般有两种形式，即＿＿＿＿和＿＿＿＿。

3. 直播脚本分为＿＿＿＿和＿＿＿＿，其中，＿＿＿＿相对较为简单。

4. 直播目的是用来衡量＿＿＿＿的标准。

**二、多项选择题**（每题的备选答案中，有两个或两个以上符合题意的答案）

1. 下列属于电商平台通过开通直播间引入内容创作者的直播平台有（　　　）。

　　A．淘宝直播　　　　B．抖音直播　　　　C．京东直播　　　　D．蘑菇街直播

2. 区别于单品脚本，整场脚本除了介绍产品外，还需要统筹规划（　　　　）等环节。
   A．开场预热　　　　B．用户互动　　　　C．直播优惠　　　　D．直播总结

## 任务 2　直播过程执行与监控

### 情境概述

经过精心策划，齐敏的团队决定以陕西特色应季水果猕猴桃为主打产品，进行一次直播营销活动，目前已完成直播平台入驻、选品及直播内容策划等一系列准备工作，也已通过各个多媒体渠道进行了直播预告宣传。尽管准备相当充分，但齐敏还是有些惴惴不安，直播过程到底要怎么实施才能圆满成功？

### 情境分析

"实时"是网络直播的第一要素，在时间上和空间上都将主播与观众之间的距离感压缩到最小，在直播的各个环节都让用户产生不可预料的新鲜感和身临其境感，所见即所得，从而有更加强烈的参与欲望。因此，除了做好前期准备，主播的临场发挥也十分重要。同时，齐敏还必须清楚以下几个问题：

1．直播开场要如何设计？
2．如何进行直播互动？
3．常见的直播营销活动都有哪些？具体要怎么操作？
4．直播过程要如何监控？
5．如何有效完成直播收尾？

### 技能支撑

直播活动的执行需要紧扣营销目的，而营销目的则需要围绕预期的效果来设定。具体来看，在直播活动的执行层面，通常包括直播开场、直播过程、直播收尾三个环节。直播开场的主要营销目的是获取感知，即利用开场让用户迅速了解这场直播的内容、形式、组织者等信息；直播过程的营销目的是提升兴趣，一方面使用户对直播本身产生兴趣，另一方面使用户对直播所倡导的理念、所推荐的产品提升兴趣；直播收尾的营销目的是促成接受，即让用户接受企业产品、喜欢企业品牌，并对主播的下一场直播充满期待。

> 齐敏问：万事开头难，直播开场要如何设计？
> 专家答：直播的第一个环节是开场，在这个过程中主播要充分了解开场设计要素及直播活动开场形式。

### 1. 直播开场设计要素

一场好的直播，需要在第一时间将观众引入直播场景，因此一定要做好开场设计。直播活动的开场设计需要从 5 个层面出发，如图 6-18 所示。

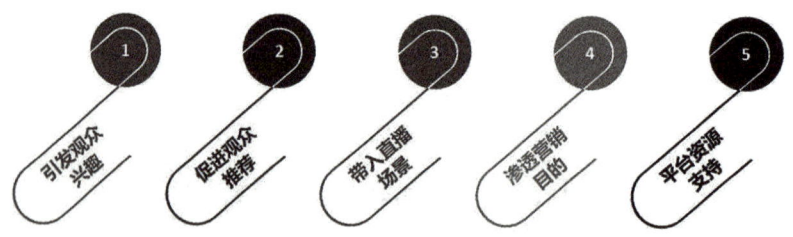

图 6-18 直播开场设计要素

（1）引发观众兴趣

直播开场时的观众来源可以分为两部分：前期宣传和平台流量。前期宣传是在直播活动开始前通过微博、微信等自媒体平台宣传，粉丝单击链接来到直播间，成为第一批观众；平台流量是在该直播平台随意浏览的网友，看到有趣的直播单击进入。主播在开场时需要利用语言、道具等，充分调动观众的兴趣和热情。

（2）促进观众推荐

在开场时，直播间的流量往往是有限的，同时这些流量也具有不确定性，往往会因为临时有事、不感兴趣、网络故障等原因而流失掉，因此主播需要主动引导观众邀请自己的朋友加入直播间，保证直播间热度的持续性。

（3）带入直播场景

观看一场直播，观众所处环境各不相同，有人正在度假、有人正在聚会、也有人可能刚刚结束加班。主播需要利用开场，第一时间将不同环境下的观众带入直播所需的场景。例如，美食主播可在开场时用"好吃""解馋""色香味俱全""流口水"等关键词将观众带入直播场景。

（4）渗透营销目的

直播营销属于营销活动的一种形式，但本质上都需要达成相应的营销目的。在开场时，主播可以在以下 3 个部分进行渗透。

1）将企业广告语、产品名称、销售口号等穿插植入台词中。

2）充分利用现场的道具，如产品、玩具、吉祥物等，对企业品牌进行展示。

3）介绍营销信息，如特价产品、独家链接等，促成销售。

（5）平台资源支持

各大直播平台通常会配备运营人员，对资源位置进行监控与设置。资源位置包括首页轮转图、看点推荐、新人主播信息等。这些资源位置一部分固定给付费用户，另一部分则会安排给当日直播表现好、口碑佳的直播间。因此利用开场迅速积累人气并引导互动，抢占资源位置，从而获取更多流量。

### 2. 直播活动开场形式

常见的直播活动开场包括图 6-19 所示的 6 种形式。

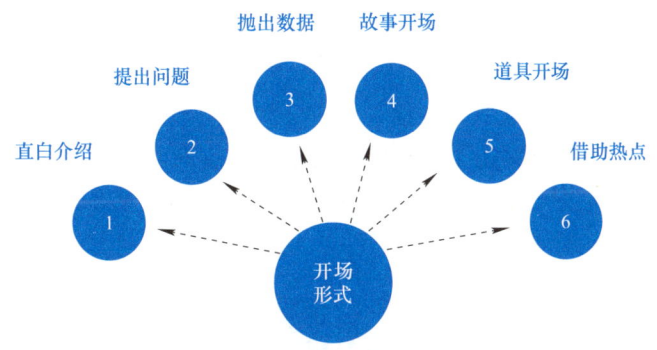

图 6-19　直播活动开场形式

（1）直白介绍

直播开场时主播可直接告诉观众直播相关信息，包括主播自我介绍、主办公司简介、直播话题介绍、直播大约时长、本次直播流程等，以及直播活动中比较吸引人的环节，例如抽奖、彩蛋、发红包等，促进观众留存。

（2）提出问题

开场提问是制造参与感的好方法。一方面，开场提问可以引发观众的好奇心，还能引导观众向预定的方向思考；另一方面，开场提问也可以让主播更快地了解本场次观众的基本情况，如观众所处地区、爱好、对于本次直播的期待等，便于在后续直播中随机应变。

（3）抛出数据

数据是比较权威且具有说服力的，主播可以将本次直播要素中的关键数据提前提炼出来，在开场时直接展示给观众，用数据说话。特别是专业性较强的直播活动，可以充分利用数据开场，第一时间令观众信服。

（4）故事开场

每个人都喜欢听故事，直播间的观众也不例外。相对于比较枯燥的介绍、分析，故事更容易让不同年龄段、不同教育层次的观众产生兴趣。通过一个开场故事，带着听众进入直播所需场景，能更好地开展接下来的环节。

（5）道具开场

主播可以根据直播的主题和内容，借助道具来辅助开场。开场道具包括：企业产品、团队吉祥物、热门卡通人物、旗帜与标语、场景工具等。

（6）借助热点

当下的年轻人普遍对于互联网上的热门事件和热门词汇较为敏感。直播开场时，主持人可以借助热点，迅速引发讨论，拉近与观众之间的心理距离。

> 齐敏问：直播过程中，主播如果一直自说自话，用户会感觉很无聊然后退出，那要如何进行直播互动呢？
> 专家答：直播互动是直播活动中的关键环节，通过引导用户参与互动，可以达到活跃气氛、激发兴趣、拉近距离的效果。高质量的直播互动能够有效提升用户的参与度，使其获得强烈的存在感，并产生信赖，从而完成销售。

### 1. 直播互动要素

直播活动中的互动，由发起者（主播）、参与者（观众）和活动奖励（物质或精神奖励）3个要素组成。其中，发起方决定了互动的参与形式与玩法，参与者的多少则代表了互动活动的成败，活动奖励则是影响互动效果的催化剂，如图6-20所示。

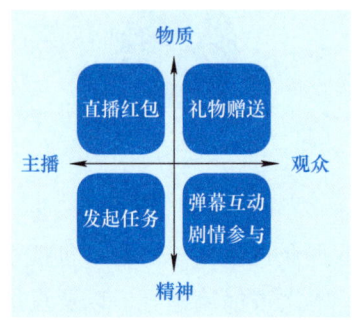

图6-20　直播互动要素

### 2. 直播互动方式

（1）弹幕互动

弹幕是指观看直播时，以字幕形式呈现的评论与直播同在一个画面的现象。弹幕会实时在直播页面呈现，用户在观看直播时能够看到其他用户和自己发送的弹幕。

直播弹幕不仅提供了即时反馈，实时互动，还会使内容得到升华，并且快速传播，变成一个新的宣传阵地。因此，主播在直播时要多看弹幕，积极、及时、耐心地解答，让用户有被关注、重视的感觉，从而提升用户的好感度，使其更加积极地参与到互动中。如果弹幕中出现了负面消息，合理解释并表达改进的决心，不可争辩甚至谩骂。而一旦发现高质量有代表性的正面消息，可重点关注，并借势引发新的互动。

（2）话术互动

在直播中，很多时候都需要主播通过话术互动完成转粉和转化。好的话术互动可以使主播很好地控制直播间的节奏，增加直播间的渲染力，直击粉丝痛点并迅速完成转化。比如，给粉丝建立专属称呼，提高好感度。

（3）有奖互动

在直播过程中增设有奖互动环节，如抽奖、红包、砍价、分享有礼等福利活动，可以充分调动观众活跃度，快速拉升人气，引爆直播间氛围。

（4）游戏互动

用户观看直播是为了放松，一些小游戏如猜数字、快速问答、真心话大冒险等，规则相对简单，但都是多人参与，这样的互动既能满足用户的好奇心，又能使其产生愉悦感，是活跃直播间气氛简单有效的方式之一。

（5）主播连线

目前市场上的直播平台基本都包含了连线功能，两个主播连线互动，既可在线PK，也可为对方加油助力，增加其公信力。主播连线有益于主播建立社交关系，双方粉丝也能实时互动，并在互动中产生碰撞，带来更多乐趣，最后双方粉丝互相转化，形成粉丝互关的趋势，为连线主播各自引入更多的新流量。

> 齐敏问：常见的直播营销活动都有哪些？具体要怎么操作呢？
> 专家答：目前，各大直播平台的营销工具名称略有不同，设置方法也千差万别，但整体来说，主流的营销活动主要包括秒杀、抽奖、优惠券、红包和拼团，见表6-3。

表6-3 主流营销活动

| 营销活动 | 活动说明 | 活动目的 | 活动方式 |
| --- | --- | --- | --- |
| 秒杀 | 在特定时间段内以相对优惠的价格（某一时间段内最低价格）售卖指定商品 往往售完即止或时间结束即恢复原价 | 集中引爆直播间流量 实现单品在短时间内销量的大幅提升 营造出商品抢购的紧张氛围，有效引导用户快速下单 | 定时秒杀 整点秒杀 限时秒杀 |
| 抽奖 | 通过设定一定的门槛或在指定时间段按预先指定的规则抽取幸运用户，为其发放福利的活动 | 活跃直播间氛围 提升直播流量 增加用户直播间停留时长 加速粉丝裂变 | 截屏抽奖 弹窗抽奖 分享抽奖 口令抽奖 幸运抽奖 评论抽奖 |
| 优惠券 | 通过提供一定的价格优惠引导消费者下单的营销玩法 | 促进商品曝光 提升直播间人气 增加商品橱窗访问量 | 店铺券 单品券 新人券 粉丝券 定向券 购前券 购后券 |
| 红包 | 红包是现金福利，所发放的金额在用户领取后系统会直接存至用户的账户中 | 提升用户停留时长 点燃直播间互动氛围 | 倒计时红包 切红包 密令红包 点赞红包 店铺红包 |
| 拼团 | 拼团是一种商家营销工具，商家设置拼团后，买家可以以优惠价格支付下单并通过自身分享直播间帮助商家传播，商品总体售卖件数达成要求即可成团 | 短时间内提高销量，有效缓解商品库存压力 用户购买后分享直播间能给商家带来额外流量和转化 由于设定了成团人数目标，商家可以较好地控制成本和ROI，用户可以低价购买商品，达到双赢 | 新人团 普通团 超级团 抽奖团 阶梯团 |

下面以抖音直播为例，介绍移动端秒杀活动的设置方法。

**1. 创建秒杀商品**

直播开始前基于购物袋中的商品设置秒杀活动，购物袋中无商品时需先添加商品后再设置。注意，抖音仅支持针对账号绑定小店的商品创建秒杀活动，不支持淘宝、京东或其他店铺的商品。

在抖音 APP 中单击"+"按钮，选择"开直播"，单击"商品"进入购物袋中，选择合适的商品并单击"设置秒杀"按钮，如图 6-21 所示。

图 6-21　创建秒杀商品

### 2. 设置秒杀商品信息

针对秒杀商品，设置详细信息，包括秒杀生效时间、秒杀价格、活动库存、每人限购数量。同一商品不同的规格可以设置不同的秒杀价格。活动库存数量可由商家自行设置，例如商品有 100 个库存，可仅设置 10 个，秒杀生效时间的设置需注意直播剩余时间，建议秒杀生效时间小于直播剩余时间或保持一致。

### 3. 设置商品卖点

针对创建完成的秒杀商品设置相应的商品卖点信息，如图 6-22 所示。文案围绕秒杀活动信息进行介绍，有助于提升用户优惠感知，促进单品销量提升。图 6-23 为设置商品卖点与未设置商品卖点的对比图。

项目 6　直播营销

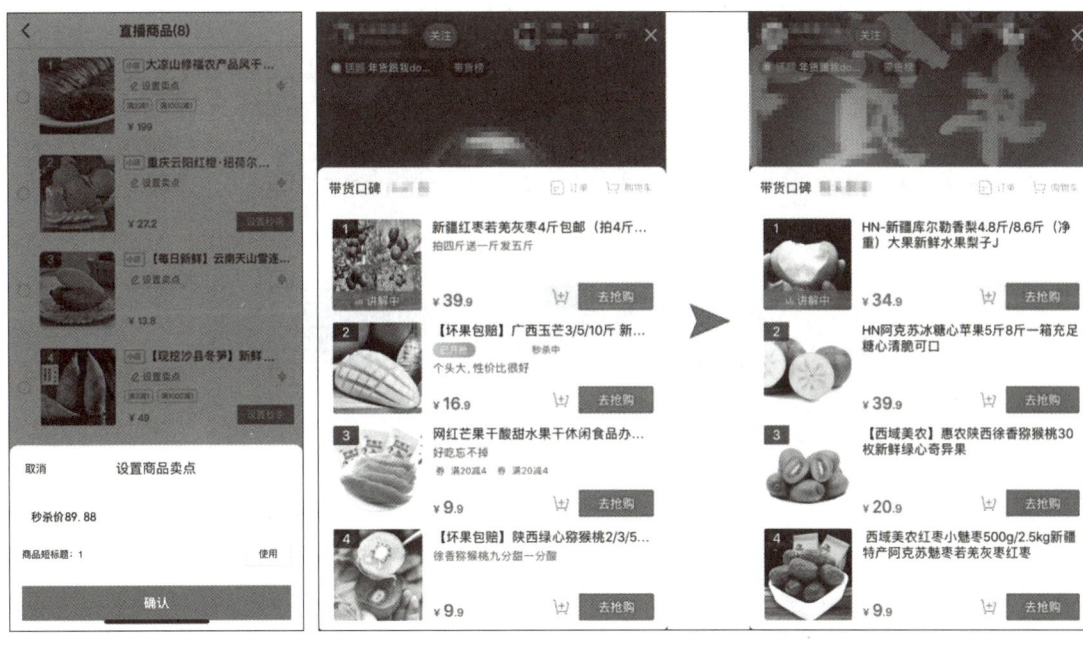

图 6-22　设置商品卖点　　　　图 6-23　设置商品卖点与未设置商品卖点

### 4．测试商品效果

直播开始后先行验证商品展示效果，如有操作失误可先结束秒杀再重新设置。秒杀开始后，用户即可以秒杀价格进行抢购，如图 6-24 所示。

> **齐敏问**：直播过程要如何监控？
> **专家答**：主播在直播过程中，可能会遇到各种各样的突发状况，一个是粉丝的过激言论，另一个是软件运行问题。

#### 1．弹幕监控

直播过程中，观众发送的弹幕无法在直播前进行预估，只能依靠现场管理。直播时可设专人进行直播弹幕监控，对于利用弹幕发布恶意诋毁、侮辱谩骂、内容低俗、过度娱乐化、宣扬拜金主义和崇尚奢华等内容的，可以直接禁言。对于情节严重的可以将其发言截图保存，移交公安机关处理。

#### 2．软件运行监控

图 6-24　秒杀活动进行中

软件运行问题会影响直播的顺利进行。因此，在直播过程中需要时刻监控，一旦发现问题，及时排查原因，并迅速解决。

引起直播卡顿的原因可能是计算机配置低、网络环境差等；引起直播画面模糊的原因可能是网络问题、摄像头问题等；引起直播黑屏的原因可能是直播设备后台应用占用空间、网络环境差等；引起直播闪退的原因可能是手机内存不够、直播 APP 不稳定等；引起直播声音卡顿或无声的原因主要是网络环境不佳、麦克风问题等。

> **齐敏问**：都说直播收尾很重要，那么应该如何有效地完成直播收尾？
> **专家答**：直播现场的营销效果取决于开场的吸引程度及进行中的互动程度，直播结束后的营销效果则取决于收尾的引导程度。直播收尾的核心思路是将直播间的流量引向销售平台、自媒体平台和粉丝平台 3 个方向。不同的平台对应不同的收尾方式，如图 6-25 所示。

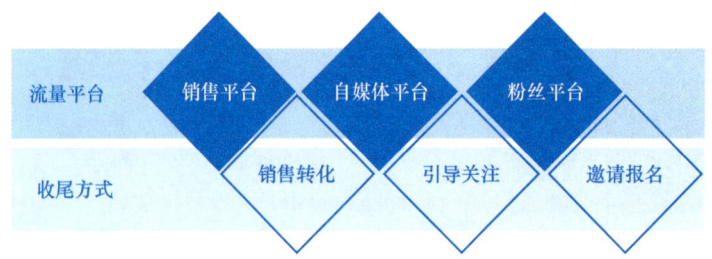

图 6-25　直播收尾思路

### 1. 销售转化

将流量引导至销售平台，目的是为了继续促进购买与转化。通常留在直播间直到结束的观众，对直播间推荐的产品都比较感兴趣，对于这部分网友，主播可以充当售前顾问的角色，在结尾时引导观众购买产品。例如"感谢大家来到我们的直播间！直播马上就要结束了，大家也可以关注一下我们的店铺，我们马上就要有一波新品上架，到时也会有新品优惠哦！"

### 2. 引导关注

将流量引导至自媒体平台，关注自媒体账号，将公域流量转化为私域流量。在直播结束时，主播可将企业的自媒体账号及关注方式告诉观众，以便直播后继续向本场观众传达企业信息。例如"今天的直播就到这里。欢迎大家关注我们的微信公众号××，以后最新的打折和新品信息都会通过这个公众号发出来。首次关注之后回复'惊喜'两个字，你就会获得一张 50 元的大额代金券，无门槛的哦！再次感谢大家！"

### 3. 邀请报名

将流量引导至粉丝平台，即告知观众粉丝平台加入方式，邀请其报名其他活动。在直播中愿意积极互动的网友，更容易参加后续的直播，可在直播收尾时邀请入群，直播结束后通过运营该群，逐渐将直播观众转化成忠实粉丝。例如"这次直播就到这里，如果大家喜欢我们的猕猴桃，可以联系我们的客服报名试吃活动，将有机会获得满满一整箱的翠香猕猴桃哦！"

图 6-26　"谁都无法祖蓝我夏丹"直播宣传海报

### 案例学习

央视新闻"谢谢你为湖北拼单"公益行动共两场，其中"谁都无法祖蓝我夏丹"（见图 6-26）是这次直播活动的第二场，于 4 月 12 日 20:00 正式开启直播活动，由央视新闻主播欧阳夏丹与演员王祖蓝搭档，携手十堰市副市长王晓，演员蔡明等 66 位艺人、网红直播卖货，助力湖北农副产品销售和复工复产。

### 1．直播开场

一场成功的直播除了主播本人、商品本身具有吸引力，开场方式也很重要。在该场直播开始后，主播欧阳夏丹先通过平实、轻松、幽默的语言向用户介绍这场直播，并将妈妈、同事、朋友等的看法融入直播，真实自然，充满了趣味，营造出轻松幽默的氛围；接着讲述湖北的困境，呼吁民众购买助力，激发民众的帮扶热情；然后通过简洁凝练的语言介绍观看方式、下单方法、产品以及直播环节，重点突出抽奖及嘉宾参与，再次激发观众的好奇心与参与热情；然后连麦演员王祖蓝，与之对话交流，王祖蓝运用自身的搞笑特长，讲港式武汉话、介绍武汉美食等都很好地吸引用户参与。这一系列巧妙的话术、循序渐进的开场节奏，为后面的直播卖货奠定了良好的氛围，也凝聚了观众。

### 2．直播环节

从直播实施的整个过程来分析，该场直播具有以下鲜明特色。

（1）运用抽奖环节，集聚人气

在直播刚开始时，主播欧阳夏丹就告诉观众直播过程中会不定时抽奖，幸运观众将会获得湖北特产大礼包，吸引观众。随着直播过程的推进，在直播进行半小时左右抽取第一批幸运观众；随着卧龙手工老灶锅巴、汉口二厂汽水、恩施玉露茶、誉福源谷饲鸡蛋等产品的热卖、补货，直播间观众抢购热潮高涨，在 1 小时 40 分左右抽取第二批幸运观众；接着随着特邀嘉宾来到直播间，直播推销、现场试吃周黑鸭锁鲜套盒，观众的抢购热情持续高涨，在直播即将结束时抽取第三批幸运观众。整个抽奖环节设置与直播进程密切相关，起到调节气氛、调动抢购情绪的作用。

（2）合理设计直播流程，把控直播进程

整场直播共持续 140 多分钟，十堰市副市长王晓作为首位嘉宾，以政府带货的形象出现，在直播间推广介绍郧阳花菇、郧阳红薯粉条，强化了产品品质。接着快手带货达人娃娃与蛋蛋来到直播间，通过专业的介绍、试吃以及与王祖蓝的带货 PK 使得直播间的抢购热潮高涨，商品一上架就被抢购一空，不断补货，同时也增添了娱乐气息。随后，直播间还空降多位明星，为本次公益活动助威。直播片段如图 6-27 所示。

图 6-27 "谁都无法祖蓝我夏丹"直播片段

(3)直播收尾

在直播接近尾声时，主播欧阳夏丹与王祖蓝等人以一种轻松愉快的聊天方式讨论此次直播，感谢观众抢购，感谢观众对湖北经济复苏的支持，同时预告后期有持续的类似公益直播活动，呼吁观众继续关注。

**技能提升**

> **齐敏问**：在直播营销过程中都需要注意些什么？
> **专家答**：与互联网录播节目不同，网络直播完全即时地呈现在观众面前，任何不恰当动作或语言都会被观众直接看到。虽然在直播前，直播整体流程与环节语言设计都已经安排好，但并不是有了筹备就万无一失。直播活动并不是一次生硬的演讲，照着稿子念会使网友感到无聊而退出直播间，直接影响最后的直播效果。一场好的直播活动需要做好两方面的准备：一方面是前期策划，主播需要按照策划好的流程与台词去完成直播；另一方面是与观众互动，主播需要友好地引导网友参与直播环节。所以说在直播进行中，还需特别注意以下4个方面的问题。

### 1. 反复强调营销重点

一场晚会或一次球赛，现场观众在开始前就已经落座，重点部分在开场点明即可。但是网络直播随时会有新人进入，主播需要在直播进行中反复强调营销重点。例如，直播过程中的主播介绍、引导关注直播间、微信公众号、近期促销政策、邀请点赞、转发等都是在直播进行中可以强调的营销重点。

### 2. 减少自娱自乐，增加互动

直播不是单向沟通，观众会把自己的感受通过弹幕发出来，希望主播予以回应。一个只顾自己侃侃而谈、不与网友及时互动的主播，通常不会太受观众欢迎。

刚接触直播行业的新人，往往会过于关注计划好的直播安排，担心直播没有按照既定流程推进，从而在语言连贯方面比较生硬，很牵强地进入一个新话题。实际上，几乎没有百分之百按照规划完成的直播活动，任何直播都需要在既定计划的基础上随机应变，引导过程需要利用过渡性的语言。

### 3. 注意节奏，防止被打扰

直播进行中，网友的弹幕是不可控制的，观众的指责、批评无法避免。如果主播过于关注负面评价，就会影响整体的直播状态。

在直播进行中，主播需要有选择性地与网友互动。对于表扬或点赞，主播可以积极回应；对于善意的建议，主播可以酌情采纳；对于正面的批评，主播可以幽默化解或坦荡认错；对于恶意谩骂，可以不予理会。

直播活动全场的掌控者是主播，因此主播必须把控节奏，避免受弹幕影响，特别注意避免与部分观众现场争执而拖延进度。

### 4. 避免长时间不看镜头或离开直播镜头

眼神是非常棒的情感交流方式，在直播时与观众们的眼神交流也是非常重要的，因为本来直播间的沟通就有局限性，有些主播们在直播时想展示物品给大家看，就会低着头自顾自地研究去了，甚至干脆离开镜头，这个时候观众才刚开始沉浸在直播环境中，会突然感觉很茫然，一下子兴致大减，有些观众缺乏耐心会直接离开直播间。

知识梳理

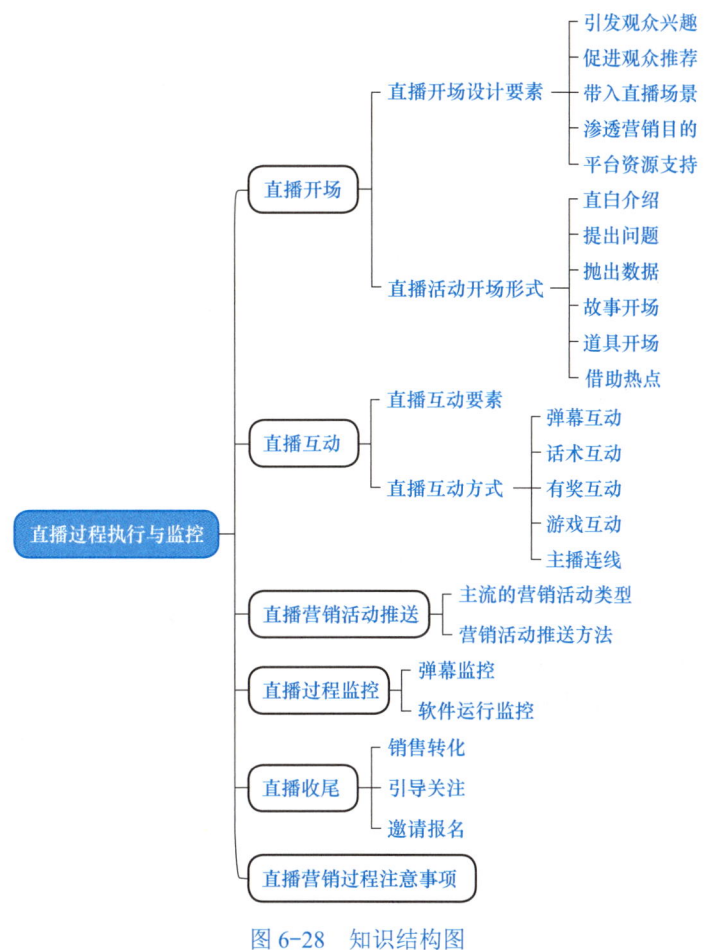

图 6-28　知识结构图

### 随堂练习

一、填空题

1．在直播活动的执行层面，通常包括_____、直播过程、_____ 3 个环节。

2．直播活动中的互动，由发起者、_____和_____ 3 个要素组成。

3．直播开场时的观众来源可以分为两部分：_____和平台流量。

4．直播收尾时，将流量引导至_____，目的是为了继续促进购买与转化。

二、多项选择题（每题的备选答案中，有两个或两个以上符合题意的答案）

1．直播现场的营销效果取决于（　　）。

  A．直播开场的吸引程度　　　　　　B．直播过程中的互动程度

C. 直播收尾的引导程度　　　　　　D. 直播后的维护程度

2. 直播收尾的核心思路是将直播间的流量引向（　　　　）。

　　A. 销售平台　　　B. 自媒体平台　　　C. 公众平台　　　D. 粉丝平台

## 任务3　直播复盘与粉丝维护

 情境导入

**情境概述**

由于近年来受疫情的影响，齐敏所在的农产品企业效益并不乐观。对于这一次的直播试水，全公司上下充满了希冀。现直播活动已结束，但齐敏深知本次直播营销的工作还未结束，她需要对本次直播的数据进行跟踪与分析，了解整场直播的营销效果，同时对转化成功的粉丝进行维护，避免流失。

**情境分析**

为了持续提升营销效果，企业直播营销活动结束后通常需要进行复盘，对于超预期的直播活动，需要分析各环节的经验，并将之应用于下一次直播；对于未达到预期的直播活动，也需要总结失误之处，思考改善方法，以避免在接下来的直播活动中反复出现相同或类似的失误。另一方面，直播带来的粉丝要善于引导，勤加维护，否则将是一种巨大的损失。齐敏要做好直播复盘与粉丝维护，就必须清楚以下几个问题：

1. 如何进行直播复盘？
2. 直播复盘都有哪些方法？具体是怎样操作的？
3. 直播后如何进行粉丝维护？

 技能学习

**技能支撑**

直播复盘的核心包括数据分析与经验总结两部分。其中，数据分析主要是利用客观数据进行复盘分析，经验总结主要是在主观层面对直播过程进行剖析与总结。

> **齐敏问**：直播结束后要如何进行直播复盘？
> **专家答**：对于直播复盘，可以采用"四步法"。

### 1. 回顾目标

在复盘前，先回顾一下在直播策划时提出的目标，从口碑影响、观看人数、销售目标三个方面，梳理出直播目标表，见表6-4。

表 6-4 直播目标

| 营销目的 | 预计目标 |
|---|---|
| 口碑影响 | 如观众反馈情况；自发宣传情况等 |
| 观看人数 | 具体的数值，如 2000 人 |
| 销售目标 | 销售量或销售额，如总订单量达到 200 件，或总销售额达到 10000 元 |

然后进入直播平台后台数据管理中心，查看单场数据，包括用户访问效果数据、转化数据和成交数据，具体指标见表 6-5。

表 6-5 直播常见指标

| 数据分类 | 常见指标 |
|---|---|
| 用户访问效果数据 | 观看次数<br>最高在线人数<br>平均观看时长<br>直播间浏览次数<br>本场点赞数 |
| 转化数据 | 新增粉丝数<br>商品点击人数<br>商品点击次数<br>商品点击率 |
| 成交数据 | 引导成交人数<br>引导成交件数<br>引导成交金额<br>引导成交转化率 |

基于数据统计分析目标达成情况，得出效果分析情况，见表 6-6。

表 6-6 直播目标完成情况分析

| 营销目的 | 预计目标 | 完成情况 |
|---|---|---|
| 口碑影响 | 观众反馈情况、自发宣传情况等 | 完成/未完成 |
| 观看人数 | 具体的数值，例如 2000 人 | 完成/未完成 |
| 销售目标 | 销售量或销售额，例如总订单量达到 200 件，或总销售额达到 10000 元 | 完成/未完成 |

### 2. 分析原因

按照直播前、直播中、直播后的流程进行复盘时，需要对各个环节中存在的问题进行分析，找到问题的原因，提出有效的解决方案，见表 6-7。

表 6-7 直播问题分析

| 序号 | 存在的问题 | 原因分析 | 解决方案 |
|---|---|---|---|
| 1 | 直播前预热软文互动性不强 | 预热形式单一，预热矩阵不合理 | 增加视频、H5 等预热宣传形式；设计 2 微 +2 短（微信公众号、微博、快手、抖音）的预热宣传矩阵 |
| 2 | 直播中没有进行实时直播链接分享 | 运营团队搭建不完整，分工不明确 | 直播开始前制定明确的任务分工表，专人专项负责 |
| 3 | 直播节奏比较缓，直播氛围比较平 | 主播节奏把控不强，互动环节设计逻辑性不强 | 主播提前熟悉直播内容，提前设计直播互动，准备互动备案 |
| 4 | …… | …… | …… |

将直播中发现的问题及解决方案整理成直播笔记，可以形成经验，能够帮助主播快速成长，也有助于后期加入团队的人进行学习交流，提升团队的直播运营能力。

### 3. 结果评估

复盘最重要的意义是通过数据分析、结果反馈，整体评估此类直播营销的形式是否可以进行复制，后续是否具有持续开展的必要。

### 4. 总结规律

总结规律需要运用到统计分析中的一些方法和技巧，通过一些数据佐证，以实事求是的态度总结出上一次直播中发现的普遍规律，比如价格与粉丝流量转化的规律、直播时间与直播流量的规律等。复盘所总结出来的规律，需要确定是偶发性因素还是普遍性因素、结论是指向人还是指向事等，最后将总结出的规律形成文档，再经过3次以上的直播数据验证，才能总结为可复制使用的规律，用来指导以后的直播工作。例如产品的直播受众是女性多还是男性多、流量主要来自哪里、哪种互动粉丝的热情最高、什么时间段中进入直播间的人数比较多等。

> 齐敏问：直播复盘都有哪些方法？具体是怎样操作的？
> 专家答：通常可采用情境重现法、关键点法、团队研讨法三种方法。

### 1. 情境重现法

"情境"最早是由美国社会学家 W.I. 托马斯和 F.W. 兹纳尼茨基提出的，其含义中不仅包含了背景、环境等信息，还包括了三种"场"或三种"流"，具体见表6-8。

表6-8 三种"场"或"流"

| 场（流） | 意 义 |
| --- | --- |
| 信息场（流） | 了解当时现场的外在环境"有什么" |
| 思维场（流） | 了解当时现场每个人是如何思考的 |
| 情绪场（流） | 了解当时现场的人员之间是什么关系，为什么会这样 |

"场"强调的是空间状态，"流"强调的是时间变化，而所谓的情境重现，除了重现当时的行为外，还应当重现当时的信息场（流）、思维场（流）和情绪场（流），具体操作如下。

（1）信息场复盘

通过回顾直播过程中的场景，重新梳理直播间搭建环境、直播参与人员名单及分工、直播的主题、直播的话术等，这些信息问题的复盘有助于掌握整场直播的情况，从而能够发现问题、提出问题。

（2）思维场复盘

思维场复盘有助于将信息场复盘时提出的问题分析清楚，找到有效的解决办法。比如在信息场复盘时，主播发现自己与嘉宾连线环节没有按照既定的话术执行，分析自己当时的想法，他觉得当时由于粉丝的情绪与关注点已经转移到了产品的质量上，并非产品价值，为了顺应粉丝情绪，自己有意识地改变了话术，从而有效引导粉丝热情。

（3）情绪场复盘

情绪是一种无形的东西，需要运用一定的心理学对内心进行解读，否则很难被觉察到，当我们能够观察到某种情绪时，往往已经在行为上有所表现了。例如主播在看到直播间人数寥寥无几时，情绪有没有受到影响；当看到后台的成交额达到预期目标时，有没有忘乎所以导致直播失态。

### 2. 关键点法

对于一些参与人员多、事件结构复杂的活动，如果采用情景重现法进行复盘时，就需要投入大量的人力物力，这时就可以考虑选择关键点法进行复盘。

关键点法是在复盘的过程中，遵循事件自身发展现状，以事件为主先确定复盘的关键点，然后围绕关键点进行重现、思考和推演，最终完成对整个事件的复盘。关键点复盘的法则有正向关键点法则和逆向关键点法则两种。

（1）正向关键点复盘法则

在复盘过程中，对事件按照时间顺序或者事件的内容进行分析，寻找出关键节点，对事件进行阶段切分，然后围绕关键节点进行情境重现和问题思考，这便是正向关键点复盘法。一般情况下，在复盘中寻找事件的关键节点时，多从里程碑、里程碑时刻等时间关键点和里程碑事件等内容关键点选择。

需要注意的是，当时间关键点和内容关键点统一时，可以选择时间关键点或者内容关键点作为复盘的正向关键点；当时间关键点和内容关键点出现不一致情况时，要以内容关键点作为复盘的正向关键点。

（2）逆向关键点复盘法则

在复盘过程中，根据以往经验，先确定事件成功需要满足的关键因素，然后围绕关键成功因素进行复盘，寻找出自己和他人在执行过程中的优点、问题、不足，分析出导致事件最终成功或者失败的核心因素之后，针对复盘得出结论，制定出弥补和强化的方案，为下一次事件的成功做准备。

### 3. 团队研讨法

以团队研讨的形式进行复盘的形式，多用于一些大型项目的复盘，这种以研讨形式的复盘可以分为提前准备、有效引导、推进落实三个阶段。

（1）提前准备

复盘是以团队研讨的形式进行，就需要大量的客观事实，制定明确的目的。在复盘之前，需要提前准备好团队复盘方案、组织团队复盘会议、汇总团队复盘会议资料、提前通知复盘会议相关人员等工作，做好复盘会议前的沟通与协调。

（2）有效引导

在复盘会议期间，有效引导能够提高复盘会议的质量，也会影响到复盘的效果。一般复盘会议会安排主持人，主持人需要按照会议议程推进会议，应该做到简明扼要的开场、按照复盘底层逻辑引导团队进行研讨、总结经验教训、提出后续行动计划等，不求复盘内容面面俱到，但应当抓住关键问题，进行深入研讨。

（3）推进落实

复盘的目的是学习和改进，在复盘结束后还应当将复盘结果真正付诸行动，推动复盘的"落地"执行，促进后续行动的改进、创新以及绩效的提升。在这一阶段，更多的是后勤及行政工作，需要专人将复盘结果整理并分享给大家、跟进改进实施进度等，让复盘的经验和结论真正转变为能力。

> 齐敏问：如何进行粉丝维护？
> 专家答：无论我们是将直播间的流量引向了销售平台、自媒体平台，还是粉丝平台，都需要持续性地进行管理与维护，以增加其活跃度和黏性。对于通过直播加入的粉丝，在直播结束后，可以通过四种方式进行粉丝维护：策划线上活动、分享最新信息、邀请直播参与、发起专属线下活动，四种方式逐层递进，根据粉丝的亲密度、活跃度等因素来进行选择。

### 1. 策划线上活动

定期组织线上活动，持续提升群内粉丝参与感，既能使粉丝相互之间增加熟悉度，又能使整个群成员获得归属感，虽然无法见面，粉丝之间、粉丝与直播之间依然可以利用线上活动逐步熟悉。

### 2. 分享最新信息

企业直播粉丝群需要营造"好玩""有趣"的氛围，同时运营者也需要将企业相关信息通过友好的方式分享在群内。

企业对外发布的广告、购买提示等，尽量不要直接发到群里，否则粉丝群逐渐会演变为广告群，群成员的参与度将逐渐降低。相反，群外网友无法第一时间获取的最新资讯，可以定期在群内分享，培养群成员好感。可分享的信息包括：专属折扣链接、爆款产品提前购、企业红包口令、新品内购网址、买即赠暗号等。

### 3. 邀请直播参与

激发直播粉丝群参与感的最佳方式是邀请群友当"军师"，共同加入到下一次直播中。这样一方面可以获得精准需求，有利于直播选品；另一方面可以让粉丝得到充分的尊荣感，自然更愿意在下一场直播中自觉扮演"自己人"的角色，参与到直播宣传、直播现场秩序维护当中。

### 4. 发起专属线下活动

从线上到线下，面对面的交流更容易产生亲切感，有利于粉丝团体的稳固。俗话说"一回生，二回熟"，好的企业活动运营也不能只拘泥于线上，还需要适时发起线下活动，促进粉丝交流。尤其是同群交流的粉丝，可以进行线下聚会。聚会的同时，企业运营团队可以借机邀请粉丝试用新品、反馈建议、回馈粉丝，增加粉丝归属感与参与感。

### 案例学习

根据央视新闻数据，"谢谢你为湖北拼单"公益行动中的第二场"谁都无法祖蓝我夏丹"这场公益直播在快手平台的累计观看人次达到1.27亿，累计点赞1.41亿，连同快手达人发起的"谢谢你为湖北拼单"直播，当晚一共卖出6100万元的湖北农副产品；全国107家媒体的快手号同步转播央视新闻新媒体的公益带货直播，总观看人次3481万；微博平台观看人次5383万，获得3278万点赞。从直播的观看人次、点赞数量、带货量来看，该次直播取得了显著成果，不仅超过了第一场直播的销售额，还刷新了为湖北公益直播带货的新纪录。

在直播结束后，央视新闻微博、快手官方号、微信公众号以及《焦点访谈》栏目，搜狐网、澎湃新闻网、新浪财经、东方财富网、中国经济网等互联网平台，抖音、快手、西瓜视频等社交平台纷纷报道该直播，相关企业也不断推送产品软文，多种渠道引流、推广湖北农副产品，如图6-29和图6-30所示。湖北农副产品的快手小店、淘宝网店、京东网店，线下盒马生鲜、家乐福超市实体店的产品销量一路暴涨，引流效果显著。

图6-29 "谁都无法祖蓝我夏丹"快手小店短视频

图6-30 "谁都无法祖蓝我夏丹"网络报道

从社会反响来看，该直播也取得了企业和网民的一致好评，如图6-31所示。网友纷纷表示，"没机会为湖北拼命，现在就为湖北拼个单""我为湖北胖三斤""买，买，买"，用这样的方式为湖北经济复苏贡献自己的一份力量，帮助湖北相关产业尽快复工复产。

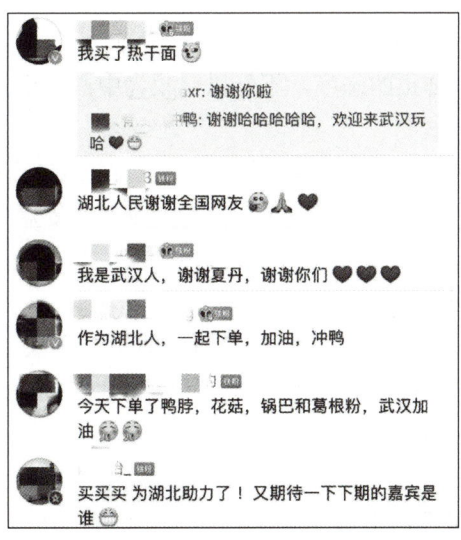

图6-31 "谁都无法祖蓝我夏丹"网友好评

## 技能提升

> 齐敏问：直播复盘时都需要注意些什么？
> 专家答：直播复盘要做到 5 "求"，同时要避免 5 个误区。

### 1. 复盘应当做到的 5 "求"

（1）求真

复盘中需要做到实事求是，对于事件或者项目执行的过程应进行客观回顾，采集真实的数据，避免为了表现个人的价值而出现歪曲事实、夸大效果的虚假数据。

（2）求实

复盘时，应当保持务实的态度，从内容与问题出发，以刨根问底的态度找出事件或项目执行的基本流程、需要的资源、存在的问题、优化的方法等，尽可能不局限于就事论事，总结出规律，为后续行动及计划提供指导。

（3）求学

复盘的过程是一个自我学习、自我反思、自我提高的过程，需要从改进和提高出发，以发展的眼光，从更高的格局进行分析总结，找出优化流程、改进方法、提高效率的方案。

（4）求内

复盘的一个重要环节就是反思与剖析，需要从自我反思做起，多探究一些主观原因，但不要一味推卸责任，找出自身的不足与短板，反思当初制定的目标是否科学准确、实现目标的策略是否得当等。

（5）求道

求道要求在复盘过程中，需要注重寻找事件发展或项目执行的本质和规律，高度提炼出普遍存在的规律，更好地指导后续的工作与计划。

### 2. 复盘应该避免的 5 个误区

（1）复盘的目的是证明自己

复盘是对整个事件过程的回顾、总结、分析，并非为了证明某个人的对或者错，需要参与复盘的人员秉持客观、公正的态度，不能以自我为中心寻求自信与荣誉感。

（2）复盘的过程流于形式

复盘的目的是发现问题、解决问题，需要在复盘中抓住关键点，进行深入探讨，并非为了完成任务而应付了事，按照固定流程、步骤走过场，让复盘完全流于形式，最终复盘也就失去了其真正意义。

（3）追究责任，进行批斗

很多人在复盘过程中容易"挑毛病"，习惯性地将错误或者失误归咎于他人，找出事故负责人，并对其所犯错误进行批斗，这就很容易让复盘带上个人主观色彩，将复盘转变为批斗会，引起复盘参与者的不满与抵触情绪。

（4）相互之间推卸责任

复盘虽然不允许追究责任，但是也不能推卸责任，对于过失或者做得不到位的地方，需要从不同角度进行反思，分析原因，找出解决办法，进而优化流程，为下一次活动总结经验。

（5）快速下结论

复盘最终得出的结论需要摒除个人因素、主观因素，结论需要具有普遍性、客观性，并且被大家所认可。复盘时，负责人需要经过反复论证再下结论，切忌缺乏深入探索与思考得出表面现象的结论，这样的复盘结论无法指导后续的行动与选择。

### 知识梳理

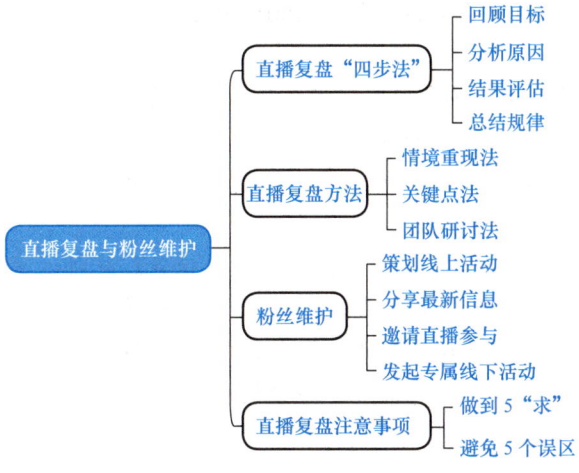

图 6-32　知识结构图

### 随堂练习

**一、填空题**

1. 直播复盘的核心包括_____与_____两部分。
2. 直播复盘通常可采用_____、_____、团队研讨法三种方法。
3. 关键点复盘的法则有正向关键点法则和_____两种。
4. 直播复盘"四步法"要求在复盘前，先回顾一下在直播策划时提出的目标，从_____、_____、销售目标三个方面，梳理出直播目标表。

**二、多项选择题**（每题的备选答案中，有两个或两个以上符合题意的答案）

1. 下列属于直播转化数据的是（　　）。
   A．增粉丝数　　　　　　　　　　B．平均观看时长
   C．商品点击人数　　　　　　　　D．商品点击率
2. 在进行信息场复盘时，需要梳理的是（　　）。
   A．直播间搭建环境　　　　　　　B．直播参与人员名单及分工
   C．直播的主题　　　　　　　　　D．直播的话术

### 拓展阅读

中国互联网络信息中心（CNNIC）发布的第 45 次《中国互联网络发展状况统计报告》中显示：截至 2020 年 3 月，我国网络直播用户规模达 5.60 亿，较 2018 年底增长 1.63 亿，占网民整体的 62.0%。

2020 年春节期间，全国受到疫情的影响，线下实体店遭受重创，不少商家做出了关店停业的选择。一些早期布局直播、短视频渠道的商家，则是借助线上直播实现了逆境翻身，比如太平鸟服饰、小龙坎、红蜻蜓等知名品牌，在本次疫情的催化下，直播已经成为重要的带货方式，并成为企业转型的重要抓手。

我国网络直播始于 2005 年，爆发于 2019 年，尤其是淘宝的直播带货能力，在 2019 年全面爆发，连续三年直播引导成交增速 150% 以上，成为近几年全球增长最快的电商形式。

在 2020 年上半年，层出不穷的直播模式让很多品牌实现"直播+"转型，进一步释放了行业价值，比如直播+公益的《相信未来线上义演》、直播+电商的京东"6.18"直播、直播+电竞的《英雄联盟 LNG VS BLG》、直播+音乐的《五月天演唱会》、直播+娱乐的《国潮手艺：香云纱染整技艺》等。

根据克劳锐出品的《2020 年 618 直播带货数据报告》统计，京东直播"6.18"开始 2 分钟，带货额破 1 亿元，6 月 1 日至 6 月 18 日，京东家电直播超过 2.5 万场，累计下单金额 2692 亿元；淘宝直播 6 月 1 日全天成交金额超 51 亿元，"6.18"直播共有 600 位品牌、商家总裁亲自上阵带货，累计下单金额 6982 亿元。

# 参 考 文 献

[1] 胡卫夕，宋逸. 微博营销：把企业搬到微博上 [M]. 2 版. 北京：机械工业出版社，2014.

[2] 秦阳，秋叶. 微信营销与运营 [M]. 北京：人民邮电出版社，2017.

[3] 王易，蓝尧. 微信这么玩才赚钱 [M]. 北京：机械工业出版社，2014.

[4] 杜一凡，吴彪. 微信营销实战手册：赚钱技巧＋运营方案＋成功案例升级版 [M]. 北京：人民邮电出版社，2017.

[5] 夏雪峰. 微信营销应该这样做：案例实战版 [M]. 广州：广东经济出版社，2015.

[6] 葛存山. 淘宝网开店、装修、管理、推广一册通 [M]. 2 版. 北京：人民邮电出版社，2013.

[7] 仁父，托尔. 赢在淘宝：大淘宝营销整合手册 [M]. 北京：电子工业出版社，2014.

[8] 孙东云. 网店应该这样推广：淘宝店铺赚钱的秘密 [M]. 2 版. 北京：电子工业出版社，2015.

[9] 秋叶，勾俊伟，张向南，等. 直播营销 [M]. 北京：人民邮电出版社，2017.

[10] 徐骏骅，陈郁青，宋文正，等. 直播营销与运营：微课版 [M]. 北京：人民邮电出版社，2021.

[11] 曾子默. 一本书玩透微信营销 [M]. 北京：清华大学出版社，2019.

[12] 王忠元. 移动电子商务 [M]. 2 版. 北京：机械工业出版社，2021.